人工智能与检察
现代检察工作的新篇章

陈岑 主编　　季焕爽 副主编

ARTIFICIAL INTELLIGENCE
AND PROSECUTION
A NEW CHAPTER IN MODERN
PROSECUTION WORK

北京大学出版社
PEKING UNIVERSITY PRESS

图书在版编目（CIP）数据

人工智能与检察：现代检察工作的新篇章/陈岑主编．
北京：北京大学出版社，2025.5．-- ISBN 978-7-301-36200-6

Ⅰ．D926.3-39
中国国家版本馆 CIP 数据核字第 20250MB530 号

书　　　名	人工智能与检察：现代检察工作的新篇章
	RENGONG ZHINENG YU JIANCHA：XIANDAI JIANCHA GONGZUO DE XIN PIANZHANG
著作责任者	陈 岑 主编
责 任 编 辑	韦赛楠　陆建华
组 稿 编 辑	赵臣臣
标 准 书 号	ISBN 978-7-301-36200-6
出 版 发 行	北京大学出版社
地　　　址	北京市海淀区成府路 205 号　100871
网　　　址	http://www.pup.cn　http://www.yandayuanzhao.com
电 子 邮 箱	编辑部 yandayuanzhao@pup.cn　总编室 zpup@pup.cn
新 浪 微 博	@北京大学出版社　@北大出版社燕大元照法律图书
电　　　话	邮购部 010-62752015　发行部 010-62750672
	编辑部 010-62117788
印 刷 者	大厂回族自治县彩虹印刷有限公司
经 销 者	新华书店
	720 毫米×1020 毫米　16 开本　21.5 印张　343 千字
	2025 年 5 月第 1 版　2025 年 5 月第 1 次印刷
定　　　价	78.00 元

未经许可，不得以任何方式复制或抄袭本书之部分或全部内容。
版权所有，侵权必究
举报电话：010-62752024　电子邮箱：fd@pup.cn
图书如有印装质量问题，请与出版部联系，电话：010-62756370

本书编委会

主　编

陈　岑

副主编

季焕爽

参编人员

张嘉伟　刘玉仙　袁泰芝　毛定宇　李伟璇
王佳旭　陈　影　王曦晖　柏湘英　黄　懿
姚华硕　黄银瓶　唐佳仪　宋　楷

序 一

姜 伟[*]

陈岑检察长将广东省清远市人民检察院组织编写的书稿的电子版发给我，邀请我为之作序。阅读完书稿之后，深受启发，也产生了一些思考。值此书即将付梓之际，谨向广东省清远市人民检察院表示祝贺！并向编写团队致以敬意！

在人类社会的发展进程中，每一次科技革命引发的社会变革都会挑战旧规则并生成新秩序。与以往的科技创新相比，人工智能是颠覆性的通用技术，给人类的生产方式、生活方式、治理方式、思维方式带来了全方位、深层次的变革，也改变了人类的法治观念和法治方式。随着党中央确定的数字经济、数字政府、数字中国等一系列"数字+"战略构想，数字司法、数字检察成为司法现代化的重要标志。

科学技术是法治现代化的重要动力之一。在数字时代，人工智能等数字技术的迭代发展已经逐步融入司法过程，重塑了社会的正义理念及其实现方式。传统法治中一个饱受诟病的问题是，效率与公正的负相关关系。实践反复证明，没有效率的公正和没有公正的效率，都不是法治意义上的正义。数字司法、数字检察借助数字技术具有的全程留痕、不可修改、不能撤销等特征，辅以人工智能的证据分析、类案推送，可以更好地查明事实真相、准确适用法律，为伸张正义奠定基础。通过网络执法、网上诉讼，以较低的诉讼成本定分止争、解决诉求，使执法、司法更高效、更公正，亦使人民群众以更便捷的方式参与诉讼、接触法治、感受正义。数字司法、数字检察促进"看得见的正义"向"可接近的正义"转变，不仅拓宽了正义的实现途径，而且提升了正义的实践成效，促进程序正义和实体正义的双重实现，从而创造更高水平的公平正义。

当前，我国数字司法的总体框架基本建立，诉讼模式从时间同一、场

---

[*] 姜伟，最高人民法院咨询委员会副主任委员、中国法学会网络与信息法学研究会会长。

景封闭的传统模式，逐步转向时间开放、场景灵活、线上线下融合、有线无线互联的新模式。数字法院已经建成"全业务网上办理、全流程依法公开、全方位智能服务"的应用系统。数字检察建立了全国统一的大数据法律监督平台，实现了主动化、整体化、深层化的数字法律监督模式。中国在数字司法、数字检察方面取得的成就，已得到国际社会的充分肯定。

数字浪潮来袭，广东省清远市人民检察院作为数字蓝海的逐浪者，曾荣获首届全国检察机关大数据法律监督模型竞赛一、二等奖，创造了"人人都是建模者""全员都是数字员""小切口自定义建模""专班+专项推进"等简便、实用的数字检察"清远经验"。2024年又依托开源大语言模型，推进"搭建语料库—培育智能体—构建大模型"构想，通过对海量案件的分析学习，根据场景调动海量知识库，在知识检索、法律分析、解析证据、检察服务等领域实现全覆盖，打造了"检察专业版 ChatGPT"，为研发检察应用场景提供了可贵的探索，并取得了明显的成效。令人钦佩的是，广东省清远市人民检察院组织专班注重在理论上提炼升华实践经验，编写了《开启数字检察之门》《数字检察进阶之路》等著述，全面梳理了数字检察的指导理念、技术路径、应用场景，可圈可点可赞！

当然，在弱人工智能阶段，数字司法、数字检察尚处于探索初期，还不成熟，尚未定型。一些学者对于人工智能在司法领域的应用持质疑态度，这是可以理解的。但是，数字技术的创新发展需要在实践应用过程中持续完善，我们不能因人工智能技术尚存在问题便在应用领域止步不前，应秉持"积极、慎重、稳妥"的理念，推动人工智能与司法工作的深度融合。如今，生成式人工智能正处于加速迭代发展时期，其记忆力、检索力、计算力等方面均超过了人类，有助于更便捷、更高效、更可持续地实现司法正义。可以预见，人机协同是未来的司法常态，人工智能将提供越来越强的外脑支持，帮助法律人更好地完成工作。

希望广东省清远市人民检察院继续深化人工智能在检察领域的应用，为推动检察工作高质量发展作出更大贡献。也期待本书能够给理论界与实务界人士，特别是检察人带来启迪，为数字司法、数字检察提供可复制、可推广的实践经验。

略缀数语，权以为序。

序 二
人工智能与检察工作的深度融合

熊明辉[*]

随着科技的飞速发展,人工智能技术正以前所未有的速度渗透到社会生活的各个领域,深刻地改变着我们的生产方式和生活习惯。在司法领域,人工智能的融入更是给传统的检察工作带来了革命性的变革。本书详细探讨了人工智能技术在检察工作中的实践应用、角色定位、风险防范及未来的发展趋势,为我们勾勒出一幅人工智能与检察工作深度融合的宏伟蓝图。

检察机关作为维护社会公平正义的重要力量,其核心在于对法律的准确适用和对案件的公正处理。然而,面对日益复杂多变的犯罪形态和海量的案件信息,传统的人工办案模式逐渐显露出效率低下、精准度不足等诸多问题。人工智能技术的出现,为解决这些难题提供了可能。通过深度学习、大数据分析等先进技术,人工智能可以快速处理和分析案件数据,辅助检察官进行证据审查、法律推理、文书生成等工作,从而显著提高办案效率和质量。

在本书中,我们可以看到人工智能在检察工作中的广泛应用。例如,类案智能推送系统,可以在大量案件中快速识别出与当前案件相似的前例,为检察官提供参考;证据审查分析工具,能够帮助分析和筛选海量的证据材料,提高证据的准确性和关联性;法律文书自动生成软件,借助于自然语言处理技术,大幅度地缩短了文书的撰写时间,提高了文书的质量。此外,我们还可以深入了解到人工智能在推动检察工作现代化、智能化方面的巨大潜力。例如,通过构建大数据法律监督模型,检察机关可以实现对案件数据的全面汇聚、高效处理和智能分析,为精准监督提供有力

---

[*] 熊明辉,浙江大学光华法学院求是特聘教授、浙江大学数字法治实验室主任。

支持;通过引入智能体技术,检察机关可以打造多智能体协同检察工作平台,实现人机协同办案,进一步提升办案效能。

此外,人工智能还在个人化和定制化的司法服务中崭露头角,通过分析用户需求,提供定向法律咨询和案件建议,极大地提高了公共法律服务的普惠性和便利性。同时,人工智能在司法审查和判决过程中的应用,也为提升司法的公开透明和裁判文书的公信力贡献了力量。

另外,本书也清醒地认识到人工智能在检察工作中可能带来的风险和挑战。例如,数据安全问题,对大量敏感信息的处理容易导致信息泄露,增加了隐私风险;算法偏见问题,即由于训练数据偏差引发不公正的决策,这是一个技术与伦理交织的复杂问题;技术应用中的法律空白也可能导致法律适用的争议。因此,本书在探讨人工智能应用的同时,也提出了相应的原则和风险防范措施。例如,加强对人工智能系统的监管和评估机制,建立明确的数据安全标准和隐私保护条例,确保算法的透明度和可解释性,以确保人工智能技术的健康发展和检察工作的有序进行。

展望未来,随着人工智能技术的不断进步和应用场景的不断拓展,人工智能与检察工作的深度融合将成为不可逆转的趋势。检察机关应积极拥抱这一变革,加强技术研发和应用创新,不断提升自身的智能化水平。同时,也需要加强人才培养和队伍建设,培养一批既懂法律又懂技术的复合型人才,为人工智能在检察工作中的深入应用提供有力支撑,包括开展相关领域的专业培训和跨学科交流,以推动检察工作人员更好地适应新技术时代的变化。

本书不仅是对当前人工智能在检察工作中应用现状的全面梳理和总结,更是对未来发展趋势的前瞻性探索和展望。相信人工智能将在检察工作中发挥更加重要的作用,为维护社会公平正义、推动法治中国建设贡献更大的力量。让我们共同期待这一天的到来!这场变革的浪潮不仅是技术的更新,更是检察机关从管理理念到执行实践的一次深刻变革,带来的不仅是效率上的提升,更是公正、透明和信任的重塑。

序 三

靳战鹏*

在信息技术迅猛发展的时代,人工智能正以前所未有的速度和深度改变着人类社会。它不仅渗透到我们的日常生活中,还在法律、医疗、金融等领域展现出了变革性的潜力。特别是在司法领域,人工智能正成为推动法律监督与社会治理创新的重要力量。由此,我怀着极大的欣喜与敬意,阅读了这本关于人工智能与司法检察的专著,并受邀为其作序。

本书全面系统地探讨了人工智能在司法检察领域的应用和发展。全书从理论与技术的基础出发,阐述了人工智能如何赋能司法检察的各个环节,并通过大量具体的应用场景和案例分析,展示了人工智能技术在优化检察工作效率、提升法律监督能力、促进社会公平正义中的巨大潜力。

正如书中所述,人工智能在检察工作中的价值不仅在于提升效率,更在于推动检察业务从传统模式向现代化、智能化的深刻转型。从类案检索、智能量刑到文书生成,从证据审查到大数据法律监督,人工智能正逐步构建起智慧检察的新框架,助力检察机关在案件办理、法律监督、社会治理中发挥更积极的作用。

值得一提的是,本书并未局限于对现有技术的总结,而是对未来人工智能与司法工作深度融合的趋势作出了前瞻性思考。无论是技术风险的规避,还是人机协同模式的构建,这些观点无不体现出作者对这一领域的深刻洞见和高度责任感。书中强调的"人主机辅"原则尤为可贵,提醒我们在拥抱技术进步的同时,始终将人的判断力与伦理价值置于核心地位。

作为人工智能与司法领域的专家,本书的作者对这一领域有着深厚的研究积淀和实践经验。作者以翔实的案例和深入的分析,将技术与司

---

* 靳战鹏,华南理工大学长聘教授、"信实"冠名教授、博士生导师、未来技术学院副院长、人体数据感知教育部工程研究中心副主任、广东省数字孪生人重点实验室副主任、中国计算机学会普适计算专委会执行委员。

法的融合生动地呈现在读者面前,使得本书既有理论的高度,又有实践的深度。相信这本书不仅会对检察领域的从业者具有重要的指导意义,也能为对人工智能和法律感兴趣的读者提供宝贵的启发。

我坚信,技术进步的真正意义,在于推动社会朝着公平正义更进一步迈进。本书正是一次有力的尝试,既为人工智能与司法工作的融合提供了系统的理论支撑,也为技术的发展指明了方向。希望本书能为更多人了解并参与智慧司法的建设提供参考,助力构建一个更加高效、公正、透明的法律体系。

最后,向作者致以崇高的敬意,也希望本书能够给行业发展带来更多的思考。

前　言

在全面深化改革的浪潮中,检察机关作为国家法律监督机关,肩负着维护社会公平正义、保障人民权益的神圣使命。随着新质生产力的蓬勃兴起和"高质效办好每一个案件"理念的深入人心,检察机关正面临着前所未有的机遇与挑战。人工智能技术的高速发展为检察工作注入了新的活力,成为深化改革、提升质效的必然途径。然而,在这一过程中也面临着数据安全、隐私保护、算法偏见等一系列挑战。国内外学者和实务界人士对人工智能在检察领域的应用进行了大量研究,取得了一些初步成果,但仍存在许多值得深入探讨的问题。

正是基于这样的时代背景,我们在吸收现有研究成果的基础上,结合最新的实践案例,精心编纂了本书——《人工智能与检察:现代检察工作的新篇章》,旨在深入探讨人工智能在检察领域的应用、挑战与未来展望,力求为读者呈现一个全面、立体的图景。

作为法学与信息技术交叉领域的专著,本书系统而深入地探讨了人工智能技术在检察工作中的创新应用与对检察工作的深远影响,不仅展现了人工智能技术如何重塑检察工作的业务流程,也对人工智能与检察工作的融合进行了深刻的理论剖析与实践反思,为广大人工智能研究者、从业者和司法实务者提供了有益思考和借鉴。全书共分为十三章,主要聚焦于人工智能在检察工作中的不同应用领域,结构清晰、逻辑严密。其中第一章至第六章分别介绍了人工智能的基本概念、核心技术与理论基础,以及人工智能在司法领域特别是检察工作的应用现状与发展趋势;第七章至第十三章分别探讨了人工智能在刑事检察、民事检察、行政检察、公益诉讼检察、刑事执行检察、未成年人检察、控告申诉检察等具体领域中的应用场景、实践成效与未来展望。

我们着重围绕以下五大特性进行精心撰写:

一是时代性。本书紧跟时代发展步伐,聚焦人工智能在检察领域的应用,体现了检察机关对新技术的敏锐洞察和积极应对。书中通过翔实的资料和案例,展示了人工智能如何助力检察工作提质增效,如何推动检察监督模式创新,具有很强的时代感。

二是创新性。在探讨人工智能与检察工作的融合时,本书没有停留在表面,而是深入挖掘了两者之间的内在联系和规律。书中提出了许多新观点、新思路和新方法,如利用人工智能技术构建检察生态,助力检察管理、检察治理等,这些创新性的思考和实践,为检察工作注入了新的活力。

三是实践性。本书注重理论与实践相结合,既对人工智能在检察领域的应用进行了理论阐述,又结合全国各地司法行政部门、科研院校及各大企业的创新做法,总结了大量的实践经验。这些经验不仅具有地方特色,而且具有很强的可操作性和可复制性,对各行各业有一定的参考价值。

四是前瞻性。在肯定人工智能为检察工作带来便利的同时,本书也对其可能带来的挑战进行了深入思考。书中对如何加强人工智能技术应用的风险防控、如何保障数据安全和个人隐私、如何构建人工智能与检察工作的良性互动机制等问题进行了前瞻性探讨,体现了检察机关对新技术应用的审慎态度和长远眼光。

五是可读性。尽管本书具有较强的专业性,但我们尽量使用通俗易懂的语言,避免过多的技术术语。即使是必须使用的技术术语,也会进行充分的解释,确保读者能够理解。对于检察官而言,本书提供了丰富的实践案例和技术指南,有助于他们在日常工作中更好地运用人工智能技术。对于法律工作者和科研人员来说,本书不仅是一本实用的工具书,更是一部深入探讨人工智能与检察关系的学术专著。而对于高校师生而言,本书则是一份宝贵的学习资料,可以帮助他们了解最新的人工智能技术及其在检察领域的应用。

在编撰本书的过程中,我们获得了众多专家学者的鼎力支持与宝贵建议。他们深厚的学术功底和丰富的实践经验为本书增添了许多独到的见解和深刻的思考。在此,我们向他们表示衷心的感谢和致以崇高的敬意。由于编者的学识有限,书中难免存在疏漏之处,恳请广大读者批评指正,我们将不胜感激。

《人工智能与检察:现代检察工作的新篇章》不仅是一本关于技术的图书,更是一本关于未来发展的图书。我们相信,随着人工智能技术的不断发展进步,检察工作将迎来更加光明的前景。让我们携手前行,共同迎接这个充满希望的新时代。

目录
CONTENTS

第一章 人工智能与司法

第一节　人工智能概述　　003
第二节　人工智能司法应用　　010
第三节　人工智能赋能检察工作的实践需求　　016
第四节　人工智能在检察应用中的角色定位　　021
第五节　人工智能辅助检察工作的原则和风险防范　　042

第二章 人工智能重塑检察办案

第一节　大语言模型概述　　061
第二节　大语言模型检察应用的场景　　064
第三节　大语言模型检察应用的发展趋势　　068

第三章 人工智能重塑大数据法律监督

第一节　数字检察概述　　073
第二节　人工智能对数字检察建设的价值与优势　　076
第三节　人工智能赋能数字检察的应用场景　　078

第四章 人工智能重塑社会治理

第一节　人工智能推动检察机关参与社会治理的价值　090

第二节　人工智能推动检察机关参与社会治理的具体路径　092

第三节　人工智能重塑社会治理检察建议　094

第四节　人工智能重塑检察公共服务　098

第五节　人工智能重塑其他检察治理　100

第五章 自动化智能化的检察管理

第一节　人工智能在检察案件管理中的应用　111

第二节　人工智能在检察行政管理中的应用　127

第三节　人工智能在检察调研中的应用　137

第四节　人工智能在检察宣传中的应用　143

第六章 基于多智能体协同的检察生态

第一节　框架详细设计　152

第二节　数据处理与多模态融合　154

第三节　大模型构建与训练　156

第四节　智能体设计与实现　159

第五节　检察官助理框架的实现与应用　161

第六节　多智能体协同检察工作平台的架构与展望　165

第七章 人工智能在刑事检察业务中的应用

第一节　在刑事检察办案中的应用场景　170

第二节　在刑事诉讼法律监督中的应用场景　190

第八章　人工智能在民事检察业务中的应用

第一节　人工智能在民事生效裁判监督中的应用　　200
第二节　人工智能在民事审判程序违法监督中的应用　　208
第三节　人工智能在民事执行监督中的应用　　211

第九章　人工智能在行政检察业务中的应用

第一节　人工智能在行政诉讼监督中的应用场景　　219
第二节　人工智能在行政违法行为监督中的应用场景　　225
第三节　人工智能在行刑反向衔接中的应用场景　　229

第十章　人工智能在公益诉讼检察业务中的应用

第一节　智能驱动下的线索发掘　　238
第二节　数据获取与解析　　246
第三节　文书智能化处理　　252
第四节　普法教育与智能调解　　254

第十一章　人工智能在刑事执行检察业务中的应用

第一节　智能新模式助力社区矫正案件审核评估　　264
第二节　全量全过程同步审查监督监狱减假暂案件　　268
第三节　智能解答提供高效便捷检察法律咨询服务　　272
第四节　依托智能平台实现检察文书随案同步生成　　276
第五节　搭建综合管理平台，一键优化整合数据资源　　280

第十二章 人工智能在未成年人检察业务中的应用

第一节　智能辅助精准帮教　　　　　　　　　　288
第二节　智能辅助保护救助　　　　　　　　　　293
第三节　智能辅助犯罪预防　　　　　　　　　　295
第四节　智能辅助综合履职　　　　　　　　　　298

第十三章 人工智能在控告申诉检察业务中的应用

第一节　智能法律服务　　　　　　　　　　　　308
第二节　信访受理判断与释明　　　　　　　　　312
第三节　人工智能辅助高效办案　　　　　　　　315
第四节　智慧接访助力化解纠纷　　　　　　　　320
第五节　数字检察官辅助检察听证　　　　　　　322

第一章
人工智能与司法

Chapter 1

人工智能(Artificial Intelligence),通常简称为AI,是一门研究、开发用于模拟、延伸和扩展人的智能的理论、方法、技术及应用系统的新的技术科学[1],主要包含五个方面的能力。一是学习能力。通过机器学习、深度学习等技术,人工智能可以持续从数据中提取知识,优化自身的性能和决策过程。[2] 二是适应能力。人工智能可以根据外界环境的变化调整自身的行为和策略,逐渐适应各种复杂的环境和任务。[3] 三是决策能力。基于大数据分析和预测模型,人工智能可以在没有人类干预的情况下,根据预设的目标和约束条件,作出合理的决策。四是交互能力。人工智能可以与人类进行自然、流畅的交互,更好地理解人类的需求和意图,从而提供更加精准、个性化的服务。[4] 五是创造能力。通过模拟人类的思维过程和创造机制,人工智能可以生成新的想法、解决方案或艺术作品,为人类的创造性活动提供有益的补充和支持。[5]

第一节　人工智能概述

一、人工智能的核心技术与理论基础

(一)数据科学与机器学习

数据科学是一门研究数据、探索数据内在规律、并通过数据驱动决策的综合性学科,是实现人工智能的核心环节。机器学习则是数据科学领域内的一个关键技术分支,专注于研究如何使计算机能够从数据中学习规律,并据此作出预测或决策。各种机器学习的方法为解决不同类型的

---

[1] 参见杨丽、陶忠、罗荣等:《浅谈信息时代人工智能的应用与发展》,载《中国水运》(下半月)2018年第12期。
[2] 参见韩小虎、徐鹏、韩森森:《深度学习理论综述》,载《计算机时代》2016年第6期。
[3] 参见张逸凡:《人工智能技术在金融行业中的应用》,载《电子技术与软件工程》2016年第23期。
[4] 参见孟令炜:《人工智能在生活中的实际应用》,载《当代旅游(高尔夫旅行)》2017年第9期。
[5] 参见姚刚:《计算机人工智能算法研究新进展》,载《科技创新导报》2012年第24期。

数据分析问题提供了多样化的解决方案。

监督学习是机器学习中最常见的一类学习方法。在监督学习的过程中,系统通过对已有的带有标签的数据进行训练,以找到输入与输出之间的映射关系。换言之,监督学习是从已知的训练数据集学习出一个函数或模型,以将所有输入映射到相应的输出。常见的监督学习算法包括线性回归、逻辑回归、支持向量机(SVM)、决策树和神经网络等。这些算法在不同的应用场景中发挥着重要作用,如图像识别、语音识别、自然语言处理(NLP)等。[1]

与监督学习不同,无监督学习是在没有已知输出或标签的情况下进行学习的。无监督学习的目标是发现数据中的内在结构、关联或分组。这类学习方法常用于聚类分析、降维处理、异常检测等场景。例如,在对市场进行细分时,可以利用无监督学习算法对消费者进行分群,以帮助企业更精准地制定营销策略。常见的无监督学习算法有K-均值聚类、层次聚类、主成分分析等。[2]

强化学习则是一种通过与环境交互来学习决策策略的学习方法。在强化学习的过程中,智能体(Agent)通过观察环境状态,并根据某种策略采取行动,以获得最大的累积奖励。强化学习的特点是在学习过程中无须给出明确的标签或指导信息,而是通过试错的方式不断优化决策策略。这种方法在游戏AI、自动驾驶、机器人控制等领域具有广泛的应用前景。[3] 常见的强化学习算法包括Q-学习、策略梯度、深度强化学习等。[4]

(二)深度学习与神经网络

深度学习通过多层次的神经网络结构,模拟人脑的处理方式,是实现

---

[1] 参见夏天:《机器学习及其算法与应用研究》,载《电脑知识与技术》2017年第15期。
[2] 参见王超:《从AlphaGo的胜利看人工智能的发展历程与应用前景》,载《中国新技术新产品》2017年第4期。
[3] 参见李树明:《人工智能技术在铁路工程投资控制中的应用研究》,载《铁路工程技术与经济》2024年第3期。
[4] 参见王辉、于婧:《几种经典的策略梯度算法性能对比》,载《电脑知识与技术》2014年第29期。

人工智能的强大工具。这些神经网络由大量的神经元相互连接而成,可以处理和传递信息。通过不断地训练和优化,深度学习模型能够学习数据的内在规律和特征表示,进而实现对未知数据的预测和决策。

在深度学习的实践中,常用的神经网络模型包括卷积神经网络(CNN)和循环神经网络(RNN)等,它们各自具有独特的优势和应用场景。卷积神经网络主要适用于处理图像数据,其通过卷积层、池化层等结构有效地提取图像中的局部特征,并在高层网络中将这些特征整合为全局信息,从而实现图像识别、分类等任务。而循环神经网络则更擅长处理序列数据,如文本、语音等。循环神经网络通过引入循环结构,使得网络能够捕捉到序列数据中的时序依赖关系,因此在自然语言处理、语音识别等领域具有广泛应用。

(三)知识表示与推理

知识表示是连接人类智能与机器智能的桥梁,为人工智能提供了形式化的方法,使其能够存储知识,并利用知识进行逻辑推理和作出决策。

本体作为一种知识表示方法,主要关注的是概念与概念之间的关系。它通过定义一组概念、属性以及这些概念之间的关系,来构建一个领域内的知识体系。本体不仅能够明确地描述概念之间的层次关系和语义联系,还能够为机器推理提供丰富的背景知识,从而提高人工智能系统的性能。例如,在智能制造领域,本体可以用于描述设备、工艺、产品等实体及其之间的关系,为智能决策提供支持。

语义网作为本体的一种扩展形式,旨在构建一个全球互联互通的知识网络。语义网通过统一的语义标准,将不同领域、不同语言的知识资源进行整合,从而实现知识的共享与重用。在语义网中,每个知识节点都具有明确的语义含义,节点之间的关系也通过语义链接进行明确。这种结构化的知识表示方法有助于机器更好地理解和推理人类语言,推动人工智能技术在自然语言处理等领域的应用。

知识图谱是一种直观且图形化的知识表示手段,它通过节点和边的形式,将实体、属性、关系等要素进行可视化展示,从而帮助人们更好地理解和分析知识。知识图谱的构建过程包括实体识别、关系抽取、图谱生成等多个环节,需要借助自然语言处理、机器学习等技术手段来实现。在人工智能领域,知识图谱被广泛应用于智能问答、推荐系统、智能制造等场景,为机器提供了强大的知识库和推理能力。

推理是基于知识表示,运用逻辑规则和算法对知识进行演绎、归纳、类比等操作,以产生新结论或发现新知识的过程。在人工智能中,推理被广泛应用于智能问答、自然语言处理、智能制造等领域,它能够帮助系统更好地理解和应对复杂的问题和场景。

(四)自然语言处理

自然语言处理是连接人类语言与机器理解的桥梁,使人工智能可以进行有效的语言交流和信息处理,被广泛应用于信息检索、机器翻译、智能问答、情感分析等领域。

词法分析是自然语言处理的基础环节,主要任务是对文本进行分词,并标注每个词的词性。这一过程对于后续的自然语言处理任务至关重要,因为它能够帮助计算机理解文本的基本结构。例如,在中文文本中,词法分析器需要将连续的汉字序列切分成具有相应意义的词语,并标注出名词、动词、形容词等词性信息。这样,计算机就能更好地把握文本的含义,为后续的句法分析和语义理解提供有力支持。[1]

句法分析是自然语言处理中的另一个关键环节,主要研究句子中词语之间的语法关系。通过句法分析,计算机能够了解句子中各个成分之间的依赖关系,从而更准确地把握句子的整体结构。句法分析的方法多种多样,包括基于规则的句法分析、基于统计的句法分析等。这些方法各有优缺点,适用于不同的应用场景。在实际应用中,句法分析技术被广泛应用于机器翻译、问答系统等领域,帮助计算机更好地理解和生成自然语言文本。[2]

语义理解是自然语言处理中的高级任务,旨在使计算机能够深入理解文本的含义。与词法分析和句法分析相比,语义理解更加关注文本所表达的实际意义,而非仅仅关注文本的表面结构。为了实现语义理解,研

---

[1] 参见黄莉:《词法分析在自然语言处理中的地位和作用》,载《价值工程》2010年第10期。

[2] 参见石翠:《依存句法分析研究综述》,载《智能计算机与应用》2013年第6期。

究人员通常采用知识表示与推理、语义角色标注等技术手段。这些技术能够帮助计算机从文本中提取出关键信息,进而对文本的含义进行深入挖掘。① 除了上述关键技术外,自然语言处理还涉及如文本分类、情感分析、信息抽取等多种技术。这些技术在不同领域具有广泛的应用价值,共同推动着自然语言处理技术的不断发展。

(五)计算机视觉

计算机视觉是赋予机器"视觉"能力的关键技术,使人工智能可以理解和解释视觉信息,拓展了其感知世界的方式。

图像处理是计算机视觉基本原理中的一个关键环节。其涉及对图像的预处理、增强和变换等操作,以改善图像质量、提取有用信息或准备后续的高级视觉任务。例如,通过滤波算法可以去除图像中的噪声,提高图像的信噪比;通过直方图均衡化可以增强图像的对比度,使得图像的细节更加清晰可见。这些图像处理技术为后续的特征提取和图像分析奠定了基础。②

特征提取是计算机视觉基本原理中的另一个关键环节。特征提取旨在从图像中提取出有意义的信息,用于描述和区分不同的图像内容。这些特征既可以包括颜色、形状、纹理等低级特征,也可以包括基于深度学习算法自动学习得到的高级特征。通过特征提取,计算机视觉系统能够将原始的像素数据转化为更加抽象和有意义的特征向量,进而支持图像分类、目标检测、图像生成等复杂任务。③

除了图像处理和特征提取,计算机视觉的基本原理还涉及一系列其他的视觉任务和方法。例如,立体视觉旨在通过多个视角的图像来恢复场景的三维结构;运动分析则关注从图像序列中检测、跟踪和分析目标的运动状态;而图像理解则更加侧重于从图像中推断出高层次的语义信

---

① 参见郭炯、郑晓俊:《基于大数据的学习分析研究综述》,载《中国电化教育》2017年第1期。
② 参见彭吴琦、赵坤坤、焦倩雪等:《基于图像处理的农田作物病害识别研究》,载《福建农业》2015第6期。
③ 参见关鑫:《自然环境下交通标志牌的检测与识别》,载《电脑知识与技术》2016第15期。

息,如场景内容、目标之间的关系等。①

二、人工智能的发展

(一)人工智能的萌芽期

19世纪末至20世纪初,随着数学、逻辑学和心理学等学科的不断发展,人类对于智能本质的理解逐渐深入,开始尝试通过机械或算法来模拟人类的智能行为。例如,图灵在1936年提出的图灵机模型,不仅为计算机科学的发展奠定了基础,也为人工智能的研究提供了重要的理论工具。图灵认为,如果一台机器能够通过某种方式模拟人类的思维过程,那么这台机器就可以被认为是具有智能的。这一观点在后来的人工智能研究中得到了广泛的认同和发展。② 在这个阶段,虽然计算机尚未出现,但科学家已经开始构思和设计一些具有初步智能特征的机械装置。这些装置通常基于复杂的电路和机械结构,能够在一定程度上模拟人类的某些智能行为,如解决问题、学习等。尽管这些装置在性能和功能上还远远无法与现在的人工智能系统相比,但它们的出现无疑为人工智能的发展翻开了崭新的一页。

(二)人工智能的发展初期

随着计算机的诞生和科学技术的不断进步,人工智能领域迎来了重要的突破和发展。在这一时期,众多科学家和研究者投身于这一领域,提出并实现了许多具有里程碑意义的理论和算法,为人工智能的后续发展奠定了坚实的基础。③ 最具代表性的经典算法之一是感知机(Perceptron)算法,这一算法在人工智能的早期发展中起到了重要的推动作用,为后续更为复杂的神经网络模型提供了基础。除了感知机算法外,这一时期还涌现出了许多其他重要的理论和算法,如逻辑回归、支持

---

① 参见王琳、贾金于、韩亦炀:《基于计算机视觉的三维重建技术综述》,载《农村经济与科技》2017年第10期。
② 参见蒋勇、王俊奇:《论财务智能现状及发展》,载《宿州教育学院学报》2009年第2期。
③ 参见张海峰、白振兴、张登福:《五子棋中的博弈智能设计》,载《现代电子技术》2004年第7期。

向量机等。这一时期的人工智能研究不仅关注理论和算法的发展,还开始尝试将人工智能技术应用于实际问题中。例如,在自然语言处理领域,研究者开始探索如何利用人工智能技术实现机器翻译、语音识别等任务。这些尝试为人工智能的后续发展和应用提供了宝贵的经验和启示。

(三)人工智能的成长期

在20世纪中后期,人工智能迎来了重要的成长期。在这一时期,随着计算机技术的飞速发展和数据处理能力的显著提升,人工智能开始在多个领域展现出强大的潜力。其中,专家系统和机器学习两大技术的兴起尤为引人注目。专家系统通过知识和推理来解决问题,为医疗、金融、工程等领域提供专家级的咨询和决策支持。[①] 机器学习在图像识别、语音识别、自然语言处理等领域,实现了与人类的自然交互。除了专家系统和机器学习,人工智能在成长期还涌现出许多其他重要的技术,如神经网络、遗传算法等。这些技术的相互融合和发展,为人工智能的进一步发展奠定了坚实的基础。在这一时期,人工智能的研究和应用也逐渐从学术界走向工业界。越来越多的企业和机构开始意识到人工智能的巨大价值,纷纷投入资源进行研发和应用。这不仅推动了人工智能技术的快速发展,也为社会的进步和发展注入了新的活力。

(四)人工智能的爆发期

自21世纪以来,人工智能迎来了前所未有的爆发期,其在各个领域的广泛应用和深远影响引起了全球范围内的广泛关注。在这一时期,人工智能的技术突破与创新层出不穷,为人类社会带来了翻天覆地的变化。

在技术发展方面,深度学习算法的兴起为人工智能的爆发提供了强大的动力。深度学习通过模拟人脑神经网络的运作方式,实现了对数据的高效处理与特征提取。其强大的表征学习能力使得人工智能在图像识别、语音识别、自然语言处理等领域取得了突破性进展。例如,在计算机视觉领域,基于深度学习的算法已在图像分类、目标检测、人脸识别等任

---

① 参见陈彦如:《人工智能的应用及其面临的问题》,载《数字技术与应用》2018年第9期。

务上达到甚至超越了人类的水平。① 除了深度学习,强化学习、生成对抗网络(GAN)等新型算法和技术也相继涌现,进一步丰富了人工智能的技术体系。强化学习通过与环境进行交互学习最优决策策略,已在游戏AI、自动驾驶等领域展现出巨大潜力。而生成对抗网络则以其独特的生成与判别机制,在图像生成、视频合成等领域引发了广泛关注。②

在应用层面,人工智能已渗透到各行各业,为传统行业带来了智能化升级的浪潮。在医疗领域,人工智能辅助诊断系统已成为医生的重要助手,通过分析医学图像和病历数据,为医生提供精准的诊断建议。在金融领域,智能风控、智能投顾等应用已逐渐成为金融行业的新常态,为投资者提供更加个性化、智能化的服务。在教育领域,智能教育机器人和在线学习平台为学生提供了更加个性化、高效的学习方式。在娱乐领域,虚拟现实(VR)、增强现实(AR)等技术与人工智能的结合,为用户带来了沉浸式的娱乐体验。在司法领域,通过自然语言处理技术,自动提取和归档海量的法律文书、预测类似案件的判决结果,帮助法官和律师快速找到所需信息,显著提高了工作效率。未来,随着技术的进步和政策的支持,人工智能与法律的融合将更加紧密,法律与科技的融合发展将为司法行业带来更多的机遇和变革。

第二节 人工智能司法应用

在司法领域,人工智能的应用已逐渐深入到诸多关键环节,对法律程序与实务操作产生了深远影响。人工智能通过自然语言处理等技术,实现了对法律文书的自动提取和归档,极大提升了司法工作者处理信息的效率。此外,人工智能还在解决司法实践中的难题方面展现出巨大潜力,如通过算法辅助进行证据的客观性评估、法律条文的精准适用以及类

---

① 参见余博:《基于深度学习的图像识别技术综述》,载《电子乐园》2019年第1期。
② 参见尤树华、周谊成、王辉:《基于神经网络的强化学习研究概述》,载《电脑知识与技术》2012年第28期。

似案件判决结果的预测。具体而言,庭审记录的自动化、案件审理进度的即时查询、法律文件的智能生成、判决书说理的深度优化等创新应用的涌现,都是人工智能技术在司法领域深度融合的具体体现。随着技术的持续进步和社会需求的不断变化,人工智能正逐步成为推动司法体系现代化转型的关键驱动力,为提升司法公正与效率开辟新路径。

一、人工智能司法应用的内涵

司法,作为维护社会公平正义的最后一道防线,其核心在于对案件事实的准确认定、对法律的正确适用以及对当事人权益的妥善保护。然而,随着社会的快速发展和案件的日益复杂化,传统司法模式面临着诸多挑战,如案件处理效率低下、裁判标准不统一、司法资源分配不均等。这些问题不仅影响了司法的公正性和权威性,也制约了司法效能的提升。

在此背景下,人工智能技术的引入为司法改革提供了新的契机。人工智能,以其强大的数据处理能力、深度学习能力以及智能决策能力,为司法实践带来了前所未有的变革。人工智能司法应用,作为法学与现代科技深度融合的前沿探索,对其内涵的精辟阐释是洞悉这一现象本质及其与司法核心理念深层次交织的关键所在。具体而言,人工智能司法应用是在司法实践中,凭借尖端的人工智能技术,对案件的基本事实、争议焦点及法律适用等诸方面展开深度智能解析、逻辑推演与综合评估,旨在为司法工作者构筑一套系统化、规范化的决策辅助架构或思维范式,具有多维价值及深远影响。

人工智能司法应用在提升司法效率方面展现出了非凡的效能。以深圳市中级人民法院自主研发的人工智能审判辅助系统为例,该系统凭借深度学习算法对庞杂的历史案例进行透彻分析,能够依据法官的询问自动生成高度契合的判决文书。这一创新实践不仅极大地缓解了法官的工作压力,而且通过智能化的手段实现了司法文书的迅速生成与精准校对,从而显著地推动了司法效率的提升。可见,人工智能司法应用通过自动化处理烦琐的司法事务,为司法工作者预留了更多的时间专注于案件的深度剖析与疑难问题的解决,使司法资源得以高效配置与合理利用。

人工智能司法应用在强化司法公正方面所蕴含的潜力同样不容忽

视。浙江省绍兴市柯桥区人民法院所采用的"版权 AI 智审系统",凭借先进的图像识别技术,能够对涉案图片进行高效且精准的查重,为法官提供了翔实可靠的查重报告与科学的判决建议,不仅有效破解了著作权案件中权属争议的难题,而且通过人工智能的客观性与中立性,为维护司法公正构筑了一道坚实的屏障。由此观之,人工智能司法应用通过技术手段的巧妙融入,为司法公正的实现提供了更为坚实的保障,同时也进一步彰显了司法在维护社会公平正义方面的核心价值。

人工智能司法应用还为司法体制的改革与创新开辟了更为广阔的天地。在传统司法体制面临案件类型日益复杂与司法需求不断增长之间的矛盾时,人工智能技术的引入无疑为司法体制的改革注入了新的活力与动能。通过不断优化人工智能算法与模型,可以进一步提升司法决策的准确性与效率;通过构建智能化的司法辅助系统,可以为法官提供更加全面、精准的信息支持,从而助力提升司法决策的科学性与合理性。这些创新举措不仅有助于提升司法的整体效能与水平,而且为司法体制的改革与创新提供了有力的技术支撑与理论借鉴。

二、人工智能司法应用的路径

人工智能技术在司法领域的应用,依托精密的算法与严谨的代码逻辑,构建起一个深刻的内在逻辑链条,其核心目标在于促进司法公正与效率的双重提升。本部分将聚焦于算法与代码体系在相对可控与封闭的环境中的应用,深入剖析人工智能在司法实践中如何发挥其独特的逻辑思路。具体而言,这一过程通过四个核心环节展开:证据收集与审查、案件事实查明、法律适用与解释及司法文书制作与送达。

(一)证据收集与审查

证据是司法裁判的基础,其真实性、合法性、关联性直接关系到案件的公正处理。司法机关在证据收集与审查环节,必须秉持严谨、细致、全面的态度,确保所收集的证据能够充分证明案件事实,为后续的审查起诉和审判工作提供坚实支撑。人工智能技术的应用,可以大大减轻司法人员在证据收集与审查环节的工作负担,提高其工作效率。通过智能分析技术,人工智能还可以帮助司法人员发现潜在的证据线索,提高证据收集的全面性和准确性。此外,人工智能的辅助审查功能,可以有效避免人为因素对证据审查的干扰,确保证据审查的公正性和客观性。例如,人工智能可以通过图像识别、语音识别等技术,对现场勘查笔录、询问笔录、监控视频等资料进行快速分析和处理,提取关键证据信息。同时,在证据审查阶段,人工智能还可以辅助司法人员对证据的真实性、合法性、关联性进行初步判断,提高证据审查的效率和准确性。

(二)案件事实查明

案件事实的查明是裁判公正的前提。所谓"事实",蕴含了两个层面的含义:一是客观存在的生活事实,即独立于人的主观意志之外;二是经过司法程序精心加工后的法律事实,这要求司法工作者凭借专业的法律知识与实践经验,对收集的证据进行细致入微的分析,从而作出既契合法律逻辑又贴近生活常识的判断。司法机关需要通过调查取证、庭审举证、质证等环节,全面、客观地查清案件事实,为准确适用法律提供事实依据。在这一过程中,证据的证明力问题成了法律事实认定的核心要素。人工智能技术的应用,可以显著提高案件事实查明的效率和准确性。通过智能分析技术,人工智能可以帮助司法人员快速锁定关键证据和线索,提高案件侦破的成功率。同时,在庭审过程中,人工智能的辅助记录功能,可以确保庭审内容的完整性和准确性,为后续的裁判工作提供有力支持。

(三)法律适用与解释

法律适用与解释是司法裁判的核心环节,要求司法机关在查明案件事实的基础上,准确理解和适用法律条文,确保裁判结果符合法律精神和社会公平正义。人工智能技术的应用,可以显著提高法律适用与解释的准确性和一致性。通过智能学习技术,人工智能可以帮助司法人员快速理解法律条文和司法解释的精神实质,避免人为因素对法律适用和解释的干扰。同时,通过智能推理技术,人工智能还可以为司法人员提供裁判预测和辅助决策支持,提高其裁判工作的效率和准确性。

(四)司法文书制作与送达

司法文书是司法决策的载体,其制作与送达环节直接关系到司法决策的权威性和公信力。司法文书应当准确、清晰、全面地阐述决策理由和结果,确保当事人和社会公众能够充分理解并接受。人工智能技术的应用,可以显著提高裁判文书制作与送达的效率和准确性。通过智能生成技术,人工智能可以帮助司法人员快速制作符合规范要求的裁判文书,减轻其工作负担。同时,通过智能推送技术,人工智能还可以确保裁判文书及时送达给当事人和社会公众,提高裁判文书的透明度和公信力。此外,人工智能的辅助制作功能,还可以有效避免人为因素对裁判文书制作的影响,确保裁判文书的准确性和权威性。

三、人工智能司法应用的趋势

从"互联网+法律"到"人工智能+法律"的范式变迁,无疑是法律发展史上具有划时代意义的里程碑。尽管我们当前仍处于弱人工智能的时代背景之下,但人工智能凭借其出类拔萃的识别能力与先进的算法技术,已然开始对司法实践与改革产生深远影响。这种影响不仅体现在司法效率的大幅提升上,更体现在对司法理念与模式进行了根本性的重塑与革新。

第一,技术的深度融合与智能化升级正成为不可逆转的趋势。以我国的"智能法庭"为例,它不仅利用语音识别技术实现了法庭记录的实时转录,提高了庭审效率,还通过系统自动监测庭审过程中的违规行为,进一步保障了司法公正。此外,诸如前述的"版权 AI 智审系统"这样的应用,在著作权侵权案件中,通过图片查重技术快速出具查重报告,为法官提供判决建议,显著提升了审判的精准度与效率。这些实例充分展示了人工智能如何与司法业务紧密相连,共同推动司法工作的智能化升级。

第二,对法规的适应性与合规性的要求也日益提高。例如,在美国,一些州已经开始利用人工智能技术对被告人的再犯罪风险进行评估,以协助法官作出是否监禁的决定。这种量刑预测方法虽然提高了量刑决策的准确性,但也引发了关于算法公正性、数据隐私保护等伦理和法律问题的讨论。这促使相关法律法规和监管政策不断完善,以确保人工智能在司法领域的应用既高效、又合规。

第三,法律服务模式的创新与变革势在必行。以智能法律咨询机器人为例,它们能够通过语音识别技术与用户进行语音交互,为用户解答法律问题,提供初步的法律建议。这种便捷的法律服务模式不仅降低了公众获取法律帮助的门槛,也促使传统法律服务行业向更加智能化、个性化的方向转型。同时,像在线争议解决平台这样的应用,通过人工智能技术分析用户发生纠纷的事实和法律依据,生成初步的解决方案建议,为调解员提供了重要的参考意见,进一步丰富了法律服务模式的多样性。

第四,跨学科融合与人才培养的紧迫性在司法领域的人工智能应用中尤为凸显。以英国的法律人工智能公司 Ravn 为例,其开发的人工智能系统能够阅读和分析法律文件,提取关键信息,以帮助律师更高效地准备案件。这要求律师不仅要具备扎实的法律知识,还要掌握一定的计算机技术和数据分析能力。因此,未来的法律从业者需要具备跨学科的知识和技能。法学教育也需要更加注重多元化发展,以培养适应未来司法体系需求的复合型人才。

第五,国际合作与交流在推动司法领域的人工智能应用中发挥着重要作用。例如,我国法院系统在与国际同行的交流中不断汲取先进经验和技术成果,共同推动全球司法体系的现代化进程。同时,像 AIoT 智慧法庭这样的创新应用,也是通过国际合作得以实现。它利用人工智能与物联网技术的融合,实现了法庭内终端设备之间的互联互通及自动化操作,显著提升了庭审质效。

第六,人机协同将成为未来司法领域的主流模式。以江苏省昆山市人民法院的"未来法官助手"系统为例,它能够通过智能识别和处理电子卷宗中的图片、图表、文字等不同类型数据,生成符合要求的法律文书。法官只需简单修订阅核后,即可向当事人送达正式版本的电子判决书。这一系统不仅减轻了法官的工作负担,也提高了裁判文书的准确性和一致性。作为法官的得力助手,"未来法官助手"系统展现了人工智能与司法人员协同工作的无限可能。

第三节　人工智能赋能检察工作的实践需求

人民检察院是国家的法律监督机关,是保障国家法律统一正确实施的司法机关,是保护国家利益和社会公共利益的重要力量,是国家监督体系的重要组成部分。这是党中央对检察机关自身性质的重要论断,是对检察机关在新的历史时期的准确定位,也是对检察机关各项工作的根本要求。在数字化时代,检察机关如何适应新时代,实现高质量发展,将人工智能作为推动检察工作高质量发展的重要技术支撑,助力国家治理体系和治理能力现代化,是必须思考的时代课题,也是必须回答的历史命题。

一、人工智能赋能检察工作的必然性

(一) 法律实践的需求

人工智能赋能法律领域的发展源于两种动力:一是法律实践自身的要求。二是人工智能发展的需要。人工智能在法律实践中辅助多项任务提升了质效,同时法律实践也是人工智能检验其理论价值和技术性能适用的领域之一。法律实践渴求人工智能提升其质效是驱动人工智能与法律相融合的源动力。因而,法律实践需要人工智能,人工智能的价值在于提升法律任务执行的质效,使司法工作人员能够将主要的精力投入人工智能无法替代的核心业务当中。此外,司法公开是保障当事人的诉讼知情权利、监督司法过程、促进司法民主的重要手段。传统的司法公开受到技术和载体的限制,无法做到广泛公开,人工智能介入司法公开,为裁判文书公开、审判流程公开、庭审活动公开和执行信息公开四大领域提供了强有力的技术支撑,使得司法公开的信息化建设取得了显著的进步。[1]

---

[1] 参见魏斌:《论法律人工智能的法理逻辑》,载《政法论丛》2021 年第 1 期。

(二)社会风险的变化

现阶段,风险已成为现代社会的重要组成部分。乌尔里希·贝克的风险社会理论,成为人类观察、理解、诠释和分析现代社会的重要概念,为现代社会的系统性治理提供了独特视角。[1] 在风险社会中,传统的法律制度囿于建立在已知和可预测的基础之上,无法有效应对风险社会中的风险。风险社会中的风险具有如下特征:第一,多样性。社会风险来源广泛,自然风险和人为风险的相互交织易导致复杂的社会危害后果。特别是数字技术的迅猛发展,成为众多传统、潜在风险的"放大镜"和"加速器"。第二,全域性。社会风险不再局限于某一地区而孤立存在,而是会产生全国性乃至全球性的巨大影响。任何地方的风险都可能迅速传播至其他地方。第三,不确定性。现代社会的复杂性,决定了社会风险的发生难以被归因于单一因素。第四,不可预测性。同不确定性一样,不可预测性强调人类无法预知或无法准确地预知社会风险发生的时间、地点和程度。风险社会理论认为,提高风险预警能力,建立健全多层次、系统化的风险预警机制、应对机制和修复机制,对防范社会风险而言,具有重要意义。在风险社会的迫切要求之下,需要检察机关借助大数据、人工智能等技术,通过比对甄别、智能研判、风险抓取、线索共享等功能作出预测,将社会风险扼杀在萌芽状态,最大限度地保障国家利益和公民权益,净化社会环境,谋求公共安全。

(三)技术发展的推动

在技术赋能的视角下,通过变革检察监督工具与重塑检察监督理念,人工智能与检察工作的融合,可以进一步助力解决司法运作以及社会治理中的根本性问题,促进司法公正,助力国家治理。其一,变革检察监督的工具。传统检察监督受限于人力主导的作业模式,在监督响应速度、覆盖广度、技术手段、功能延伸及成效巩固等方面已难以满足新时代司法监督需求。即使检察机关积极推动检察信息化建设,但也多是围绕全国

---

[1] 参见范如国:《"全球风险社会"治理:复杂性范式与中国参与》,载《中国社会科学》2017年第2期。

检察机关统一业务应用系统(以下简称"全国检察业务应用系统")、电子卷宗系统、检答网以及12309检察服务中心等辅助性、服务性、事务性业务展开,未能触及检察监督的实质职责,对提升检察监督的质效而言,作用有限。然而,人工智能与检察工作的融合推进,从根本上改变了上述局面。其通过业务理解、数据理解、特征提取、数据挖掘、评估验证以及部署优化等基本流程,显著提高了检察监督的效率与质量。其二,重塑检察监督的理念。传统检察监督中决策的作出基于经验驱动理念,依赖于决策者的个体偏好、价值倾向和经验判断,具有一定的主观臆断性,一旦判断有误往往导致决策失败。同时又面临信息模糊、信息滞后、信息偏差等窘境,导致决策的粗放化、大概化、模糊化。数字检察监督则基于数据驱动理念,利用新兴技术,对海量检察监督数据进行分析研判,揭示潜藏于数据背后的隐形关系,充分挖掘检察监督数据的价值属性,实现决策的精准有效。

二、人工智能赋能检察工作的可行性

(一)理念变革:从经验驱动到数据驱动

《法治中国建设规划(2020—2025年)》指出,要充分运用大数据、云计算、人工智能等现代科技手段,全面建设"智慧法治"。《中共中央关于加强新时代检察机关法律监督工作的意见》也要求"运用大数据、区块链等技术推进公安机关、检察机关、审判机关、司法行政机关等跨部门大数据协同办案",为检察工作的数字化转型提供了明确的政策导向和实施路径。

在此背景下,检察机关积极响应国家号召,将信息化建设视为提升司法服务质量和效率的重要途径。从基础办公自动化的普及,到案件管理系统的智能化升级,再到智能辅助办案系统与大数据法律监督平台的创新应用,每一步都见证了检察工作数字化转型的坚实步伐。这些高科技工具的应用,极大地提高了案件处理的速度和准确性,使得检察工作能够更加精准地把握案件线索,深入剖析复杂案情,为司法决策提供强有力的数据支持。值得一提的是,检察机关通过精心设计并实施一系列覆盖大数据、云计算、人工智能等前沿技术知识的专业培训班、高级研讨会及在线学习平台,使检察人员掌握了先进的信息技术工具,培养了利用数据洞察问题本质、优化决策流程的能力。传统的经验驱动型工作模式逐渐被数据驱动型工作模式所取代,检察官开始注重数据分析与挖掘,运用科学方法解决司法实践中的难题,提升了检察工作的科学性和规范性。

(二)技术变革:人工智能在检察监督中的关键支撑

随着案件数量的激增与案件复杂性的加剧,单一依赖检察官个人经验与主观判断的工作方式已难以有效应对海量且多变的案件信息,更难以确保司法决策的公正性与效率性。人民群众对司法公正的渴望与对司法效率的期待日益增长,这要求检察机关必须创新工作模式,提升司法能力,以满足新时代的司法需求。

在此背景下,大数据技术为检察机关提供了前所未有的数据处理与分析能力,使得检察机关能够深入挖掘案件数据背后的规律与趋势,为司法决策提供科学、客观的依据。通过大数据分析,检察机关可以更加精准地把握案件特征,预测司法走向,为制定更加合理、有效的司法政策提供有力支持。人工智能技术的引入,使得案件处理的自动化、标准化与精准化有了抓手,帮助检察官自动完成文书生成、证据审查、量刑建议等烦琐工作,提升司法决策的深度与广度。此外,人工智能技术通过不断学习与优化算法,提升预测的准确性与响应速度,为检察工作提供更加智能、高效的辅助支持。由此可见,科技时代的冲击不仅改变了人们的生产生活方式与社会治理模式,也深刻影响着检察工作的未来发展。检察机关亦积极拥抱科技变革带来的机遇与挑战,通过数据化与智能化转型重塑检察工作新生态,以更加高效、公正、透明的司法服务回应人民群众的期待与需求。

(三)工具变革:检察监督工具的数字化转型

检察监督工具正在经历数字化转型,大数据模型,图片识别与处理工具如语音识别、智能阅卷、知识图谱,生成式大语言模型等广泛应用,显著提升了工作效率与质量,推动检察监督智能化发展。

1. 大数据模型的应用

针对当前数字检察监督层次不深、治理水平不高的问题,检察机关可以利用大数据模型对海量数据进行深度挖掘和分析。通过整合检察数据应用平台等资源,将大数据模型及脱敏后的具体案例数据"投喂"到大数据平台上,实现数据的深度学习和关联分析。在此基础上,大数据模型能够主动监测和发现潜在的检察监督线索,如虚假诉讼、司法不公等问题,为检察机关提供精准有效的监督依据。大数据模型还能对历年来的案件数据进行统计分析,发现案件类型、犯罪手段、涉案金额等方面的变化趋势和规律。通过构建预测模型,检察机关可以提前预判未来一段时间内可能出现的犯罪类型和风险点,为制定预防和打击策略提供科学依据。

2. 图片识别与处理工具的应用

在案件办理过程中,检察机关需要处理大量的图片证据材料,如现场照片、物证照片等。图片识别与处理工具能够自动对图片进行识别、分类和整理,提取关键信息并生成文字报告。这不仅提高了证据材料的处理效率,还确保了信息的准确性和完整性。在特定情况下,如在偏远地区案件的勘查中,检察机关可以利用图片识别与处理工具进行远程勘查和鉴定。通过对现场照片或视频进行分析处理,可以初步判断案件的性质、提取关键证据线索,为后续的侦查工作提供有力支持。

3. 生成式大语言模型的应用

一方面,生成式大语言模型如 ChatGPT,凭借其强大的自然语言处理能力和丰富的知识储备,能够辅助检察官快速生成各类法律文书。通过输入案件的基本情况、证据材料等信息,生成式大语言模型能够自动分析并生成符合规范、逻辑严密的起诉书、抗诉书、检察建议书等法律文书,极大地减轻检察官的工作负担,提高文书制作的效率和质量。另一方面,在办理复杂疑难案件的过程中,检察官往往需要参考大量的法律法规、司法解释和判例。生成式大语言模型可以充当法律咨询的"智能顾问",根据检察官提出的问题迅速检索并呈现相关法律依据和案例分析,为检察官提供决策参考。同时,生成式大语言模型还能基于案件事实和法律条文进行逻辑推理,辅助检察官作出更加科学、合理的判断。

第四节　人工智能在检察应用中的角色定位

人工智能被应用于我国刑事司法大体分为两类：一是司法领域普遍探索的"类案智能推送系统""诉讼服务系统""法律机器人"等；二是刑事司法领域的人工智能系统，如上海探索的刑事案件智能辅助办案系统。2017年2月6日，中央政法委交办上海研发"推进以审判为中心的诉讼制度改革软件"的重大任务，即上海刑事案件智能辅助办案系统——简称"206系统"。① 由此可见，人工智能介入刑事司法的初衷是"推进以审判为中心的诉讼制度改革"，这也是十八届四中全会以来我国刑事司法改革所遵循的基本脉络。借助人工智能试图解决的问题是"统一证据标准"和"防范冤假错案"。对于检察机关而言，期待借助人工智能解决的问题则是"严格证据把关"和"防止案件带病起诉或者错误起诉"。增效、减负、辅助、监督，这是人工智能之于我国司法的基本定位，也是对其实践效果的现实预期。② 基于检察工作专业化、职业化、规范化的特性，在人工智能已然高调介入检察工作的情况下，首先要解决的问题就是检察官和人工智能的角色定位问题。

一、定位：人主机辅

19世纪末，大量马车夫聚集在英国街头，抗议汽车的普及挤占了他们的工作。随着人工智能技术的发展，大量职业将被机器取代，若干年以后，法律人是否同样会经历当年英国马车夫的遭遇？③ 有学者预言，在未

---

① 参见王川：《人工智能开庭！上海"206系统"到底有多牛？》，载法治上海微信公众号（网址：https://mp.weixin.qq.com/s/7quqrdSzGHi2KcCbTK6d3Q），访问日期：2024年10月24日。
② 参见谢澍：《人工智能如何"无偏见"地助力刑事司法——由"证据指引"转向"证明辅助"》，载《法律科学（西北政法大学学报）》2020年第5期。
③ 参见黄伟文：《从独角兽到AI：人工智能应否取代法律职业？》，载《法制与社会发展》2020年第5期。

来15年内,机器人和人工智能将主导法律实践,并导致法律职业的"结构性坍塌"。① 在人工智能被引入司法领域伊始,对司法工作者和人工智能的角色定位就一直是理论界和实务界热议的问题,赞成者和反对者皆有之。有学者担忧,人工智能的介入,会使得法院成为判决工厂、法官如同流水作业线上进行操作的技工;也有人认为,经过人工智能系统审查的证据材料,如同披上了"经人工智能检验合格"的外衣,司法人员可能会放松警惕,过分依赖人工智能的判断,从而被人工智能取代了主导权;同时,人工智能也会挤压司法人员的自由裁量权,背离司法的亲历性原则;更有人认为,法律实践是人类道德实践的重要组成部分,如果法律职业被人工智能取代,那么人类道德实践很重要的一部分就从人类的生活实践中脱离了出去,这是对人类道德实践的严重减损②,等等。持乐观态度的学者认为,人工智能有助于提高侦查机关的侦查能力从而高效打击犯罪;有助于减少司法人员阅卷、梳理证据以及撰写文书的时间进而提高诉讼效率;有助于通过类案检索和推送实现同案同判;更有学者指出,法律行业未来的主线一定是大数据,人工智能将成为法律系统的主要切入点并主导法律实践。目前,人工智能已经在重塑法院的系统和律师的办案方式,未来在提供法律服务的过程中,人工智能将不可或缺。③ 纵观当前司法实践对人工智能的态度,可以用"积极拥抱科技,谨慎怀疑应用"进行概括。美国人工智能技术与司法审判的融合由来已久,虽然一直将人工智能定位为协助者,但在2013年美国威斯康星州诉卢米斯一案(Wisconsin v. Loomis)④

---

① See Michael Cross, Role of Artificial Intelligence in Law, http://www.raconteur.net/business/time-for-technology-to-take-over,访问日期:2024年9月30日。

② 参见黄伟文:《从独角兽到AI:人工智能应否取代法律职业?》,载《法制与社会发展》2020年第5期。

③ 参见钟一苇:《法律人工智能定位论及其思考》,载《太原理工大学学报(社会科学版)》2024年第3期。

④ 该案中,帮助法官作出判断的AI项目是通过向被测试人询问137个问题,比如:你有多少朋友非法使用药物?你在学校时多长时间打一次架?你的最高学历是什么?你是否经历过校园霸凌事件?你是施暴者还是受辱者?等等,再经过一套复杂算法,得出被测试人的"危险指数"。被告Loomis认为自己仅仅在号称汽车王国的美国,盗窃一部二手普通家用汽车就通过这个软件被判定八年半刑期,且事先从未有机会被告知并检查它的AI算法,于是提起了上诉,但上诉被驳回了。随后引发了一系列争议,使这款被戏称为"机器人法官"的COMPAS软件广受质疑。

中,以 COMPAS 系统评估报告为依据指导定罪量刑的做法就受到了公众的广泛质疑。

基于以上学术界与司法实践中对人工智能在司法办案中广泛存在的担忧和质疑,在检察工作中引入人工智能更应明确检察官和人工智能之间的角色定位。我们认为,检察官在执法办案中的主体地位是不容动摇,也是不应被动摇的,人工智能在检察工作中处于辅助地位。简言之,"人主机辅"是人工智能参与检察工作的前提和必要条件。

(一)坚持检察官的主体地位

在新时代,人民群众对检察工作的新需求和新期待以及高质效办好每一个案件的理念要求下,鉴于当前人工智能在法律领域的发展和应用成效,人工智能的应用旨在提高检察工作质效,必须在检察官的指导和监督下进行,且不能替代检察官行使法律判断和作出决策,检察官始终处于执法办案的主体地位。换言之,必须坚持人工智能在检察工作中"增效、减负、辅助、监督"的基本定位。检察官以其专业知识和工作经验,确保人工智能的运用符合法律规定和检察工作的要求,并对人工智能提供的信息和结果负责。

1.人工智能背景下检察官的法律角色

检察官是人工智能的使用者和受益者,明确检察官在人工智能背景下的主体地位就是明确人工智能在检察应用领域未来的发展方向。检察官的主体地位首先体现在检察官的法律角色上。

(1)检察官是国家法律的维护者。《人民检察院组织法》第 2 条第 2 款规定:"人民检察院通过行使检察权,追诉犯罪,维护国家安全和社会秩序,维护个人和组织的合法权益,维护国家利益和社会公共利益,保障法律正确实施,维护社会公平正义,维护国家法制统一、尊严和权威,保障中国特色社会主义建设的顺利进行。"《检察官法》第 2 条规定,"检察官是依法行使国家检察权的检察人员"。《中共中央关于加强新时代检察机关法律监督工作的意见》指出,"人民检察院是国家的法律监督机关,是保障国家法律统一正确实施的司法机关,是保护国家利益和社会公共利益的重要力量,是国家监督体系的重要组成部分,在推进全面依法治国、建设社会主义法治国家中发挥着重要作用"。由此可见,检察官作为国家法律维护者的身份地位并不是自封的,检察官通过行使检察权,维护国家法律统一正确实施,维护公平正义的职权和地位是经过法律明确授权的,并不会因为其他因素而改变或者动摇。

(2)检察官是法律执行的监督者。《宪法》第 134 条规定:"中华人民共和国人民检察院是国家的法律监督机关。"《人民检察院组织法》第 2 条第 1 款规定:"人民检察院是国家的法律监督机关。"《刑事诉讼法》第 8 条规定:"人民检察院依法对刑事诉讼实行法律监督。"《检察官法》也明确了检察官对刑事案件进行审查逮捕、审查起诉,代表国家进行公诉;开展对刑事、民事、行政诉讼活动的监督工作等职责。作为法律监督机关中行使检察权的检察官,负责对司法活动进行监督,确保法律执行全面、准确、到位,确保执法司法的合法性和公正性,维护社会公平正义。以上法律规定表明,在我国法律体系中,检察官其中之一的身份就是作为国家法律执行的监督者,对法律的执行情况进行监督,这是法律明文赋予检察官的职责和地位。

(3)检察官是公共利益的代表者。根据《检察官法》的规定,检察官的职责之一是开展公益诉讼工作,并且履行"依法保障当事人和其他诉讼参与人的诉讼权利,维护国家利益、社会公共利益,维护个人和组织的合法权益"等法定义务。《人民检察院公益诉讼办案规则》第 2 条规定:"人民检察院办理公益诉讼案件的任务,是通过依法独立行使检察权,督促行政机关依法履行监督管理职责,支持适格主体依法行使公益诉权,维护国家利益和社会公共利益,维护社会公平正义,维护宪法和法律权威,促进国家治理体系和治理能力现代化。"同时,《人民检察院公益诉讼办案规则》第 6 条明确规定,人民检察院办理公益诉讼案件,根据案件情况,可以由一名检察官独任办理,也可以由两名以上检察官组成办案组办理。因此,检察官通过行使检察权,维护国家和社会公共利益,维护社会秩序和公共安全,是法律授权的公共利益的代表者。

2. 人工智能无法取代检察官的主体地位

尽管人工智能技术在司法领域的应用日益广泛,但其在法律上的地位和作用与检察官等法律职业人员存在本质区别。根据 Open AI 公司公布的相关报告显示,ChatGPT-4 参加总分值为 400 分的美国律师执业资格考试,其得分为298分,已经超过了90%人类考生的成绩。按照图灵测试①的标准,ChatGPT-4已经能够成为独立思考、独立处理法律问题的"法律人"。人工智能是否可以成为"AI检察官",除涉及深层次的哲学、伦理学等问题,其在法律层面的核心问题,主要是法律是否承认人工智能具有人类的主体资格和检察官的法律地位。② 检察机关作为我国的法律监督机关,检察官作为行使检察权的主体,其主体地位具有法律依据。

（1）法律授权的专属性。2021年11月25日,联合国教科文组织发布了《人工智能伦理问题建议书》③,这是全球首个针对人工智能伦理制定的规范框架,共193个成员国正式采用这一道德框架,其中"禁止社交评分和大规模监控"这一条建议明令禁止使用人工智能系统进行社交评分和大规模监控,并强调在制定监管框架时,成员国应考虑到最终责任和问责制必须在人类本身,人工智能技术本身不应被赋予法律人格。在我国,检察官的主体地位是由《宪法》和法律明确规定的,拥有法律明确授予的职责和权力,具有法定性和不可替代性。《人民检察院组织法》《检察官法》等法律法规,对检察院的职权,检察官的职责、权限、任免、考核等方面进行了详细规定。《检察官法》第2条规定,"检察官是依法行使国家检察权的检察人员"。这一规定明确了检察官的法律地位,即检察官是行使国家检察权的主体,检察权只能由具备法定资格的检察官行使。《检察官法》要求检察官应当依法履行职责,保证国家法律统一正确实施,维护社会公平正义。这意味着检察官在行使职权时,必须依法进行,对案件的事实认定、法律适用、程序合法性以及自身行为等承担直接责任。这些法律规定都是针对自然人设定的,人工智能无法满足这些条件,不具备法律主体资格。

---

① 图灵测试(The Turing test)是由计算机的奠基人艾伦·麦席森·图灵(Alan Mathison Turing)提出的认定人工智能的方法,指在测试者与被测试者(可以是人或者机器)隔开的情况下,通过一些装置(如键盘)向被测试者随意提问。若经过多次测试后,测试者无法判断自己的交流对象是人还是机器,则说明该机器具有和人同等的智慧。
② 参见谢登科:《人工智能驱动数字检察的挑战与变革》,载《中国政法大学学报》2023年第6期。
③ See UNESCO member states adopt the first ever global agreement on the Ethics of Artificial Intelligence, https://www.unesco.org/en/articles/unesco—member—states—adopt—first—ever—global—agreement—ethics—artificial—intelligence,访问日期:2024年9月29日。

（2）司法责任的可追究性。例如，在检察办案的具体过程中，若人工智能给出错误的处理建议，检察官基于对人工智能的信任，明知人工智能给出的处理建议可能有误，或者由于重大过失没有发现人工智能给出的处理建议有误，最终导致对案件作出了错误的处理决定。错案的司法责任如何追究？

《关于人民检察院全面准确落实司法责任制的若干意见》第26条规定："检察人员应当对其履行职责的行为终身负责。在司法办案工作中，检察人员故意违反职责，或者因重大过失违反职责造成严重后果的，应当承担司法责任。"检察官在行使检察权过程中，若出现故意、重大过失导致冤假错案，或者存在滥用职权、玩忽职守等行为，需承担相应的法律责任。

关于人工智能可否成为司法责任追究的主体，或者更大范围地讲，人工智能可否成为刑事责任的主体，对此存在较大的争议。在学界形成了肯定说、否定说和折中说三种立场。肯定说认为，人工智能实体可以成为人工智能犯罪的刑事主体。当人工智能自主实施犯罪行为时，应当认定为犯罪并处以刑事处罚，其中有心理要素说、道德代理说、法人类比说、法定实体说、当然主体说[1]及人类利益说[2]；还有观点认为肯定人工智能实体具有刑事责任主体地位，是承认人工智能实体具有深度学习能力的必然结果，是顺应人工智能发展趋势的必然结果。[3] 否定说则不承认人工智能实体的刑事责任主体地位。当人工智能实施犯罪时，应当追究研发者或者使用者的刑事责任。因为人工智能缺乏刑事责任能力和受刑罚处罚的能力，将人工智能作为刑事责任主体难以保障刑法的有效性。[4] 折中说承认强人工智能实体的刑事责任主体地位，否定弱人工智能实体的刑事责任主体地位。理由是强人工智能机器人具有自主意识，在其意志下具有辨认和控制能力，具有受刑罚能力，作为刑事责任主体符合刑法中的罪

---

[1] 参见彭文华：《人工智能的刑法规制》，载《现代法学》2019年第5期。
[2] 参见陈叙言：《人工智能刑事责任主体问题之初探》，载《社会科学》2019年第3期。
[3] 参见冯子轩：《人工智能与法律》，法律出版社2020年版，第200页。
[4] 参见周振杰、胡圣鑫：《刑罚的有效性与人工智能领域的刑事责任主体》，载《河南警察学院学报》2019年第3期。

责自负原则。① 以上争议和观点，仅仅是学界之言，在我国当前刑事法律中，并没有专门针对人工智能可否成为刑事责任主体作出规定。

因此，在我国当前法律体系下，人工智能作为一种技术手段，在"法无明文规定"的情况下，并未获得法律授予的行使检察权的资格，更不用说独立的决策权和执行权。人工智能不具备承担责任的能力，若将检察权赋予人工智能，一旦发生冤假错案，责任追究将无从谈起。

3.人工智能背景下检察官主体地位的具体表现

人工智能在检察工作中的具体应用不能脱离检察工作实践。具体而言，人工智能检察应用的研发、引入、采购、应用、维护、迭代的每一个环节，都应当由检察官牢牢把握主导地位。

（1）决策权的核心。随着人工智能与检察工作的深度融合，检察工作不能只"以人为本"，陷入"唯心主义"，也不能盲目追求科技创新，陷入"唯物主义"，检察官必须拥有决策权，掌握决策的主导权。一方面，检察官对于人工智能的研发、引入、采购、应用、维护、迭代必须拥有话语权，检察官能够自主决定是否运用人工智能辅助办案，运用何种人工智能系统，运用到何种程度，而不能被人工智能技术绑架。另一方面，尽管人工智能在案件处理上可以提供案件分析、证据审查、类案推送、量刑建议、文书生成等帮助，但检察官作为办案主体和司法责任的承担者，对于人工智能给出的"答案"，应当是拥有自主决策权的审核者，应结合自身的专业知识和实践经验进行价值判断并进行取舍，依法依规作出是否起诉、如何量刑等处理决定，从而确保案件的处理符合法律要求和伦理标准。比如，在全国检察业务应用系统2.0中，智能辅助量刑系统给出量刑建议后，检察官应当再结合具体情形进行审核，判定这一量刑建议是否会导致司法正义的失衡，以检察官对智能辅助量刑系统的有效监督和正确使用来确保案件处理的公平公正。

（2）规则制定的定夺。人工智能背景下的检察官作为技术的支持者和使用者，不仅需要掌握技术的核心原理和基本方法，最大限度运用人工智能技术辅助高质效处理案件、赋能办公，更重要的是要凭借其专业知识

---

① 参见刘宪权：《对强智能机器人刑事责任主体地位否定说的回应》，载《法学评论》2019年第5期。

和实践经验,参与人工智能在司法领域的规则制定和定夺。无论是在技术标准的设定还是在操作规程的设置上,都应该从检察应用的具体环节出发,构建法律与技术连接的桥梁,确保这些规则既充分利用了技术优势,又坚守了法律原则,并且能合理运用到具体的检察实践中,促进人工智能检察应用的科学性、功能性和高效性。比如,组建以资深专业检察官为主导的专业团队,梳理实践业务中的痛点和难点,构建业务问题清单和解决路径,从而实现人工智能技术与检察实践工作的有机统一;确保研用一体,避免研发需求与实践效果脱节,技术和业务"两张皮"等弊端。[①]

(3)法律的权威解释。尽管人工智能在海量数据和信息的处理上有着强大的功能,在算法和算力的加持下能够在短时间内完成检察官难以完成的工作量,但法律不仅仅是逻辑的推演和信息的处理,特别是当法律条文没有明确规定相关的情形,或者法律规定较为模糊,需要应用法律原则和法律精神对案件进行分析和判断的时候,检察官此时就是法律知识的权威诠释者。检察官借助自身丰厚的法律专业知识和丰富的实践经验,能够准确理解和解释法律条文、法律原则和法律精神,在人工智能的辅助下,可以更加全面地考量案件,从而对案件进行法律判断和决策,为案件最终的公正处理提供符合天理国法人情的支撑。

(二)发挥人工智能的辅助作用

推动人工智能技术在检察工作中有序、高效、安全应用,是最高人民检察院的要求,也是当前推进检察工作高质量发展的重要方式。目前世界各国大多将人工智能定位为辅助系统,司法办案人员必须处于主导地位,以防止机器决策造成人文主义的流失。人工智能给出的是有条件的"可视正义"和"逻辑正义",即使将来法律领域广泛而深度地运用了人工智能,在追求司法正义的过程中,法律人具有的独特情怀和匠心仍然无法被机器所复制和替代。在检察工作中,人工智能可以作为辅助工具,用于数据分析、案件检索、证据审查等方面,提高检察工作的效率和精度。检察人员应当紧跟时代步伐,清醒认识到数字时代的新使命和新责任,既要

[①] 参见徐福新:《依托人工智能打造智慧检务体系》,载法治网(网址:http://www.legaldaily.com.cn/newzt/content/2023-07/10/content_8874086.html),访问日期:2024年10月22日。

积极探索先进技术的应用,又要确保技术契合人类社会的真实性与伦理观,不能盲目追求技术超越。①

1. 人工智能角色定位的反向审视

人工智能依赖于大数据和算法进行工作,尽管其拥有人类无法比拟的优势和技能,但在具体检察工作中的角色定位仍为辅助工具,除具有无法替代检察官主体地位的充足理由之外,其他影响因素如下。

(1)技术限制决定人工智能辅助角色的定位。一方面,人工智能在"技术喂养"中存在局限性。虽然人工智能有着人类无法企及的知识库和瞬时大数据检索能力,但目前人工智能在法律领域的研发和应用基本上都是规范取向的,主要使用知识图谱对立法、司法解释等规则进行提取和分析,构建的是规范式而非经验式的模式。技术上对法律人工智能的训练更多的是源于法律条文等书面规则,而不是实践中的大量案例,导致最终输出的结果很可能就不适合丰富多样的司法应用实践,从而无法得到司法工作人员的认同。据路透社报道,亚马逊的机器学习专家发现了一个问题,通过对电脑模型进行培训,投喂了10年来应聘者的简历并找出固有模式,以此来审查应聘者,但由于这些应聘者大多数是男性,导致人工智能设计出的筛选求职者的方法具有歧视性,即歧视女性。② 如类案类判系统就存在类案相似度和精准度不高、类案范围局限于部分省份、类案的时间不延续等问题,在使用过程中难以充分发挥关键性的参考作用。可见,无论是亚马逊的简历筛选系统还是司法机关的人工智能系统,人工智能输出的结果,在很大程度上取决于"技术喂养"的倾向性。

从上海"206系统"的实践过程来看,系统设置的命案被划分为现场目击型、现场留痕型、认罪供述得到印证型和拒不认罪型四大类,这四类命案"证据标准指引"的建模算法③,主要是基于上海市2012年至2016年间审结的591起命案的数据。这些数据样本仅限于三至五年内,并且仅

---

① 参见李辉:《在"三个统一"中推动数字检察创新发展》,载《检察日报》2024年4月24日,第12版。

② 参见《亚马逊用AI筛简历却发现它对女性有偏见 最终关闭》,载环球网(网址:https://m.huanqiu.com/article/9CaKrnKdvq5),访问日期:2024年10月9日。

③ 参见谢澍:《人工智能如何"无偏见"地助力刑事司法——由"证据指引"转向"证明辅助"》,载《法律科学(西北政法大学学报)》2020年第5期。

限于上海地区,那么这些数据样本所揭示的犯罪规律和类案处理方式如何契合新型的犯罪活动,有多少借鉴意义和参考价值,就成了使用者必须进行事先辨别和考量的问题。很多犯罪是无法预先获知的,不同的犯罪案件有其本身无可替代的特点,尤其是命案犯罪,上海"206系统"划分的四类命案之间在司法实践中可能出现多种不同的排列组合,甚至有些命案犯罪无法包含在其排列组合范围内。理论上就算无法穷尽所有的样本,但至少应该确保样本足够大,划分的类型足够清晰,还要确保样本数据的结构性和一致性,但是目前在技术上和实际操作中几乎难以实现。

另一方面,人工智能对法律的理解和应对复杂情境存在局限性。"法律的生命不是逻辑,而是经验。"法律中存在大量评价性概念,而人类关系的多样性也需要这些概念,但人工智能并不具备人类的意识,若以技术理性绑架意识理论,会减损社会的情感与人文特质,也会对以法治精神为基础的自由裁量权的行使产生障碍。[1] 检察工作的复杂性要求检察官具备扎实的法律专业知识、丰富的实践经验和良好的职业道德。在处理具体案件时,检察官需要综合考虑各种因素,如法律法规、案件事实、证据情况、社会影响等,并以其专业知识、实践经验和价值判断作出符合法律规定、当事人合法权益的决策。检察官在处理案件的过程中,蕴含着人工智能难以习得的情感与智慧,特别是在对一些法律条文和原则的理解较为模糊以及涉及必须对人性的复杂性进行考量的案件中,检察官对人性的思考、权衡和把握对于案件处理决策的形成起着至关重要的作用,但这些思考、权衡和把握却难以记载成文并"投喂"到人工智能学习的基础数据材料中。

例如,轰动社会的"于欢辱母杀人案""昆山龙哥反杀案"等,面对此类案件,人工智能是否能和检察官、法官一样,在处理案件时情理法并用,仍是未知。我们期待未来人工智能可以做到像专业的司法工作人员一样在处理案件时能够充分考虑天理国法人情,但在技术上需要"喂养"更多的经验数据才能看到效果。总而言之,人工智能在司法领域的发展突飞猛进,但目前尚无法完全模拟人类复杂的思维过程,虽然其可以通过机器学习和大数据分析等技术提高处理效率,但缺乏人类的专业知识、情

---

[1] 参见秦汉:《人工智能司法裁判系统的学理反思》,载《北方法学》2021年第3期。

感共鸣和道德判断能力,因而在最终决策上,检察官的主体地位是无可替代的。

(2)社会认同影响人们对人工智能的接受程度。人们能否接受人工智能替代司法工作者处理法律事务,或者说能否接受AI法官、AI检察官,本质上是一个社会认同问题。社会认同是否存在障碍,决定了社会公众对人工智能介入司法领域深度的接受程度,具体体现在以下两方面。

第一,体现在传统文化认知障碍上。不同的文化和法律体系对法治的理解各有不同,但基本上普遍认为法治的核心在于人的主体性和尊严,对法律的执行和理解被视为人类智慧和道德判断的体现,人工智能的介入可能会被认为是对传统文化认知的破坏。长期以来,法律经验经由人类开放的辩论与长久的累积而形成,并以当事人与社会可接受的方式表述。然而,人工智能是一种由智能机器(尽管人类在其中深度介入)分析数据,基于数据关联性而构建的"另类"客观化的决策模式,这种模式需要法律人、当事人的认同,更重要的是公众的认同。[1]

第二,体现在社会伦理认同上。《数据安全法》第8条、第28条均提到应"遵守社会公德和伦理"。2019年5月25日,北京智源人工智能研究院联合北京大学、清华大学、中国科学院自动化研究所、中国科学院计算技术研究所等单位,共同发布《人工智能北京共识》,提出人工智能的研发、使用、治理,应当遵循有益于人类命运共同体构建和社会发展的15条原则,其中:负责原则要求,人工智能的研发者应充分考虑并尽力降低、避免其成果所带来的潜在伦理、法律、社会风险与隐患;合乎伦理原则要求,人工智能的研发应采用符合伦理的设计方法以使得系统可信,包括但不限于:使系统尽可能公正,减少系统中的歧视与偏见;提高系统的透明性,增强系统的可解释度、可预测性,使系统可追溯、可核查、可问责等。就当前人工智能在法律领域的发展而言,算法不透明只为少数专业人士所知,一旦社会公众了解之后,人工智能甚至是AI检察官若想获得公众的认同可能会比人类检察官更加困难。毕竟,在当事人向检察官反映诉求时,更加期待的是一个有共情能力、能沟通、会释法说理的检察官解决

---

[1] 参见左卫民:《AI法官的时代会到来吗——基于中外司法人工智能的对比与展望》,载《政法论坛》2021年第5期。

问题,需要检察官充分尊重和保障当事人的合法权益。

人工智能在处理问题时,并不会告知当事人进行推理和分析的过程,缺乏沟通和使当事人信服的释法说理,因此无法充分考虑当事人的合法权益,甚至可能会侵犯人权。一个 AI 检察官永远无法像人类检察官一样结合其个人经验去体会不同个案中当事人的需求和心理,无法结合案件的非标准性因素实现个案量刑均衡。因为其技术基础决定了人工智能无法真正具备人的感性,只能依照既定的计算规则进行理性推理,更遑论在司法实践中推动法律规则的变更设立。[①] 检察官在司法活动中,不仅要依法办案,还要遵循社会伦理和价值观,这是我国法治建设的重要组成部分。人工智能缺乏道德观念和价值取向,难以承担这一职责,自然也就难以获得社会公众的伦理认同。

检察工作不仅是一项技术性工作,更是涉及到社会性、人文性、伦理性和公平正义的综合性工作,这些特性使得检察官的地位在社会认同上无法被人工智能所取代。即使人工智能在法律领域取得了更大的进展,社会认同的缺失将成为其无法完全取代或者不会取代检察官主体地位的关键因素。

2. 人工智能辅助检察官开展工作具有强大功能

虽然人工智能不具备检察官的独特专业认知、阅历水平、工作经验和价值判断,但其在辅助检察官开展工作方面仍具有不可忽视的强大功能。

2022 年 11 月 30 日,ChatGPT 发布后,围绕它的应用测试在全世界井喷式发展,司法领域也受到了巨大影响。哥伦比亚法官在一起医疗保险案件中,使用 ChatGPT 形成了关于自闭症儿童是否应该获得保险赔偿的法律论据。[②] 虽然该案的判决最终仍由法官作出,但 ChatGPT 已然让大家感受到其在最能体现法律专业性、复杂性的司法论证环节的强大功能。

[①] 参见杨军、严俊:《人工智能赋能检察工作,如何实现"四个蝶变"?》,载法治日报微信公众号(网址:https://mp.weixin.qq.com/s/I-gCVoNIUpZIZhgqXDaTyg),访问日期:2024 年 9 月 22 日。

[②] See Janus Rose, A Judge Just Used ChatGPT to Make a Court Decision, https://www.vice.com/en/article/k7bdmv/judge—used—chatgpt—to—make—court—decision? fbclid = PAAaZWRtswcGHg74QphuhMM5G969MloEeNGtm2OuuR7mVWdR8mgT5UJWWEM7U,访问日期:2024 年 10 月 6 日。

例如，集检察专业知识全面检索和类案服务智能推送于一体的河北检察知识服务类案系统，适用于刑事、民事和行政检察业务的全类型案件办理，一键推送所需的各类权威法律知识和类案研判信息，帮助检察官适用法律法规、认定案件事实、归纳案情焦点、深度分析类案、便捷生成报告。① 该系统通过实现与全国检察业务应用系统2.0、河北省民事行政检察大数据智能化应用平台、量刑辅助工具等系统的办案场景化融合，包含了知识服务和类案推送两个子系统，其中知识服务子系统包括法律法规库、司法案例库、法律论文等各类知识数据库；类案推送子系统包括类案检索、类案推送、检索报告生成等功能。该系统在对7000余万条案例进行深度知识标引的基础上，针对不同案由类型开展权重和算法设计，采用深度学习和知识元抽取等人工智能技术，自动获取案件的电子卷宗和案卡信息，根据案情进行语义分析，按照相关度进行自动识别匹配和精准推送。检察官可以对案件要素进行手动二次编辑或点选修改完善。运用系统智能化的检索推送和类案分析，可以大大减少检察官手动查找案例的工作量，更好地识别和遵循同类案件的办理规则，促进法律适用的统一性和规范性，有效提升办案质效。

此外，人工智能还可以推进司法管理和司法监督的智慧化、科学化、透明化。例如，上海"206系统"采用了审判管理数字化智能提示、审判执行流程可视化智能跟踪管理、审判质效目标化动态管理、法官业绩数字化智能评价等技术，并进一步运用大数据分析、视频图像识别、语义分析等技术，实现了办案过程全程可视、全程留痕、全程监督。借助这些数据分析和智能技术，庭审中相关人员的法庭表现如迟到、退庭、干扰法庭等变得透明可视，为规范司法管理提供了实质性的参考基础。

实际上，无论是像ChatGPT等技术的发展，还是河北检察知识服务类案系统等在司法领域的应用，人工智能辅助司法办案都是未来的发展趋势。但在具体案件的办理过程中，应尊重检察官的判断和决定，平衡人工智能和检察官办案权限之间的关系，通过建立健全的监督机制和权责清

---

① 参见《一站式推送研判信息，河北、四川两大平台这样做》，载检务科技新动态微信公众号（网址：https://mp.weixin.qq.com/s/AYNbF5mbZ_nUiDsdzWxyGA），访问日期：2024年9月22日。

晰的管理体系,确保在尊重检察官专业判断的基础上,有效发挥人工智能的辅助作用。

3. 人工智能辅助检察官办公办案的具体体现

人工智能辅助检察官办公办案,不仅体现在辅助证据审查、类案推送、法规检索、量刑辅助、偏离预警等方面,还体现在日常办公事务等方面。

(1) 人工智能辅助检察官办案。人工智能具有天然的信息收集优势,运用这一优势无疑能够为检察官办案带来极大便利。人工智能可以对海量的数据进行快速分析、整合、检索,识别出与案件相关的证据、法律法规、争议焦点、裁判要旨等,帮助检察官进行证据审查、类案参考、生成文书等。但涉及更细微的证据研判、类案同判与个案正义、案外因素等问题时,处于辅助角色的人工智能无法完成,必须由检察官亲力亲为。

对于无须创造性,也无须设置复杂条件就可以依据明确的法律规定得到解决的简单司法事务,比如法院的网上立案、检察机关在审查起诉环节对当事人权利义务的告知等,人工智能完全可以胜任。再比如检索法律条文、类案推送等,人工智能也可以通过其强大的数据资源高效完成。对于事实清楚、证据充分、认罪认罚的简单案件的量刑,在数据信息足够充分的条件下,人工智能使用其超越人类的运算能力进行深度的参与,能够辅助检察官自动生成法律文书或者提供精准的量刑建议。但对于疑难复杂案件,特别是法律规定不明确,需要借助法律原则、法律精神来进行价值判断的案件,不同的检察官可能存在不同的意见,无法让人工智能代替检察官作出决断。毕竟,人工智能的算法乃是人类所预设的,当算法涉及正义观时,算法仅仅能代表算法设计者个人的正义观,而不能代表所有人的正义观。司法之所以充满争议,根本原因恰恰在于人类对于正义存在永恒的争议,而追求唯一正解的人工智能无疑无法理解这一事实。[①]

例如,法国司法系统于 2017 年在雷恩和杜埃两家上诉法院设立了司法人工智能判决结果预测软件 Predictice 的试点。经过试点后,法国司法系统得出的结论是该软件无法判断案件中的细微差别,也无法充分考量一些案外因素。随后,法国立法机关颁布"法官画像"禁令,禁止基于法官身份的数据分析、比较、评估与预测,由此将这种法官判决结果的预测限

---

① 参见冯子轩:《人工智能与法律》,法律出版社 2020 年版,第 66 页。

制在有限范围内。即使人工智能发展到了强人工智能的水平,司法权的核心内容仍然不适合由人工智能进行把控,更何况目前人工智能在司法领域的运用还未达到如此水平,涉及司法核心领域的价值判断就更不能让人工智能代为行使。

(2)人工智能作为检察工作的智能助手。检察工作进入智能化阶段后,通过技术手段帮助检察官处理烦琐的日常工作,并提醒检察官在日常工作中可能出现的疏漏,从而使科学技术对检察工作全面赋能。通过语音识别、自然语言处理、大数据检索等技术,人工智能可以为检察官在日常办公中提供智能助手服务,提高工作效率。如传统工作中的接待来访人员,均是通过检察人员进行讲解和介绍,引入 AI 检察官数字人后,可以让 AI 检察官数字人进行视频播报,为来访的领导、同行介绍检察工作的特色和亮点,大大节省了人力,减轻了检察官的工作负担。再比如通过量身打造 AI 检察官法治副校长,检察官只需录制一次普法课程,就可以实现 AI 检察官法治副校长进村入校开展针对性普法宣传教育;借助大语言模型构建检察智能体,通过检察智能体开展智慧接访,解答来访群众的法律咨询等问题;检察行政人员还可以结合自身需求建立符合自己行文风格的智能体,辅助进行公文撰写、PPT 制作、剧本设计、歌曲创作等;亦可以创建党建、财务、保密管理等智能体,供检察干警随时随地学习、提问、了解和掌握相关工作要求,以此推动检察内部管理的高效规范,并且提示相关工作人员应在哪一个行政工作节点开展哪项工作,防止延误工作等。广东省清远市检察机关已对上述举措进行初步探索并应用在日常检察工作中,且取得了良好的成效。

(3)人工智能为检察工作提供预防监控。人工智能所具备的庞大数据池,可以瞬时调用于监控执法办案的各个环节,比如开展案卡填录准确性监控、案件质量评查、案件处理结果的偏离度预警等,及时发现潜在的风险和问题。通过转变传统执法办案管理过程中"人盯案"的监控方式,借助人工智能流程监控优势,及时发现问题并提醒办案人员,弥补人力资源配备不足的问题,实现全天候、全流程监控好每一个案件。如苏州市中级人民法院的人工智能系统,据称不仅能够统计类案的裁判模式与结果,还能对当下案件根据历史裁判模型模拟裁判,如果法官制作的裁判文书的判决结果与之发生重大偏离,系统会予以自动预警,方便院领导行使审判监督管理职责。再比如上海检察机关依托全国检察业务应用系统2.0主体架构,将内部存量数据、增量数据的实战应用作为重点,从办案体量最大的刑事检察业务入手,以危险驾驶类案件为切入点,构建危险驾驶类案件全流程"一网通办"模型。该模型运用机器学习、自然语言处理等技术手段,自动精准识别并提取法律文书中关于案件事实、量刑、程序等要素,将2020年以来的文书结构化,通过反复训练,目前该模型提取要素的准确率已超过99%。该模型不仅具有案卡回填、智能审查等功能,在有足量结构化数据的支持后,还可以支持文书的自动生成,从宏观层面发现危险驾驶类案件执法司法中存在的问题,并将指导标准、工作规范传递到每个案件的承办人,有效避免全市范围内办理危险驾驶类案件"同案不同判"的问题。同时,该模型还设置了偏离度的节点控制,在检察官对个案审查决定严重偏离模型数据时强化监督管理,防范风险。①

二、加强检察官与人工智能的协作

人工智能的引入为检察工作带来了巨大的便利,推动了检察工作的现代化和智能化。但人工智能尚难以胜任知识覆盖面广、技术含量高的司法工作,因此更可行的做法应是建立一种人机结合的司法裁判智能化辅助系统。② 作为国家法律监督机关,检察机关应当积极拥抱新技术,但不唯技术论。引申到检察工作中,应当不断强化检察官与人工智能的协作关系,在具体执法办案和处理日常工作中,由检察官起主导作用,人工智能作为检察官的辅助者,帮助检察官化繁为简,切实解决困扰一线办案和办公的堵点、难点问题,为高质效完成检察工作增添科技的羽翼。

(一)明确检察官与人工智能的合理分工

依照我国法律规定,具体履行法律监督职责的是检察官。目前人工智能逐步融入检察工作,在实践中正逐渐形成检察官与人工智能协同开

---

① 参见《文书全要素解析!全方位赋能案件全流程"一网通办"》,载上海检察微信公众号(网址:https://mp.weixin.qq.com/s/IthBCkzxff99esTM5KE9QQ),访问日期:2024年10月6日。

② 参见吴习彧:《司法裁判人工智能化的可能性及问题》,载《浙江社会科学》2017年第4期。

展法律监督工作的局面。在"人机协同"的发展过程中,应厘清检察官与人工智能的角色定位。确定检察官在法律监督职责中的主体地位,积极主动将人工智能融入检察工作中,进一步深化"人机协同""人主机辅"的工作格局。明确检察官与人工智能的合理分工,不断强化检察官的主体地位和人工智能的辅助性地位,以便充分发挥人工智能对检察官在决策过程中的辅助作用,使人工智能以"中立""客观""自动化"的姿态为检察官提供智识参考和辅助,使检察官从重复性、琐碎性、辅助性的事务中解脱出来,更专注于发挥主观能动性,将主要精力集中在核心业务和深层次复杂问题的处理上,有更多的时间和精力考量案件的处理,确保处理结果更兼顾法理情的统一。

(1)人工智能通过深度参与,助力检察官提升工作效率和准确性。《人民检察院组织法》第52条规定:"人民检察院应当加强信息化建设,运用现代信息技术,促进司法公开,提高工作效率。"在具体检察工作中,人工智能负责预测,检察官负责判断,实现"人"的主体性与"机"的深度参与性相结合,从而提高检察工作的效率。2019年12月19日,杭州互联网法院对一起案件进行了宣判,这是国内首例"无人工干预、无外部因素干扰"的"智审"断案。人工智能辅助办案系统已初步实现了"去人化",在一定程度上实现了司法标准的统一,降低了司法成本,提高了司法效率。例如,上海检察机关为有效助力"高质效办好每一个案件",开发了故意伤害数字化办案辅助模型,利用大语言模型文本识别等人工智能技术,在受理案件后立即从公安机关移送的电子卷宗中,自动发现定罪量刑的要素,帮助承办人在收到案件后第一时间聚集案件焦点,预设处理方案、解决核心问题;该模型可以自主学习历史案件的文书材料,对"凶器""被害人过错""家庭纠纷""债务纠纷""赔偿谅解"等问题进行自动识别、分类标注,并从历史案件库中进行搜索,根据个案的焦点问题,自动推送类案,供承办人参考、作出决策;承办人作出决策后,模型通过抓取案件中的犯罪嫌疑人信息、案件事实、证据种类、量刑要素、审查结论等相关信息,自动生成法律文书,有效地节约了时间,提高了工作效率。[①]

[①] 参见《数智办案丨故意伤害数字化办案辅助模型,上线啦!》,载上海检察微信公众号(网址:https://mp.weixin.qq.com/s/KAnUe-D2xcDh_UbHC7EArw),访问日期:2024年9月2日。

此外,在检察工作中,运用人工智能技术,可以高效地整理和归类案件信息,包括案件卷宗、证据材料、法律法规等,减少人工操作的错误率。检察官可以通过人工智能的自然语言处理技术,实现法律知识智能问答,使人工智能瞬时提供相关的法律法规、案例等支持信息,帮助检察官更快捷准确地了解案件的背景和法律依据,缩减人工检索的时长。在审查案件时,参考人工智能从多个角度对证据进行综合分析后给出的结论、发现的潜在风险点等,检察官再结合具体的在案证据、案情背景、专业知识和工作经验,综合考量后作出处理决定,从而在很大程度上减少遗漏或误解的可能性。例如,广东省清远市检察机关引进的智能类案检索系统,该系统采取深度学习和自然语言分析等人工智能技术,建立了内容庞大的生效裁判文书库,其中包含全国法院刑事案件、民事案件、行政案件指导性案例、典型案例、参考性案例裁判文书,以及大量本地生效裁判文书。检察官可以通过该系统高效地找出同一地区"同案不同判"的案件,助力强化审判监督;还可以运用类案检索功能,向申诉人开展类案释法说理,让申诉人真正服判息诉,提高工作的针对性和准确率。

(2)检察官应强化对人工智能成果的审核,避免陷入"拿来主义"。从当前人工智能在检察工作的具体应用来看,人工智能借助海量数据资源、瞬时检索能力、分析整合功能等技术手段,能够就案件处理自动生成法律文书。这些法律文书是基于人工智能的内在逻辑和系统设计,对案件证据自行抓取、分析和整合完成的,在形式上满足法律文书的要求,但是在真实性、说理性甚至共情上还有所欠缺。此外,检察官不应对人工智能出具的法律文书过度依赖,不应直接将其"拿来"作为检察机关出具的法律文书,而是必须经过严格认真的审查修改,确认其真实性与可靠性后才可以作为正式法律文书的基础材料。检察官对人工智能输出的法律文书进行审查,就是在践行检察官与人工智能间"人机协同、人主机辅"的合理分工,体现检察官的决策主体地位,人工智能仅是辅助检察官办案,而不是直接、单独地处理案件。

例如,在罗伯托·马塔(Roberto Mata)诉阿维安卡(Avianca)航空公司一案中,原告方马塔的代理律师史蒂文·施瓦茨(Steven Schwartz)在向法官提交的一份代理意见书中引用了六个类似案例及其判决结果,并详细列举了该六个案例的法院、法官、案件号、日期等信息,也向法院提交了这六个案例的完整判决。但是,阿维安卡航空公司的律师经检索无法查到这六个案例的相关信息,于是对这些案例的真实性提出疑问。法官对此大为震惊并就处罚施瓦茨律师举行了听证会。在听证会中,施瓦茨律师承认该六个案例为 ChatGPT 所提供,他是首次使用 ChatGPT 协助办案,没有意识到 ChatGPT 提供的案例内容存在伪造的可能性。①

在人工智能辅助检察官办案的过程中,若检察官对人工智能生成的法律文书不作任何审查便直接予以使用,可能会出现人工智能在制作的法律文书中存在法律适用错误、证据分析错误等情形,甚至也可能会出现上述案例中伪造案例的情况。因此,应特别强调检察官对人工智能生成的法律文书等材料进行真实性、可靠性审查。

(二)打造人工智能的检察知识图谱和应用场景

人工智能在检察场景下的算法设计不同于通用场景下的算法设计,并非简单的逻辑推理适用过程。基于法律语言的抽象性与案件事实的复杂性,具体实践中往往需要运用法理与情理进行推理说明,并兼顾形式正义、实质正义、个案正义等。正因如此,人工智能的检察知识图谱和应用场景需蕴含更多的价值判断与利益权衡。

(1)知识图谱的设计应充分满足检察工作需求。法律知识图谱的构建是人工智能司法应用的前提之一。② 高质效的检察知识图谱构建取决于两方面因素:训练数据的质量与标注工作的准确性。知识图谱亦是实现机器深度学习的重要方式。由于人工智能技术人员对于法律专业知识理解存在"知识壁垒",法律专业人员对于人工智能技术的运作存在理解障碍,很容易陷入检察人员无法使用技术,技术人员无法跨越法律知识鸿沟的困境。有研究认为,"程序员和设计者可能会试图以公开或隐蔽的方式嵌入一种逻辑,以使算法偏向期望的目标"。因此,在技术研发的过程中,检察人员与技术人员相互沟通和理解的深度,或者说由既具有法律专业知识又具备技术能力的团队进行针对性的检察知识图谱设计和场景构

---

① 参见《让 ChatGPT 协助办案 美国资深律师被坑》,载人民网(网址:http://usa.people.com.cn/n1/2023/0530/c241376—40001960.html),访问日期:2024 年 10 月 8 日。
② 参见高翔:《人工智能民事司法应用的法律知识图谱构建——以要件事实型民事裁判论为基础》,载《法制与社会发展》2018 年第 6 期。

建能够比较有效地解决上述困境。研发人员的知识属性在很大程度上决定了研发的人工智能产品是否契合检察工作的需求，是否满足检察人员办公办案的需要。除了研发团队的人员组合之外，资源丰富的检察知识库以及不断探索深度学习、特征学习、迁移学习等算法的运用也影响着所构建的知识图谱是否能满足检察工作对人工智能的要求。

（2）明确人工智能在检察工作中的应用场景。人工智能深度参与检察工作并不是同一的，而是分层次和级别的，不同的人工智能技术应用应当区分检察工作的具体场景。有学者认为，在人工智能与司法人员的协作中，应根据不同的案件类型差异化适用人机协作机制，如新型重大疑难复杂案件应确保"人"的绝对控制地位，将"机"限定在更小程度上的辅助作用；针对某些特殊类型的案件应排除人机协作场景，如涉及国家秘密、个人隐私等不公开审理的案件、先行调解与涉及财产保全类的案件等。

例如，广东省清远市人民检察院出台了《"人工智能+检察"专项行动方案》，积极推进十大人工智能赋能检察应用场景。具体包含：运用大语言模型和清远检察数据应用平台，深挖法律监督模型监督点，实现基于大数据分析的检察监督线索信息主动监测和发现；使用智能检索系统，为检察官提供相关类案、法条、司法观点、关联案件及串案提示等，促进司法公正；适用结构化证据解析，自动对证据进行挖掘并标注犯罪事实，助力案件高效办结；推进利用人工智能文书自动生成、文书全要素解析的工作，根据形式要求制作符合规范、具有实际参考价值的诉讼文书；研发自定义涉案场景智能生成技术，将起诉书、审查报告、口供中关于案件事实的描述尽可能直观还原，提高质证能力；将生成式人工智能引入检察建议制发全过程，对案件涉及的各类社会问题进行深入挖掘和全面分析，提升检察建议内容的针对性、可行性，助力社会治理现代化；拓展"检察+智能体"的司法为民新形式，使当事人的自然语言与模型应用程序交互，为当事人提供更精准高效的法律咨询和法律服务，促进矛盾纠纷诉源治理；深入探索数字模型应用场景，提升数据质量和审查效率，促进业务管理现代化；运用人工智能的辅助决策功能，在综合行政事务上推广使用大语言模型、语音转换等技术，确保检务运转高效安全；在检察听证、视频接访、提审、出庭以及参观引导、工作汇报、宣传等工作中投入使用"AI 检察官"形象，提高普法效率、扩大普法范围。由广东省清远市人民检察院的实践方案可见,明确人工智能在检察工作中的具体应用场景,就是为了最大限度发挥人工智能的优势,使人工智能深度嵌入和服务检察工作中最迫切和最契合的技术需求,为检察工作的高质效发展提供技术支持。

(三)优化具有司法属性的人工智能大数据资源

数据是人工智能最基本的原材料,可以说,没有数据就没有人工智能。也就是说,人工智能的核心问题是数据问题。正是基于对海量数据的深度学习训练,才能使机器完成过去只有人类才能完成的工作,此即"数据驱动"方法。随着数据体量的积累和提升,机器会变得越来越智能。[1] 深化检察官与人工智能的协作,真正实现人工智能作为辅助者的价值,最关键的就是要有能够"驯化"人工智能的充足司法大数据资源。在对"机"进行训练时,不仅需要通过使用具有代表性、高质量的数据,预防数据偏见与歧视,还需要具有包容性,通过保障数据种类的多样性,实现数据集的可获得性、合法性和公平性。

(1)整合数据资源,强化检察机关内部数据的共享。检察机关内部存在平台多元和数据割裂的情况,当前检察系统使用的平台有全国检察业务应用系统2.0、全国检察机关网上信访信息系统2.0、12309检察服务中心、检察机关司法案例库、检察文书库、检答网、正义智库等,各平台之间彼此存在数据壁垒,流动性较差。优化具有检察属性的大数据资源,首先需要打通检察机关内部各个平台的数据壁垒,保障检察业务数据的充分共享和挖掘应用。

以全国检察业务应用系统2.0为例,自2020年1月上线试点运行以来,将人工智能与大数据挖掘应用引入辅助办案,使所有的案件信息可以相互碰撞、提炼、挖掘,从而发现新的办案线索或新的司法现象。该系统汇聚了全国检察机关的办案数据,通过分析业务数据态势,为精准打击和预防犯罪提供数据支持。[2] 据悉,该系统采用了"松耦合"架构,提高了系

---

[1] 参见吴军:《智能时代:大数据与智能革命重新定义未来》,中信出版社2016年版,第39—43页。

[2] 参见《全新迭代,亮点满满!检察业务应用系统2.0来了》,载最高人民检察院微信公众号(网址:https://mp.weixin.qq.com/s/Y3g8E9rPRHaLudYkIxlgqQ),访问日期:2024年11月3日。

统的延伸性。也就是说,该系统汇聚了全国检察机关最齐全、最完整的案件数据、法律法规、案例等,若全国检察机关内部数据能够实现共享,有条件的检察机关完全可以拓展研发符合需要的办案辅助工具,供自身和其他地方的检察机关直接使用。

(2)加强与外部机关之间的数据互联共享机制建设。2019年4月出台的《国务院关于在线政务服务的若干规定》提出政府数据共享目标,"促进政务服务跨地区、跨部门、跨层级数据共享和业务协同,并依托一体化在线平台推进政务服务线上线下深度融合"。检察业务尤其是行政检察和公益诉讼检察与各政府部门的横向联动频繁,除了检察机关内部数据外,需要更多的外部数据支持。与外部机关建立数据互联共享机制,让更多行政部门的外部数据汇聚到检察人工智能数据资源池,是推动人工智能在检察环节深度应用的必要举措。在确保数据安全的前提下,推动开放数据接口、实现共享共用,例如,将不动产和动产登记信息、证券登记信息等接入司法数据系统,便于及时查询和调取,增强司法数据库的信息全面性,提高人工智能辅助司法决策的效率。①

人工智能与检察工作的结合是科技社会发展的必然趋势,也是检察工作现代化的新篇章。随着人工智能在检察工作中的深度应用,在遵循司法规律的基础上,检察官与人工智能协作开展检察工作的实践方式会越来越多样。这种协作不仅会提高工作效率,还会增强办案的准确性和公正性,甚至会深刻改变乃至重塑检察工作的方式。检察机关应抓住人工智能的巨大潜力,充分借助技术红利,不断促进检察工作的规范性和高效性,真正实现以检察之力助推法治社会、法治中国的发展。

第五节 人工智能辅助检察工作的原则和风险防范

《全球人工智能治理倡议》指出:"当前,全球人工智能技术快速发

---

① 参见陈岑:《人工智能在检察工作中的应用初探》,载检务科技新动态微信公众号(网址:https://mp.weixin.qq.com/s/JcrXwJkpNV0uzb8k7nApgA),访问日期:2024年10月7日。

展,对经济社会发展和人类文明进步产生深远影响,给世界带来巨大机遇。与此同时,人工智能技术也带来难以预知的各种风险和复杂挑战。"这揭示了人工智能对于人类社会的影响,如何发挥人工智能在社会各领域的促进作用,尽可能降低其带来的负面影响,成为各方的追求。这要求在技术方面应持续加大投入,加强研发;在人工治理方面,通过有效的策略规制人工智能可能引发的各种风险。其中,确立人工智能所需遵守的原则是加强治理的重要策略。部分国家、地区和国际组织已积极为人工智能制定应当遵守的原则。如全球首个具有法律约束力的人工智能公约——《人工智能与人权、民主和法治框架公约》,为人工智能规定了一系列原则,包括保护隐私和个人数据、平等和不歧视、尊重人的尊严和个人自主等。又如全球首个人工智能的政府间政策指导方针——《经合组织人工智能原则》,提出促进包容性增长、可持续发展和福祉等五项原则。在检察领域应用人工智能应当遵守有关人工智能的共同原则,同时鉴于检察工作存在有别于一般领域的特点,人工智能辅助检察工作所遵守的原则应对此有所回应。

一、安全合法原则

检察机关作为我国的法律监督机关,维护国家安全和社会秩序,维护个人和组织的合法权益,维护国家利益和社会公共利益,保障法律正确实施。检察机关在国家安全和保密体系中占据重要位置,坚持在推进科技强检,更好履行检察职能的过程中,遵守安全合法原则,是应有之义。近年来,检察机关已经完成从数字检务、"互联网+"检务到信息检务的三级跳,如今正在遵循着"把深化司法体制改革和现代科技应用结合起来"的指示精神向"智慧检务"不断迈进。[①] 人工智能则被视为智慧检务工作中"破题之钥"的关键技术。随着检察履职的深入,在检察工作中产生了许多跨区域、跨行业、智能化的业务需求,这就导致数据安全保护问题日益凸显。

[①] 参见孙谦:《推进检察工作与新科技深度融合 有效提升办案质量效率和司法公信力》,载《人民检察》2017年第19期。

(一)人工智能技术的风险防范

人工智能的广泛应用给人类的生产和生活带来了极大的便利,未来的发展更是可能带来颠覆性的影响。与此同时,其风险和挑战也正在引起全球范围的担忧。其中,安全问题是人工智能相关技术的发展和应用最为关心的问题。从主体角度看,人工智能带来的安全问题可以分为个人安全风险、社会安全风险和国家安全风险。个人安全风险主要涉及人工智能系统在设计、部署和使用过程中可能对个体造成的直接或间接伤害。这些风险包括但不限于数据泄露、隐私侵犯、算法偏见导致的不公平决策,以及人工智能系统的错误操作或故障。社会安全风险关注的是人工智能技术对社会结构、公共秩序和群体福祉的影响。这包括人工智能在就业市场上的影响、对社会伦理和价值观的冲击,以及可能加剧的社会不平等。国家安全风险主要体现为危害网络安全、国家安全、意识形态安全等方面,譬如推动形成意识形态霸权、煽动暴力与对立、危害数据主权等。从技术角度看,人工智能的安全风险包括基础环境风险、人工智能本身的技术风险、应用中的安全风险。从信息安全角度看,人工智能的风险包括数据安全的风险、泄密的风险、权益被侵犯的风险。利用人工智能辅助检察工作同样面临这些安全风险。

1. 人工智能的基础环境风险

一是人工智能的部署方式带来的风险。不论是人工智能的公有平台、在公有云上的私有化部署、本地化的私有部署,都依赖一定的软硬件系统环境,包括人工智能部署需要服务器、GPU算力卡、操作系统、算力卡支持软件,以及网络环境,等等。不论有意无意、主动被动,通常都有很多系统漏洞。其本身不但有导致系统出错、崩溃、死机的风险,也是传统的黑客攻击目标。漏洞一旦被黑客利用,就可能导致系统服务中断、数据泄漏,甚至输出内容被篡改的后果。

二是人工智能系统的开发工具、第三方框架、第三方插件等存在风险。现在的软件系统普遍存在复杂程度高,严重依赖开发工具和第三方框架;人工智能在部署和应用中,存在一个新的趋势,即为了提高人工智能应用的效能,使人工智能的功能更加丰富,往往允许集成第三方插件,而开发工具、第三方框架、插件除了可能存在的漏洞,甚至在个别情况下存在被注入恶意代码的风险。目前人工智能的开发正处于爆发增长期,技术竞争非常激烈,且短期内缺少市场盈利,开源的人工智能往往没有足够的资源进行新版本的适配工作。是选择冒着人工智能服务中断的风险更新第三方软件库,还是让服务继续运行而承受漏洞存在的风险,部署人工智能应用的用户需要权衡利弊。这些环境因素面临的安全风险长期存在,对于人工智能本身的数据安全、用户隐私、商业秘密、公共利益乃至国家安全构成威胁。

2. 人工智能技术本身存在的安全风险

一是二次开发时缺陷传导与叠加的风险。人工智能若要长期稳定地应用于特定的具体业务中,往往需要进行二次开发。在二次开发的过程中,作为二次开发的基础模型或者代码如果存在缺陷,在进行扩展开发时,原有的缺陷可能会被"继承",包括算法错误、安全漏洞、性能瓶颈等。同时二次开发本身可能使用新的开发工具、第三方数据库,从而引入新的缺陷,导致复杂性增加、系统稳定性下降、出现新的安全漏洞,甚至输出错误、人工智能服务中断等问题。

二是大数据偏见、大数据"投毒"、知识幻觉等原因导致输出的内容质量下降,甚至内容错误,或者出现不当内容的风险。人工智能系统的学习依赖于对大量的历史数据进行知识训练。任何用于训练的数据库或者知识库,总是难以做到合理平衡各方面,那么训练得出的模型也会"继承"这些偏差,并在反复使用中不断加强,最终在应用场景中形成偏见。常见的偏见包括性别、种族、地域等。例如,有研究表明,某些面部识别系统在识别深色肤色人群时的准确率显著低于浅色肤色人群,这反映了训练数据集中的种族偏见。大数据"投毒",或者说向人工智能"投毒",主要是指行为人出于恶意向训练数据中注入有害信息,或者故意进行大量对抗性的对话,从而干扰能够通过对话进行学习的人工智能系统,产生恶意的结果。例如,微软 2016 年推出的人工智能聊天机器人 Tay,攻击者组织大量人员发送不良信息,扭曲了 Tay 的学习过程,导致其开始发表仇恨言论和不良言论,不到 24 小时就被迫下线。

三是敏感数据泄漏的风险。用于训练人工智能的数据和用户使用时上传的数据如果包含个人信息、商业秘密、国家秘密等内容,必然存在泄漏的风险。虽然存在与信息保护、保密等相关的制度,但是仍存在一些因素可能导致上述敏感甚至涉密数据出现在人工智能系统中:如保密与管理制度执行不严,导致数据被上传或者作为训练数据;错误理解人工智能的工作原理,误以为提供给人工智能的内容不会被他人获取原文;使用他人提供的训练库,其中含有敏感或者涉密内容。由于许多人工智能支持使用自然语言对话,其在一定程度上具有替代代码编程的作用,但此种做法事实上突破了传统应用软件通常不允许用户执行代码的限制,增加了新的数据泄漏风险。虽然各大人工智能公司都采取了很多措施限制提示词对训练库、知识库的直接操作,但并不能完全避免数据泄漏的风险。据报道,美国的 ChatGPT 于 2023 年引起轰动后,韩国某大型公司的工程师将公司视为核心机密的设计资料上传到 ChatGPT 进行分析,被有心人士通过提示词获取了这些资料,该公司不得不紧急赶赴美国运行 ChatGPT 的公司进行公关处理。同样,2024 年,也有人发现了通过特定提示词的方式,可以把人工智能系统本身的提示词套取出来。各国的人工智能均受影响,纷纷进行了紧急修改。虽然套取的只是前一万字,但展现了巨大的安全风险。

(二) 坚持安全合法应用

针对安全问题,各国及有关国际组织在人工智能相关的文件均有所回应。2019 年,经济合作与发展组织(OECD)发布的《经合组织人工智能原则》确立了人工智能发展的五项原则,蕴含着"发展"与"安全"的基本思想。2021 年 11 月,联合国教科文组织发布的《人工智能伦理问题建议书》建议各国采取行动,确保个人数据的安全。[①] 欧盟的《人工智能法案》为安全、合乎道德、非歧视性地使用人工智能提供了全面的指导方针,并设定了国际标准。国家互联网信息办公室联合国家发展和改革委员会等七部门于 2023 年 7 月 10 日发布的《生成式人工智能服务管理暂行办法》,坚持发展和安全并重、促进创新和依法治理相结合的原则。国家新一代人工智能治理专业委员会发布的《新一代人工智能治理原则——发展负责任的人工智能》和《新一代人工智能伦理规范》均将安全作为治理

---

① See UNESCO member states adopt the first ever global agreement on the Ethics of Artificial Intelligence, https://www.unesco.org/en/articles/unesco—member—states—adopt—first—ever—global—agreement—ethics—artificial—intelligence,访问日期:2024 年 9 月 29 日。

原则和伦理规范。这些国际标准和国内法规共同构成了一个多层次的治理规范结构,确保人工智能的安全性和合法性。

为了确保人工智能在检察工作的应用不偏离法治轨道,必须严格遵守安全合法原则。目前我国尚未出台统一的人工智能法,与人工智能相关的法律规范主要有《网络安全法》《数据安全法》《个人信息保护法》《生成式人工智能服务管理暂行办法》《保守国家秘密法》等,分别从网络安全、数据安全、个人信息保护等角度规范人工智能的应用。检察机关应用人工智能必须坚持总体国家安全观,有关人工智能产品和服务的研发、部署和运行,必须遵守有关法律的规定。

具体而言:第一,禁止使用不符合法律法规的人工智能技术和产品,人工智能产品的全生命周期都应当遵守《国家安全法》在政治安全、军事安全、经济安全、文化安全、社会安全、科技安全、网络安全等国家安全领域的原则性要求。第二,研发、部署和运行检察人工智能应当严格遵守《网络安全法》《保守国家秘密法》《数据安全法》和《个人信息保护法》规定的网络安全保护、保密等义务,包括建立网络安全等级保护制度,按照网络安全等级保护制度的要求,对数据是否涉密、是否含敏感信息,采取不同的安全策略,履行安全保密义务和个人信息保护义务,维护国家安全和公民的合法权益。检察机关办理的案件多为涉密或含敏感信息的案件,涉及个人隐私时,需要建立独立的安全域或使用私有云服务部署人工智能,确保数据存储及处理过程不受外界干扰。以应用人工智能进行检察业务数据分析为例,需要将大量的检察业务数据汇集在一起,这本身即可能产生国家安全风险。个别数据的公开可能并不存在问题,但汇集后可能基于大数据分析其中的趋势、规律等而产生国家安全风险。[①] 因此,这类人工智能产品的提供商应当具备保密资质,经过保密审查。这类人工智能产品应当进行私有化部署,提高安全性。第三,建立相应的管理制度保障人工智能的整体安全性。区分检察机关内部使用和面对公众服务两类人工智能应用,分别从数据管理、用户管理、人工智能输出的运用管理、更新与响应等方面建立管理制度,确保人工智能在检察工作中能够

---

① 参见魏光禧:《跨境数据流动的国家安全风险及其元规制》,载《国家安全研究》2023年第4期。

安全、可靠地运行。如供检察人员使用的智能辅助办案系统和供普通人员使用的智能法律咨询系统,因目标用户、公开程度、数据是否需要脱密脱敏、用户权限、更新频率、人工智能输出规范等均有所不同,应当进行分类管理。

二、公平公正原则

中国特色社会主义事业进入新发展阶段,人民群众对美好生活的向往更多地向民主、法治、公平、正义等方面延展,司法工作面临新的发展形势、肩负新的时代重任。公平公正司法是维护社会公平正义的最后一道防线。法律是公平正义的准绳,但徒法不足以自行,公平公正的司法才是将写在纸上的公平正义变成现实生活中看得见的公平正义之关键。正如英国哲学家培根所说,"一次不公正的审判,其恶果甚至超过十次犯罪。因为犯罪虽是无视法律——好比污染了水流,而不公正的审判则毁坏法律——好比污染了水源"。司法不公对社会公正具有致命的破坏作用。司法活动既是对纠纷的法律裁判,亦是对是非的道德评判;公正的司法既是深刻的法治课,能够促进社会法治的进步,亦是生动的道德课,能够弘扬社会主义核心价值观,成为社会良善的"风向标"。[1] 公平正义是司法的灵魂和生命。

《检察院组织法》确立了七项检察工作基本原则,司法公正是其中之一。《检察官法》第3条规定,检察官必须忠实执行宪法和法律,维护社会公平正义,全心全意为人民服务。司法公正对社会公正具有重要的引领作用。检察院作为法律监督机关,是法律的守护者和公正的维护者,应当将维护司法公正作为永恒的价值追求,以充分发挥检察职能,努力让人民群众在每一个司法案件中都能感受到公平正义。[2] 当社会上的公平被破坏,出现了不公现象,司法机关是权益受到侵害的人民伸张正义的最后一处地方,检察官是能够帮助受害人的重要角色。

---

[1] 参见童建明:《努力让人民群众在每一个司法案件中感受到公平正义——学习习近平总书记关于公正司法重要论述的体会》,载《国家检察官学院学报》2021年第4期。

[2] 参见王建平:《坚持检察工作七项基本原则》,载《检察日报》2018年12月10日,第3版。

作为能力有限的个体,在司法办案过程中,检察官不可避免会出现对纷繁复杂的法律规范掌握不全面、对海量类似案例了解有限、受个人情感因素影响等情况,最终导致"同案不同判"的不公现象。而人工智能可以利用强大的算法对海量的数据进行分析,发现数据隐藏的关系、模式和趋势,实现类案推送及量刑辅助,减少人为因素对司法公正的干预。

(一)防范算法偏见

算法并不具有绝对的中立性,算法偏见可能导致算法歧视,最终影响公平公正。算法偏见是指在算法设计、数据收集、模型训练和应用过程中,由于各种原因导致的对特定群体或个体的不公平对待或歧视现象。这种偏见可能源于数据本身的偏见、算法设计者的偏见,抑或是算法自身的偏见。

第一,关于数据本身的偏见。一个著名的计算机定律叫作"GIGO"定律(garbage in,garbage out),中文解释为"垃圾进,垃圾出"。就是说,如果输入的是一个垃圾数据,那么计算机输出的也只会是一个垃圾数据。相应地,在人工智能领域,如果输入的是一个带有偏见的数据,那么输出的也只会是一个带有偏见的结果。如运用人工智能辅助量刑,将实务中总结的与量刑有关的全部要素融入量刑算法设计中,通过比对后台海量的同类既判案例,自动修正量刑结果[①],数据收集的不充分、对数据选取的偏差和规则的设置,都可能影响检察决策的公正性。数据本身的偏见主要表现为数据集中的代表性偏差、数据收集过程中的适应性偏差,以及数据的链接性和自相关性导致的特征选择偏差。数据集中的代表性偏差是一个重要的问题。例如,如果一个招聘算法的训练数据集中女性的比例较低,那么这个算法可能会倾向于认为男性更适合某些职位,从而在招聘过程中歧视女性。[②] 这种代表性偏差可能是由于历史歧视、选择和采样偏差等原因造成的。数据收集过程中的适应性也会影响数据的偏差,可能导致样本均值系统性地呈现负偏差。数据的链接性和自相关性也是导致

---

① 参见赵慧:《湖北:量刑建议过程可视化》,载《检察日报》2020年8月22日,第3版。
② See Andrés Páez, Negligent Algorithmic Discrimination, Social Science Research Network,13 January 2021.

特征选择偏差的原因之一。这些特性会导致学习算法对某些特征产生强烈的偏好,而这些特征可能并不具备预测能力。这种偏差不仅限于结构化数据,也适用于非结构化数据,如图像、文本和图形数据。

第二,关于算法设计者的偏见。算法设计者的偏见分为有意识和无意识两种。"大数据杀熟"是设计者有意识制造的偏见。这种有意识的偏见可能是出于主观恶意,也可能是出于纠正其认为数据本身存在的偏见而有意设计的。同时,设计者的个人背景、文化、教育和社会经验等,或者其对世界的认识和解释,不可避免地带有个人偏见,这种偏见会无意识地被带入算法设计中。设计者对不同因素的权重分配不当会导致算法偏见甚至歧视。如警务预测中,所用算法若过分强调邮政编码的权重则可能导致美国低收入的黑人社区与犯罪社区的关联更大。[1] 又如在男女识别系统中,将"胡子"作为一项重要的识别特征,这可能会使得一些毛发旺盛的女性被识别为男性。[2]

第三,关于算法自身的偏见。在某些情况下,算法在自我评估和自我修正的过程中可能会表现出自我偏见,即倾向于偏好自己的输出或决策。这种自我偏见可能导致算法在自我完善的过程中加剧原有的偏见。[3] 在动态预测环境中,算法行为本身可能会影响数据的分布,从而产生偏差。例如,在欺诈检测等应用中,算法的行为可能导致某些群体被不公平地对待。[4]

此外,鲁棒性弱,即输出结果的质量和稳定性差,也会影响公平公正。鲁棒性是 Robustness 的音译,在中文中常常也被表达为健壮性、强壮性。总体来讲,其可以被用于反映一个系统在面临内部结构或外部环境的改变时,也能够维持其功能稳定运行的能力。在人工智能领域,鲁棒性主要表现为系统面对输入的数据发生变化时保持稳定性能的能力。人工智能

---

[1] 参见刘培、池忠军:《算法歧视的伦理反思》,载《自然辩证法通讯》2019 年第 10 期。
[2] 参见孟令宇:《从算法偏见到算法歧视:算法歧视的责任问题探究》,载《东北大学学报(社会科学版)》2022 年第 1 期。
[3] See Wenda Xu et al., Pride and Prejudice: LLM Amplifies Self-Bias in Self-Refinement, 18 February 2024.
[4] See J. Pombal et al., Prisoners of Their Own Devices: How Models Induce Data Bias in Performative Prediction, 27 June 2022.

系统,特别是基于深度学习的大模型,对输入数据的变化非常敏感,容易受到对抗样本的攻击或其他形式的干扰。如前文提到的微软聊天机器人Tay,因被大量对抗性内容干扰而被迫关闭停止使用的例子,充分说明了人工智能鲁棒性弱的风险,其可能导致人工智能在无监督使用的情况下,输出质量逐渐变差。在涉及司法公平公正的应用领域,可能导致对相似案件给出的判断有较大差异,这种情况是不可被接受的。

(二)提供无歧视的服务

人工智能在检察领域的应用必须遵循公平公正原则,提供无歧视的服务,这包括法律规范、技术和伦理等多方面的综合应用。

检察人工智能必须遵守现有的法律法规,如《数据安全法》《个人信息法》,以及《宪法》《妇女权益保障法》《残疾人保障法》等反对歧视的法律。这些法律为检察人工智能的开发和应用提供了明确的指引,确保其不产生不公平或歧视性的结果。

检察人工智能产品和服务应保证无歧视、无偏见,不因技术介入、数据或模型偏差影响司法过程和结果的公正。具体做法是:在数据方面,确保训练数据集包含多样化的样本,涵盖不同性别、地域、种族、年龄等特征,以避免因样本偏见导致歧视性结果;对训练数据进行仔细审核,识别并纠正缺失、不正确或偏差的数据,以减少噪声的影响。以应用人工智能进行社会危险性量化评估为例,在选择训练数据时,应限制或去除不正当指标,通过理性选择统计分析方法,确保原始样本的典型性以及完善信息抽取技术确保原始数据的质量。如通过统计分析会发现,低学历、农村户口、无工作等与再次犯罪之间存在显著影响[1],这提示此类人员具有更高的风险,但也仅是一种可能性,并非符合这些特征的犯罪嫌疑人就一定具有社会危险性。如果不加区分,直接将其纳入评估指标,会造成对特定群体的不公平对待。在模型训练的过程中,可以通过调整损失函数来减少偏见。例如,可以引入公平性指标(fairness metrics),以确保模型在不同群体中的表现一致。定期对数据和模型进行验证,确保其准确性和公平

---

[1] 参见汪晓翔、刘仁文:《不同再犯类型的差异化风险因素研究》,载《中国人民公安大学学报(社会科学版)》2020年第5期。

性。这可以通过多元数据学习和定期审计来实现。通过提高人工智能的透明性和可解释性,使人们能够理解和审查人工智能的决策过程,从而识别和消除算法歧视。

检察官在使用人工智能辅助检察工作时,要尊重不同的利益诉求,充分照顾困难群体、特殊群体,使其在检察活动中获得必要帮助,及时纠正人工智能辅助决策出现的歧视或不公平。

三、透明可信原则

司法公开是现代法治国家的重要标志,其核心在于通过公开透明的司法程序和信息,增强公众对司法的信任度和满意度,从而实现司法公正和社会正义。首先,司法公开对确保司法公正至关重要。司法公开的基本理念是将司法权置于阳光之下,使司法裁判经得起检验、推敲与评判,确保以公开促公正、以公正促公信的良性循环。这一理念得到了广泛的认可和支持,被视为现代民主法治的基本要素。[1] 司法公开不仅是司法机构活动本质属性和内在规律的要求,也是追求正义价值取向的体现。其次,司法公开有助于提升司法公信力。通过实行司法公开,产生一种"倒逼机制",即倒逼司法公正、提高办案质量和效率、坚持权责统一、改进司法作风等,从而提升司法公信力。司法公信力是司法机关与社会公众之间在互动过程中形成的一种价值判断,其核心是司法机关对社会公众的信用与社会公众对司法机关的信任,其前提是司法的公正与公平。[2] 再次,司法公开还能够促进社会正义的实现。司法公正是社会正义的重要组成部分,包括实质公正和形式公正,而司法透明是实现司法公正和社会正义的重要保证和基本标准。通过司法公开,可以有效化解社会矛盾纠纷,维护司法公正、提升司法能力、树立司法权威。最后,司法公开还有助于提高公民的司法知情权、建议权和监督权,使其认识到司法的真实情况,体验到司法公正的客观实际,从而有助于提升司法公信力。[3] 完善司

---

[1] 参见陈奎:《论司法公开的困惑与消解》,载《山东社会科学》2015年第10期。

[2] 参见崔永东、李振勇:《司法改革与司法公开、司法公信》,载《江西社会科学》2015年第10期。

[3] 参见王立民:《司法公开:提高司法公信力的前提》,载《探索与争鸣》2013年第7期。

法公开制度有利于保障公民权利的实现,进一步推进法治建设。人工智能技术可以整合和分析海量数据,帮助检察系统和法院系统更有效地管理和公开司法信息。例如,通过12309中国检察网和中国裁判文书网,可以实现文书的快速检索和公开,从而提高司法透明度,包括中国庭审公开网、中国审判流程信息公开网、中国执行信息公开网等也提高了司法透明度。在人工智能时代,司法公开的内容不仅限于裁判文书,还基本"实现了对依法公开内容的全覆盖,从审判活动拓展到法院情况、审判流程、裁判文书、执行活动、司法政务等各个领域","公开的对象由面向当事人扩大为面向诉讼参与人及社会公众,搭建律师服务平台和社会服务平台,实现了个案公开与审判事务公开的有机结合"。①

(一) 解决人工智能算法黑箱

算法黑箱指的是算法运行过程的不透明性,即用户无法理解算法的具体决策过程和逻辑。由于其复杂性和非线性的特征,即使是开发者也难以彻底理解算法的具体决策过程。这种不透明性不仅增加了公众对算法决策的不信任,还可能侵犯公民的知情权和监督权。如美国"量刑算法合宪性第一案"引发的广泛争议,凸显了算法黑箱问题已经成为制约刑事司法人工智能的基本难题。② 在司法领域,算法黑箱现象存在多个关键问题。第一,威胁司法程序的透明性。算法黑箱在司法领域的应用导致信息的不对称,威胁了司法程序的透明性。呈现在当事人及其律师面前的只有司法的最终结果,而得出决策结果的过程、逻辑等被藏在算法黑箱里面。这直接限制了当事人的知情权和抗辩权,违背了司法公正公开理念。这种信息的不对称不仅削弱了司法公正性,还可能导致对弱势群体的不公平对待。第二,削弱司法决策的可信度。算法黑箱使得数据的相关关系与法律中的因果关系联系不明,研究人员和外部专家难以评估和审核算法,难以测试算法的准确性和偏差值③,尤其是在处理复杂的法律问题时,这极可能导致错误的法律判决,给司法人工智能的公信力带来疑虑。

---

① 参见范明志:《网络司法公开:"互联网+司法"改革的起跑线》,载《人民论坛》2018年第11期。
② 参见李训虎:《刑事司法人工智能的包容性规制》,载《中国社会科学》2021年第2期。
③ 参见李训虎:《刑事司法人工智能的包容性规制》,载《中国社会科学》2021年第2期。

第三,造成监督和问责机制难以实施。由于算法黑箱的存在,无从知晓人工智能在检察工作的具体场景应用中到底发挥多大作用,这会加剧外界对检察人工智能的不信任。即便检察人工智能只是发挥辅助作用,算法的参与也使得原有的决策模式发生变化。如若因算法存在偏差导致出现错误,就会产生问责与监管的难题。①

(二)建立可信检察人工智能

可信是现阶段通用人工智能创新发展需要遵循的首要原则或"帝王条款",是制定人工智能治理政策的重点遵循。② 2019年6月,二十国集团贸易和数字经济部长会议公报中发布了《G20人工智能原则》,其中提出了负责任地管理可信人工智能的原则。可信也是欧盟《人工智能法案》设定的基本准则。③ 美国将可信赖作为人工智能开发的一项原则。④ 经济合作与发展组织发布的《经合组织人工智能原则》对可信人工智能的特征作了定义,其中包括透明度和可解释性。

可信也是中国人工智能发展的基本标准。2021年9月25日,国家新一代人工智能治理专业委员会发布的《新一代人工智能伦理规范》第3条提出,人工智能各类活动应遵循的基本伦理规范之一就是确保可控可信,要"保障人类拥有充分自主决策权,有权选择是否接受人工智能提供的服务,有权随时退出与人工智能的交互,有权随时中止人工智能系统的运行,确保人工智能始终处于人类控制之下"。2023年,我国发出的《全球人工智能治理倡议》强调,要"确保人工智能始终处于人类控制之下,打造可审核、可监督、可追溯、可信赖的人工智能技术"。全国信息安全标准

---

① 参见李训虎:《刑事司法人工智能的包容性规制》,载《中国社会科学》2021年第2期。
② 参见陈吉栋:《人工智能法的理论体系与核心议题》,载《东方法学》2023年第1期。
③ 该法在前言部分即提出,"本条例的适用应符合《宪章》所载的欧盟价值观,促进对个人、企业、民主和法治以及环境的保护,同时促进创新和就业,并且使得欧盟成为采用可信人工智能的领导者"(前言第二部分);"促进欧洲以人为本的人工智能方法,并在安全、可信和合乎道德的人工智能发展方面成为全球领导者,同时确保按照欧洲议会的具体要求保护道德原则"(前言第八部分)。
④ 2019年2月,美国白宫科技政策办公室发布了时任总统签署的《美国人工智能倡议》(American AI Initiative)。该倡议将可信人工智能定义为具有"准确性、可解释性、隐私性、可靠性、稳健性、安全性"等特征的人工智能。

化技术委员会、大数据安全标准特别工作组发布的《人工智能安全标准化白皮书(2023版)》中,对可信问题的关注主要集中于人工智能的"透明度、可解释性、健壮性与可控性",以及应用安全风险管理与用户对人工智能的信任之间的关系问题。

由于司法对程序透明度的追求,一个可信的检察人工智能相较于通用人工智能,面临着更为严格的透明要求,即可解释性要求。一是提高透明度。透明度是指人工智能系统的开发和使用方式应具有一定的可追溯性和可解释性。应当坚持提高技术研发、产品应用、服务运行的透明度。例如,欧盟的《人工智能法案》要求提供者和用户都可以理解人工智能系统的运行方式。在司法领域,透明度可以通过独立专家认证来实现,以确保人工智能在处理司法数据时的公正性和一致性。二是确保可解释性。可解释人工智能(XAI)旨在使人工智能更加透明、可解释和可信赖。可解释人工智能可以应用于客户服务和法律等领域,帮助开发能够解释其响应原因的聊天机器人或虚拟助手,从而提高客户的综合体验并增加对人工智能的信任。一个可信的检察人工智能应该保障人工智能系统中的有关数据采集管理模式、法律语义认知过程、辅助检察推定逻辑、检察服务互动机制等各个环节可解释。[1] 完善相关审查、评估和备案机制,以确保人工智能的运作是透明的。如应用人工智能进行智能化刑事证据摘录审查,面对繁杂庞大的卷宗材料,如何保障人工智能提取的信息完整准确?面对相互矛盾的证据材料,如何保障人工智能准确排除矛盾,分析的结论是排除合理怀疑的?这就需要人工智能对不同环节进行解释,保证运作是透明的。三是明确责任和问责机制。检察人工智能的产品和服务投入应用时,产品和服务的提供商应当以易于理解的方式说明和标识相应的功能、性能与局限性,确保产品和服务的应用过程和结果可预期、可追溯、可信赖,明确算法黑箱的责任主体、归责原则、责任分配及法律后果。

四、公序良俗原则

检察工作不是机械地适用法律,其具有高度的道德性要求。检察机

---

[1] 参见孙航:《加快推动人工智能同司法工作深度融合》,载《人民法院报》2022年12月10日,第3版。

关作为《宪法》授权的法律监督机关,检察权的行使应遵循政治性的忠诚要求和满足人民性的价值追求。检察官在具体行使检察权的过程中,通过坚守检察官的职业道德,将法律价值观念与政治观念统一结合,确保检察权鲜明的国家意志性。[1] 作为"公平正义的守护人",从法治理念的角度观察,检察官必须尊崇宪法法律,信仰社会主义法治理念,守护公序良俗,树立现代司法理念,履行法律监督职责;从法治修养的角度观察,检察官必须具备以下职业伦理:忠诚守法,责任担当,司法良心,司法文明,人文素养。[2]

检察权的特征属性决定了检察官需要具备政治本色、公正理念和责任担当。《检察官法》第 4 条规定检察官应当恪守职业道德。《检察官职业道德基本准则》明确检察官的职业道德为忠诚、为民、担当、公正、廉洁,具体表现为坚持忠诚品格,永葆政治本色;坚持为民宗旨,保障人民权益;坚持担当精神,强化法律监督;坚持公正理念,维护法制统一;坚持廉洁操守,自觉接受监督。最高人民检察院发布的《关于检察机关培育和践行社会主义核心价值观的意见》明确指出,切实把社会主义核心价值观落实到法律监督实践中。

(一)人工智能的伦理风险防范

自科幻作家艾萨克·阿西莫夫(Isaac Asimov,1920 年—1992 年)首次提出机器伦理的"机器人三定律",随着人工智能技术的发展、应用场景日益丰富,其涉及的伦理学问题日益引发各界的关注。为了规范发展,避免伦理风险发生,或者提供解决方案,如:欧盟发布的《可信人工智能伦理指南草案》(Draft Ethics Guidelines for Trustworthy AI,2018)、英国的《英国人工智能发展的计划、能力与志向》(AI in the UK: ready, willing and able, 2018)、生命未来研究所(Future of Life Institute)的阿西洛马人工智能原则(Asilomar AI Principles,2017)、联合国大会通过的首个关于人工智能全球决议《抓住安全、可靠和值得信赖的人工智能系统带来的机遇,促进可持

---

[1] 参见赵东:《检察官职业伦理规范检察权路径探赜》,载《领导科学论坛》2022 年第 12 期。

[2] 参见汤沐天:《浅谈检察官职业伦理》,载《司法警官职业教育研究》2020 年第 2 期。

续发展》等。目前学界已经催生了"机器伦理学"(Machine Ethics)、"计算道德"(Computational Morality)、"机器人伦理学"(Roboethics)等伦理学分支,并随之产生了新概念——人工道德行为体。①

人工智能的自我学习并不能识别道德结果,如果设计者没有将道德嵌入算法,人工智能将不会受道德观念的约束,可能引导用户执行有害于人类价值的行为。如果人工智能无法理解人类的道德,在面对多种目标时,人工智能可能会作出不符合人类道德的错误选择。如果人机双向价值无法对齐,机器可能会出于高效、便捷达到目标的理由,选择执行错误目标。通用人工智能认知主要采取"数据训练"的模式,这种对数据的依赖性会使其认知模式"与社会和人性所具有的结构具有同构性"。人工智能通过从社会生活中广泛收集的海量数据形成认知,在"数据—认知—数据反馈—认知提升"的训练过程中存在面向社会实践的开口,一旦数据被"投毒"污染,就会造成人工智能的认知污染,而这种可能性往往会进一步加剧人工智能的伦理危机。②

人工智能应用于司法时,容易丢失伦理要素。③ 伦理要素一般涉及社会中的人际关系、人情、文化等多维度价值,具有多元复杂、难以采用法律概念表达、容易引起人类情感共鸣的特点。以类案检索为例,因目前检察人工智能是基于案例文书数据的结构化拆分来实现检索功能的,检索的关键词有案由、基本事实、争议焦点、法律适用等,伦理相关的要素并非检索匹配的关键,有时候甚至并不出现在法律文书中。因此伦理要素在类案检索中被丢失。而涉及伦理要素的案件往往是法律适用的疑难案件,检察官需要参考类案。

(二) 公序良俗价值的植入

坚持将社会主义核心价值观融入检察人工智能的技术研发、产品应用和服务运行全过程。保证人工智能司法应用不得违背公序良俗,不得

---

① 参见徐英瑾:《人工智能必须考虑风土性因素——以"电车难题"为母题》,载《哲学研究》2023年第2期。
② 参见张新平、白朴:《信与不信:通用人工智能信任危机的理论反思与机制再造》,载《内蒙古社会科学》2024年第5期。
③ 参见王静:《智慧司法的伦理风险及其应对》,载《法学论坛》2024年第2期。

损害社会公共利益和秩序,不得违背社会公共道德和伦理。多部委联合发布的《生成式人工智能服务管理暂行办法》要求生成式人工智能应尊重社会公德与伦理道德,坚持社会主义核心价值观,防止歧视,保证准确可靠、尊重他人合法权益等。

从技术角度来看,可以基于"道德化人工智能"的研发思路实现社会主义核心价值观的融入,即从人工智能产品的开发最初,就要将嵌入式伦理整合到算法中,从而达到预测、识别并解决人工智能在开发和应用过程中的伦理问题。构建策略基本有三个方面:一是自上而下,即在人工智能中预设一套可操作的伦理规范。如应用人工智能辅助检察官对罪错未成年人进行心理干预,该人工智能必须具备社会主义核心价值观,能够通过预设的道德规范,准确判断涉罪未成年人是否具有正确的是非观、世界观和价值观。二是自下而上,即让人工智能运用反向强化学习等机器学习算法,研究与人类相关的现实和模拟场景中的行为,使其树立与人类相似的价值观并付诸行动。三是人机交互,即让人工智能运用自然语言解释其决策,使人类能够把握其复杂的逻辑并及时纠正其中可能存在的问题。[1]

健全风险管控、应急处置和责任追究机制,防范化解人工智能司法应用中可能产生的伦理道德风险。加强人工智能技术的安全保障,与相关研发机构、行政部门合作,建立伦理风险的智能监测、预警及管控机制,提升人工智能的安全透明度,细化伦理风险的类型,对安全风险点进行识别与分析,建立人工智能伦理治理的风险预警阈值。同时,针对不同的伦理风险制定相应预案,开发风险预警系统进行监测。《生成式人工智能服务管理暂行办法》第 9 条规定了提供者需承担网络信息内容生产者责任,履行个人信息保护义务。同时,需进一步明确检察人工智能的伦理责任是否仅限于生产者责任。以生成式人工智能为例,其作出的问答或给出的信息,伦理责任最终应指向人工智能应用各环节承担实际角色的主体。[2] 就人工智能技术发展的现阶段而言,应当明确提供者、使用者、设计者等各方主体的伦理责任,落实伦理责任承担机制,完善责任体系。

---

[1] 参见李学尧:《人工智能伦理的法律性质》,载《中外法学》2024 年第 4 期。
[2] 参见冯子轩:《生成式人工智能应用的伦理立场与治理之道:以 ChatGPT 为例》,载《华东政法大学学报》2024 年第 1 期。

第二章
人工智能重塑检察办案
Chapter
2

新一轮科技革命迅猛发展,全球各国积极抢占大数据、人工智能等前沿领域的新赛道和技术制高点。2022 年年底,基于大语言模型的聊天机器人 ChatGPT 横空出世,凭借其对自然语言出色的理解能力和内容生成能力,ChatGPT 在处理复杂任务时展现出与人类相近的能力,这标志着人工智能步入内容生成的新阶段。作为数字化时代的基础技术,新一代人工智能技术通过模仿神经网络,探索人类思维和行为的基本规律,促进了人类智慧的深度和高层次拓展。而 ChatGPT 所展示的颠覆性创新技术——大语言模型,无疑是人工智能发展历程中新的里程碑。

第一节　大语言模型概述

一、大语言模型的定义

大语言模型(Large Language Model, LLM)作为当前自然语言处理领域的前沿技术,凭借其对自然语言出色的理解能力和内容生成能力,受到了广泛的关注。对此类模型在海量文本数据上进行训练,利用深度学习算法捕捉语言的统计规律,进而实现对自然语言的深入理解和高效生成。

大语言模型的核心在于其复杂的神经网络结构,这些神经网络结构由数十亿甚至数百亿个参数构成,使得模型能够充分学习并模拟人类语言的丰富性和多样性。这些参数在训练过程中不断被优化,以更好地拟合大规模语料库中的语言数据。通过这种方式,大语言模型能够生成与真实文本高度相似的输出,同时保持语义的连贯性和流畅性。[1]

大语言模型的应用场景非常广泛,包括智能客服、机器翻译、语音识别、文本摘要等。在智能客服方面,大语言模型能够与用户进行自然流畅的对话,有效协助用户解决各类问题和需求。在机器翻译方面,大语言模型能够准确理解并翻译不同语言之间的文本,促进跨语言交流和理解。在语音识别方面,大语言模型能够显著提升语音识别的准确性和效率,从

---

[1] 参见付丹、潘正军:《深度学习模型在多源异构大数据特征学习中的应用研究》,载《电脑知识与技术》2019 年第 26 期。

而为用户提供更为便捷的语音交互体验。而在文本摘要方面,大语言模型则能够自动生成简洁明了的摘要内容,使用户能够迅速把握文本的主要信息和核心观点。①

二、大语言模型的构建方法

模型架构和训练算法两者共同构成了大语言模型高效、精准处理自然语言的基础。

(一)模型架构

大语言模型普遍依托于深度学习架构,尤其是 Transformer 模型,已成为当下的主流选择。Transformer 模型的精妙之处在于其编码器——解码器结构,这一结构赋予了模型处理序列到序列之间任务的能力。编码器负责理解输入文本,捕捉文本的语义和上下文信息,而解码器则根据这些信息进行文本生成。通过增加编码器和解码器的堆叠层数,可以构建出结构更为复杂的模型,进而显著增强其语言生成与理解能力。

(二)训练算法

训练大语言模型时,最大似然估计(MLE)算法被广泛采用。这一算法的核心思想是,根据已有的输入文本,预测下一个词出现的概率分布。通过不断优化目标函数,降低预测误差,模型能够逐渐学习到文本的语法规则、语义信息和上下文关系。

在训练过程中,模型会不断迭代和调整其内部参数,以便更好地拟合训练数据。这一过程需要大量的计算资源和时间,但正是这样的投入,才使得模型能够生成更加自然、连贯的文本。

三、大语言模型的性能评估指标

语言流畅度是评估大语言模型的首要指标之一。一个优秀的模型应

---

① 参见毕蓉蓉、车传文:《人工智能技术在政务服务中的应用综述》,载《数字技术与应用》2019 年第 7 期。

能够生成连贯、自然的文本,避免出现生硬、不自然的表达。这要求模型在生成文本时,能够充分理解语言的内在规律和习惯用法,从而确保输出的文本符合人类的语言习惯。为了评估语言流畅度,可以采用人工评价的方式,邀请母语者或具备相关语言专长的人士对生成的文本进行打分或提供反馈意见。

除了语言流畅度,语法正确性也是衡量大语言模型性能的重要指标。模型应能够准确掌握语言的语法规则,避免在生成的文本中出现语法错误。语法正确性不仅会影响文本的可读性,还直接关系到模型能否准确传递信息。为了评估语法正确性,可以运用自动评价指标,如语法检查工具或专业的评估算法,对生成的文本进行深入的语法分析,并给出相应的评分。①

语义一致性是评估大语言模型性能的一个关键指标。模型应能够确保生成的文本在语义上与输入的文本或给定的主题保持一致,避免出现偏离主题或自相矛盾的情况。这要求模型在理解输入文本的基础上,能够准确把握其语义信息,并在生成文本时保持一致。为了评估语义一致性,可以综合采用人工评价和自动评价指标,如基于语义相似度的评估方法,对生成文本与输入文本的语义一致性进行深入的分析和判断。②

上下文理解能力是评估大语言模型性能的另一个关键指标。一个优秀的模型应能够充分理解输入文本的上下文信息,并在生成文本时加以考虑。这要求模型具备强大的上下文建模能力,能够捕捉文本中的时间、空间、人物关系等复杂信息,并在生成文本时加以体现。为了评估上下文理解能力,可以设计包含丰富的上下文信息的测试用例,并通过观察模型在这些测试用例上的具体表现来全面评估其上下文理解能力。③

生成文本的多样性也是评估大语言模型性能时需要考虑的指标之一。一个优秀的模型应能够生成具有多样性和创造性的文本,避免陷入重复、刻板的表达模式。这要求模型在训练过程中能够充分学习语言的丰富性和多样性,并在生成文本时加以体现。为了评估生成文本的多样

---

① 参见王颖:《C语言上机考试系统中自动评分方法的探讨》,载《当代教育理论与实践》2014年第1期。
② 参见张涛:《基于一致性与相关性的图像描述建模》,天津大学2018年硕士学位论文。
③ 参见庞晨曦:《句子向量化建模及文本级应用》,上海交通大学2017年硕士学位论文。

性,我们可以运用基于文本相似度的评估方法,对模型生成的多个文本进行深入的相似度分析,从而准确判断其多样性程度。①

第二节 大语言模型检察应用的场景

当前,检察机关运用人工智能技术的现状呈现"一主多辅"的态势,各地各级检察机关以全国检察业务应用系统为主干,以司法大数据运用为基础,以各地检察系统自主研发的人工智能系统与智慧检务软件为辅助。② 大语言模型检察应用,简而言之,是指检察人员在办公办案过程中,运用大语言模型辅助处理自然语言文本、深入理解文本的含义,并为检察人员提供全方位支持。

人工智能嵌入智慧检务工作在全国实践探索工作态势迅猛。在地域分布上,东部地区检察机关人工智能的应用数量仍保持绝对优势,西部地区检察机关人工智能的应用情况发展态势良好。在东部地区,北京、上海、浙江、江苏等省市的人工智能检察应用的数量靠前,均有着突出表现,在中央政法委机关报《法治日报》主办的政法智能化建设创新案例活动中获奖次数较多,多省检察院带队前来学习经验,具有较强的带动效应。部分地域的人工智能检察应用具有明确的战略导向与发展定位,如成渝地区双城经济圈、秦岭生态环境保护区等地。

从人工智能嵌入智慧检务的实践应用情况来看,检察机关对人工智能技术的应用更侧重于实际业务场景和功能价值。在全国检察业务应用系统智慧辅助之外,人工智能还贯穿着检察机关办案工作中的类案信息检索、智能辅助量刑、文书智慧辅助、证据审查分析、羁押评估应用乃至法治服务应用这六大功能类型。截至目前,人工智能检察应用的功能类型中,证据审查类应用的数量最多,各地检察机关呈现不同特色和侧重,羁

---

① 参见王莹莹、任贤、龙鹏飞:《中文短语文本相似度计算新方法》,载《软件导刊》2011年第1期。
② 参见赵志刚:《一叶窥秋:"检察+人工智能"的发展现状与思考》,载《检察风云》2019年第1期。

押评估类应用的数量较少,仍然有待加强。在功能类型上形成了六大具有代表性的人工智能应用成果。

一、类案检索应用

人工智能通过对类案文书进行大数据挖掘,对文书进行要素式分析,对案件的情节特征进行智能化深度学习,充分揑合算法与法律,建立起真正的法律案例大数据库,通过自适应算法构建案件裁判模型,为检察官进行精准类案推送。如上海市杨浦区人民检察院开发的"上海检察司法案例智能检索系统"(i-CASE);又如广东省清远市人民检察院引进的小包公法律实证分析平台。该平台利用前沿算法深度剖析犯罪嫌疑人的背景信息、详尽的犯罪事实及量刑考量等核心要素,精准识别、自动捕获并匹配最贴近的个案或类案,为检察官定制推送相关法律条文、权威司法观点、关联案例及串案提示等。针对多地普遍存在的涉安全互助服务道路交通事故损害赔偿"同案不同判"的现象,清远市检察机关通过大数据开展类案检索,厘清安全互助服务和商业保险的边界,促使广东省保险行业协会发布风险提示,明确安全互助业务并非保险业务。

二、智能量刑应用

为解决量刑规范化与量刑建议精确化的问题,各地检察机关一直在努力开展量刑智能化的探索,通过人工智能整合历史上相似案件的判决情况,并与《关于常见犯罪的量刑指导意见》所确认的规则进行数据化结合,通过"规范计算+态势分析"的整体功能设计,基于法律逻辑和案件办理规范,进行案情及量刑结果的分析。智能量刑应用通过大数据分析和算法模型,帮助检察官在量刑过程中作出更加科学和合理的决策。例如,安徽省安庆市怀宁县人民检察院引入的智能量刑辅助系统,不仅提高了认罪认罚适用率和量刑精准率,还使法院的采纳率达到了98.91%。该系统主要包括智能量刑预测、法律法规检索和刑事案例分析等功能。[1] 此外,江苏省苏州市

---

① 参见江晨、刘观清:《怀宁:三步完成高效量刑预测》,载《检察日报》2020年8月22日,第3版。

相城区人民检察院开发的"量刑小嘟"软件集成了23种罪名的量刑指导意见,并结合办案实践增加了多种罪名,通过设置确定的量刑情节和幅度,实现了量刑的规范化和精准化。① 与之类似,广东省广州市南沙区人民检察院也开发了智能量刑辅助系统,通过大数据分析技术为办理案件提供量刑辅助。智能量刑辅助系统不仅提高了量刑的精准度,也促进了司法公正和效率。湖北省检察机关依托大数据和人工智能技术,研发了智慧刑检系统,其中包括智能量刑辅助系统,旨在规范量刑裁量权并提高司法效率。最高人民检察院也在全国范围内推广智能量刑辅助系统,以提升检察机关的办案效率和量刑建议的精准度。

三、文书辅助应用

检察机关在开展检察工作的全流程中都需要制作相应的检察法律文书,适用正确规范的法律文书是高质量检察工作的题中之义,运用法律文书释法说理更是具有重大意义。人工智能文书辅助工具主要通过文书排版、文书纠错和文书生成三大功能学习应用检察工作的法律文书规则,有效缓解办案资源短缺的情况。江苏省已经在全省检察机关大力推广"案管机器人"系统。广东省清远市目前也在全市推广轻罪文书自动生成系统,该系统针对危险驾驶罪、盗窃罪等轻罪案件,打造全流程覆盖"一站式"办案辅助系统,实现了从证据采集到文书生成的全面自动化。该辅助系统自动对证据进行挖掘并标注犯罪事实,精准识别时间、地点、行为、结果、主体、主观心态、量刑因素等多个要素,并辅助完成证据的合法性、客观性和关联性审查,预警并指引材料的完整性、规范性,同步生成审查报告、认罪认罚具结书、量刑建议书和起诉书。

四、证据审查应用

检察机关针对案件证据材料的审查需要对海量的证据进行挖掘、摘录和分析,以便确定证据的证明内容和证明力大小。证据审查应用能够

---

① 参见王小兵、郭磊、王金艳:《精准量刑宽严相济彰显检察温度》,载《苏州日报》2021年4月26日,第7版。

智能匹配侦办案件的流程模式,提供快速检索、智能巡查、证据关联呈现、辅助生成审查报告等模式,为检察官提供证据的技术支持,提高办案效率。代表应用有广东省清远市人民检察院的刑事证据审查及文书生成智能系统。该系统应用法律大模型、自然语言处理及法律知识图谱技术,基于证据能力、证明力和运用规则,能够对事实要素内证据的关联性进行审查,多角度指引检察官对证据体系进行综合研判,并辅助其作出退侦或补充侦查的决定。[1] 例如,上海市高级人民法院与科大讯飞公司联合研发的"206系统"。该系统具备全案证据审查判断、非法言词证据排除等功能,旨在通过深度神经网络模型和图文识别技术,对证据进行校验、把关、提示与监督,确保侦查、审查起诉的案件事实及证据经得起法律检验。[2] 深圳市中级人民法院研发了全国首个人工智能辅助审判系统,该系统能够辅助证据核验和逻辑审查,并匹配权威案例,助力实现"类案同判"。此外,浙江省高级人民法院研发的"凤凰金融智审"系统,依托智能化技术实现了金融借款案件在立案阶段的自动审查、庭前准备阶段的自动排期、自动送达等功能。在庭审阶段,系统能够同步语音识别、归纳争议焦点、分析认定证据,并预测裁判结果。浙江省海宁市人民检察院自主研发的"政法一体化证据通"系统,也实现了从案件证据的制作、审查到庭审质证的全流程数字化办理,解决了证据无法直接同步流转的问题。

五、羁押评估应用

检察机关在审查逮捕和审查起诉犯罪嫌疑人时,可以依法决定对其采取强制措施或者变更已经采取的强制措施。人工智能羁押风险评估系统是以推动审查标准规范化和审查尺度统一性为目的的应用集成,通过对全国检察业务应用系统的业务数据和裁判文书进行深入挖掘,并结合羁押风险评估审查环节中的人身风险性评估、再犯罪评估等多维度的相关内容重点进行解析,进而为检察官提供智能辅助。代表应用有浙江省

---

[1] 参见《全国首创:刑事证据审查及文书生成智能系统》,载清远检察微信公众号(网址:https://mp.weixin.qq.com/s/SJSfRymYh_4HrjR9Ewhv7Q),访问日期:2025年1月17日。
[2] 参见崔亚东:《司法科技梦:上海刑事案件智能辅助办案系统的实践与思考》,载《人民法治》2018年第18期。

绍兴市人民检察院的"羁押必要性审查智慧系统",依据"相对固定要素"和"相对可变要素"对羁押必要性进行智慧筛查。

六、法治服务应用

新时代法治的服务功能不仅包括检察机关回应人民群众的法治需求,也包含检察机关主动开展法治宣传。湖北省荆州市人民检察院研发的"AI 荆小检"充分将人工智能、元宇宙技术与法治宣传工作相结合,通过检察官真人视频,运用计算机视觉和语音合成等技术,进行形象、声音、动作等模型训练而成。广东省清远市检察机关创新打造了"通过 AI 问检察""小新智能助理""AI 英哥英妹""连检 AI 助手""AI 佛检通""南检智辅"及"阳检智问"等一系列智能问答程序,并在两级院 12309 检察服务中心及基层综治中心的便民服务一体机上全面部署。同时,增设耳机与语音识别功能,力求为公众提供"全天候、无障碍、零距离"的智能检察服务。截至目前,公众通过小程序与 AI 进行实时对话,直接查阅与信访相关的事项、表达诉求、获取相关法律咨询等,最大限度实现矛盾不上交、就地化解、分流处置。人工智能法治宣传是检察机关与时俱进创新普法形式,将智慧检务和现代科技与依法能动履职相结合的具体体现,让普法变得新颖有趣,更有吸引力,不仅提高了普法效率,更扩大了普法范围,是高质效普法的有力实践。

第三节 大语言模型检察应用的发展趋势

大语言模型检察应用,作为人工智能技术在法律领域的一大应用,其未来的发展趋势深受科技进步和行业需求的影响。基于对当前技术动态和应用实践的深入观察,可以预见大语言模型检察应用在未来将呈现以下几大发展态势。

一是模型规模的持续扩大。随着计算资源的不断增强和大数据技术的日益成熟,大语言模型检察应用的规模将持续扩大。更大规模的模型意味着更强的表达能力和更高的性能上限,能够处理更加复杂、细致的法律问题。这不仅将提升模型在案件审查、法律咨询等任务中的表现,还有可能为法律领域的决策支持、智能分析等高级应用奠定基础。

二是多模态交互能力的增强。未来的大语言模型检察应用将不仅仅局限于文本处理,还将融入语音、图像等多模态交互能力。这意味着模型将能够理解和处理更加多样化的信息输入,如口头陈述、现场照片等,从而更加全面地还原案件真相,提高法律工作的效率和准确性。多模态交互的实现将依赖于深度学习、计算机视觉等技术的跨领域融合与创新。

三是隐私保护与数据安全性的提升。随着大语言模型检察应用的深入,数据隐私和安全问题将愈发凸显。因此,未来模型的发展必将更加注重隐私保护和数据安全性的提升。这可能涉及数据加密、匿名化处理、访问权限控制等多个方面,以确保在利用大数据提升模型性能的同时,充分保障个人隐私和数据安全。[①]

四是跨领域知识与技能的融合。法律领域并非孤立存在,而是与社会、经济、科技等多个领域紧密相联。因此,未来的大语言模型检察应用将更加注重跨领域知识与技能的深度融合。通过广泛引入其他相关领域的数据和知识,模型将能够提供更加综合化、全面化的法律服务和支持,从而更好地适应复杂多变、日新月异的法律实践需求。

五是模型可解释性与透明度的提高。随着人工智能技术的不断发展,公众对于模型可解释性和透明度的要求也越来越高。未来的大语言模型检察应用将更加注重提高自身的可解释性和透明度,以便更好地获得用户信任并满足合规要求。这可能涉及模型设计、训练过程以及输出结果等多个环节的优化和改进。

---

① 参见李超:《大数据环境下隐私保护的研究现状分析》,载《电脑知识与技术》2016年第18期。

第三章
人工智能重塑大数据法律监督

Chapter
3

当前数字检察工作正在深入推进,以数字技术赋能检察法律监督工作已经成为重要的实践共识与战略安排。检察机关落实数字检察部署,将大数据、云计算、区块链、人工智能等技术运用于检察工作全链条,创新探索法律监督工作的数智模式,取得了丰富的成果。在此基础上,应勇检察长在2023年全国检察长会议上提出积极构建"业务主导、数据整合、技术支撑、重在应用"的数字检察工作模式,对数字检察工作提出了提档升级的更高建设要求。[①] 而要满足这一更高建设要求,就需要及时关注探索新型数字技术在数字检察领域的具体应用场景,及时提升数字检察应用的智能水平,深度推动检察业务一体化与法律监督工作的范式更新。

第一节 数字检察概述

一、数字检察的定义与特点

数字检察,是信息技术与法律监督深度融合的一种新型检察模式。它依托大数据、云计算等现代信息技术,通过对海量数据的挖掘、分析和应用,提升法律监督的效能和精准度。数字检察不仅是对传统检察工作的技术升级,更是对检察理念和工作方式的深层次变革。

数字检察的核心在于数据的整合和应用。通过构建大数据法律监督模型,实现对各类法律监督数据的全面汇聚、高效处理和智能分析。这种模式有助于检察机关在案件办理、法律监督、社会治理等多个方面实现更加科学、精准和高效的决策。

数字检察的特点主要体现在以下几个方面:一是数据驱动。数字检察强调对数据的深度挖掘和应用。即利用大数据技术对历史案件、案情线索进行分析,从而总结犯罪规律和趋势,发现监督盲点,提高监督的针对性和实效性。二是智能辅助。通过人工智能技术辅助检察官进行证据

[①] 参见翁跃强、申云天:《数字检察工作中的十个关系》,载《人民检察》2023年第1期。

审查、案件定性等工作,提高办案质量和效率。三是跨区域协作。依托信息化手段打破地域限制,实现跨区域的案件协作和信息共享。同时,数字检察也推动了检察机关与其他政法机关、政府部门的信息共享和业务协同,进一步提升了社会治理的效能。

二、数字检察建设的现状与挑战

数字检察建设在当前取得了显著进展。在案件办理方面,各级检察机关积极引入现代科技手段,大数据、云计算、人工智能等技术的运用逐步普及。例如,一些基层检察院通过开发统一数字检察监督平台,从类案监督办理出发,在保险行业、环境保护、民间借贷等领域发现背后普遍存在的职能、监管等制度层面的缺失,并发出社会治理类检察建议,及时补上制度性、行业性漏洞,取得了良好的效果。同时,数字检察在法律监督方面也发挥了重要作用。通过引入智能语音识别、数据分析挖掘等技术手段,检察机关的办案效率和管理水平得到显著提高。如内蒙古自治区鄂尔多斯市东胜区人民检察院通过建立在校学生异常电话卡法律监督模型,将学生信息和电话卡数据进行比对,查出了数百名办理多张电话卡的学生,其中一些电话卡甚至已经涉案;内蒙古自治区杭锦旗人民检察院研发人民法院不当适用简易程序监督模型,通过分析法院的办案数据,发现程序违法问题,并向法院发出检察建议,推动问题得到解决;内蒙古自治区准格尔旗人民检察院的公益诉讼检察官和技术人员联手,研发建设工程扬尘污染漏缴环境保护税公益诉讼监督模型,督促企业缴纳税款,保护国家利益;内蒙古自治区鄂尔多斯市康巴什区人民检察院研发刑事"挂案"监督撤案类案监督模型,批量筛选出长期"挂案"的案件,保障涉案人员的合法权益,同时注重检察机关内部的一体履职、综合履职,及时移送发现的其他线索。

然而,数字检察建设也面临诸多问题和挑战。首先,数据壁垒问题突出。目前,检察官开展类案监督,如需其他单位的相关数据依然需要面对重重审批,仅仅依靠沟通和协调,各职能部门之间业务数据的互通尚未形成制度化。[1] 数据共享是数字检察办案的基石,没有数据支撑,采用大数

---

[1] 参见刘京锋、李秀明:《以社会治理创新视角推进基层"数字+检察"深度融合》,载《公民与法(综合版)》2023 年第 8 期。

据分析研判监督线索便无从谈起。其次,基层检察院存在数据安全保障的问题。数字化技术应用对于数据、材料的安全威胁与管理、隐私等问题,也会给检察管理带来挑战。再次,技术人才短缺。部分检察人员对数字检察的认识还不到位,对"业务主导、数据整合、技术支撑、重在应用"的数字检察工作模式认识不够深入,业务部门和技术部门融合推进的观念不足。检察业务部门办案人员缺乏数字检察专业知识,依托现有大数据法律监督模型发现法律监督线索的能力欠缺;检察技术人员缺乏法律知识,对大数据法律监督模型的构建缺乏法律理论基础,难以发现监督点。最后,信息化与业务融合不够深入。部分地区的信息化建设与检察业务实际需求存在脱节现象,信息化对业务工作的支撑作用未能充分发挥。数据资源整合不足,检察系统内部的数据资源尚未形成有效整合,数据共享和开放程度有待提高,大数据应用潜力未能得到充分释放。技术应用与创新需求不匹配,当前的技术应用尚不能完全满足检察工作的创新需求,智能化水平有待进一步提升。

三、大数据法律监督模型的原理

大数据法律监督模型是运用大数据技术,对海量的法律数据进行采集、存储、处理和分析,以发现数据背后的规律、趋势和异常,从而为法律监督提供科学依据和决策支持的一种新型监督模式。其基本原理涉及数据整合、算法分析以及结果应用等多个环节。

在数据整合环节,大数据法律监督模型首先需要对来自不同渠道、不同格式的法律数据进行清洗和标准化处理,确保数据的准确性和一致性。这些数据包括但不限于法律文书、案件信息、行政处罚记录等,它们构成了模型分析的基础。通过数据整合,模型能够建立起一个全面、动态的法律数据资源库,为后续的分析工作提供坚实的数据支撑。

在算法分析环节,大数据法律监督模型实际上就是检察官总结出预设案件的办理规则和模型,通过一定的步骤发现数据中的关联、趋势和异常,从而揭示隐藏在数据背后的法律问题和风险点。例如,通过聚类分析可以发现类似案件的共同特征,通过异常检测可以识别可能存在的执法不公或违法违规行为。

在结果应用环节,大数据法律监督模型所产出的分析结果有着极为关键且多元的运用方向。一方面,针对分析发现的法律问题和风险点,其能够直接为检察官的日常监督工作提供精准线索。检察官依据这些线索,可迅速定位到具体案件或执法环节,开展有针对性的调查核实工作,极大地提升监督效率,避免盲目排查。例如,在发现某类行政处罚记录存在异常集中的情况后,检察官可直接对相关执法部门的执法流程进行审查,核实是否存在违规操作。另一方面,分析结果能够为检察机关的决策提供有力支持。通过长期对海量数据进行分析所呈现出的规律和趋势,检察机关可以制定更具前瞻性和科学性的监督策略,合理分配监督资源,优先对风险高发领域和环节进行重点监督。同时,在结果应用环节,也可以进一步促进法律制度的完善。基于模型分析结果所反映出的法律漏洞或不合理之处,检察机关可以提出针对性的立法建议和制度改进方案,推动法律体系的不断优化,更好地适应社会发展和法治建设的需求。

第二节　人工智能对数字检察建设的价值与优势

当下数字技术领域,以 ChatGPT 生成式人工智能为代表的新型人工智能正以更接近人类的语图理解与生成能力,引发人工智能里程碑式的迭代技术革命,在数字应用领域引发 Web3.0 时代人机交互的根本模式变革与泛在应用拓展,其强大的工作绩效能力已经引发众多行业领域争相引进应用。[1] 基于深度学习的新型人工智能相对于基于机器学习的早期人工智能,业务关联能力、需求理解能力、人机交互能力与服务决策能力都有了质的飞升。[2] 新型人工智能在检察业务领域的部署应用不仅可以大力提升数字检察的自主化与智能化水平,其应对复

---

[1] 参见王洋、闫海:《生成式人工智能的风险迭代与规制革新——以 ChatGPT 为例》,载《理论月刊》2023 年第 6 期。

[2] 参见蒲清平、向往:《生成式人工智能——ChatGPT 的变革影响、风险挑战及应对策略》,载《重庆大学学报(社会科学版)》2023 年第 3 期。

杂场景任务的智慧能力与高效人机交互的动态服务能力也恰好契合了当前检察业务的复杂处理需求,对数字检察进一步升级发展有着必要的技术价值与实践意义。当前最高人民检察院要求将刑事、民事、行政、公益诉讼结合起来,但业务形态与实施形式日趋复杂,按照部门划分而各自为政的简单化数字智能应用难以满足这一动态复杂场景要求,而新型人工智能可以通过深度学习与人机交互,根据业务场景要求智能化、定制式实现复杂场景的服务与决策,契合性满足未检融合履职的复杂要求。随着"文心一言"等国内新型人工智能服务大规模部署应用,未来已来,充分运用新型人工智能技术赋能数字检察的图景已经逐步展现,因此有必要深入研究探索新型人工智能在数字检察工作中的应用场景及其适用逻辑,并就人工智能技术带来的实践问题与风险进行深入分析,明确其应有的规范模式。

在数据处理方面,人工智能具有高效性和准确性。当前数字检察工作中,数据的收集、整理和分析主要依靠人工进行获取、输入、比对等操作,不仅耗时费力,还容易出现错误和遗漏。而人工智能可以快速处理海量数据,通过数据挖掘、机器学习等技术,自动提取关键信息,实现数据的精准分类和整合。例如,在案件线索排查中,人工智能可以对海量的法律文书、新闻报道、社交媒体等数据进行实时监测和分析,及时发现潜在的违法犯罪线索,为检察工作提供有力支持。此外,人工智能还可以对检察业务数据进行深度分析,挖掘数据背后的规律和趋势,为决策提供科学依据。相比之下,传统的数据分析方法往往局限于样本数据,难以全面、准确地反映问题的本质。

在精准预测方面,人工智能具有强大的预测能力。一方面,当前数字检察工作中广泛使用的大数据法律监督模型,其原理是对于某一类案件办理过程的模式化、流程化。但随着社会发展和形势变化,部分"约定俗成"的办案模式未必符合现实要求。人工智能可以通过对海量案件数据的学习,建立更加完备的办案模型,同时对案件的走向、结果等进行精准预测。另一方面,对于通过大数据法律监督模型获取的案件线索,检察人员需要依靠自身的经验和专业知识对案件进行判断。然而,由于人的主观性和局限性,难免会出现误判或遗漏的情况。机器学习算法则在提高数字检察的准确性方面发挥了关键作用。通过学习海量的历史案件数据,自动总结出案件审查的规律。当新的案件出现时,这些模型能够自动对案件进行初步筛选和判断,从而为检察人员提供更加准确、客观的参考意见。

在证据收集环节,人工智能可以通过图像识别、语音识别等技术手段,自动提取出视频、音频等证据中的关键信息,大大提高了证据收集的效率和准确性。

人工智能还可以有效弥补数字检察建设中的短板。一方面,针对数字检察建设面临的数据壁垒问题,人工智能可以通过数据挖掘和整合技术,打破部门之间的数据孤岛,实现数据的共享和互通。例如,利用人工智能技术建立数据共享平台,将不同部门的数据进行整合和分析,为检察工作提供更加全面、准确的数据支持。另一方面,对于技术人才短缺的问题,人工智能可以通过自动化和智能化的工具,降低对专业技术人才的依赖。例如,借助当前的生成式大语言模型和智能体平台,检察官可以在无须专业技术知识的情况下,利用人工智能技术进行案件办理和分析。

第三节 人工智能赋能数字检察的应用场景

新型人工智能既包括具有深度学习功能的人工智能,也包括将深度学习功能与卷积神经网络算法相结合并适配通用语言模型的新型生成式人工智能。[①] 一方面,具有深度学习功能的人工智能相较于早期基于机器学习的人工智能具有更强大的深度感知与自主学习能力,其数据分析与处理的智能化水平得到大幅提升,可以应对更加复杂的业务场景。[②] 而另一方面,新型生成式人工智能是当下人工智能领域的革命性迭代技术更新,其在具备深度学习功能的生成模型的基础上,采用受

[①] 参见钱力、刘熠、张智雄等:《ChatGPT 的技术基础分析》,载《数据分析与知识发现》2023 年第 3 期。

[②] 参见郭春镇、勇琪:《算法的程序正义》,载《中国政法大学学报》2023 年第 1 期。

人脑启发的卷积神经网络算法,通过通用语言模型实现对数据的自主深度学习,从而实现复杂场景下的人机交互与内容自动生成[1],进一步在处理诸如刑事、民事、行政、公益检察相融合的复杂检察业务时具有广阔的适用前景。

相较于早期的人工智能只能根据固定程序机械地执行特定的数据任务,新型人工智能则可以通过人机交互实现自主学习演化,其仿真性与拟人性任务理解能力与专业数据处理能力都大大增强,从而能够根据概括业务需求自主挖掘数据规律,智能完成复杂业务数据处理任务,自动精准地创新生成服务结果。而随着数字技术在检察业务领域的逐步深度融入,对数字赋能检察的服务效能也提出了更高的应用期待,包括人工智能在内的数字技术可以实现数据信息共享、类案审查辅助、检务流程统合等初步目标,并能进一步满足复杂检察业务的场景需求,创新检察业务高质效办理模式,发挥更为智能化的角色与功能。[2] 在这一背景下,前述具有拟真交互运行能力的新型人工智能具备进一步契合多元检察业务需求、处理复杂检察工作任务的突出数智优势,能够进一步实现监督线索自主挖掘推送、类案信息主动审查处理、检察业务一体自动整合、社会治理智能分析研判等方面的复杂多场景应用功能,大力促进数据业务化,创新"个案办理—类案监督—社会治理"的数字办理机制。

一、人工智能赋能检察监督线索发现的应用场景

在挖掘检察监督线索的场景下,新型人工智能可以更进一步深度挖掘、提炼检察监督的信息线索,并主动推送给相关业务部门办理。传统人工智能检察监督工作模型只能根据固定的数据提取与分析算法对来自内部办案与外源收集等渠道的数字信息进行筛查、比对与提炼。在这一过程中,无论是关键字筛查、数据检索还是建模比对程式,都只能按照基于先前线索发现经验的分析逻辑与方案实施,无法进行举一反三式的类比线索自动发现与线索延伸处理,存在适用领域狭窄化、模型分散化、线索

---

[1] 参见胡铭、陈竟:《类 ChatGPT 模型在数字检察中的应用前景及规制》,载《人民检察》2023 年第 10 期。

[2] 参见高景峰:《数字检察的价值目标与实践路径》,载《中国法律评论》2022 年第 6 期。

碎片化的问题。① 而新型人工智能具备自主学习与完善能力,可以通过基于深度学习的大语言模型对已有的监督线索发现规律举一反三,实现全数据、全领域、全链条自动扩展与延伸检察监督线索的发现与处理能力。比如,河南省洛阳市涧西区人民检察院在办理涉及信用卡转贷民事再审监督案件的过程中,发现本地存在类似案件的线索,随即在全国检察机关大数据法律监督模型管理平台(以下简称"模型管理平台")构建信用卡转贷民事再审法律监督模型,并引入本地部署的开源大语言模型,通过人工智能对判决书的全文内容进行阅读,判断案件中是否存在信用卡转贷行为,从公开的裁判文书中筛选出了拟可成案线索,有效定位了全国范围内存量公开判决中存在的信用卡转贷行为依法应判定为无效合同、但审判机关没有准确定性的案件信息。通过模型管理平台的数据中心共享相关的案件信息,各地检察机关应用该模型时可直接使用快速成案,对相关已生效判决进行监督,推动维护金融安全和金融稳定。②

就具体功能而言,新型人工智能赋能检察监督线索发现的应用场景包括:一是新型人工智能借助深度学习的自主演化能力能够超越预先设定的线索发现经验,通过联想语义识别与逻辑判断举一反三,实现对已有检察数据的全面联想式挖掘分析,打通内部数据与外部数据、办案数据与搜集数据的分析壁垒,最大化实现对全数据的线索智能挖掘能效。二是新型人工智能的类人工思维能力可以实现自动联想理解与意图智能预测的数据挖掘分析功能,从而可以超越传统检察监督模型通常仅限于特定类案范围的局限,对特定领域的监督线索发现经验进行智能扩展与全局部署,从点到面,实现检察业务全领域的监督线索挖掘。三是新型人工智能具备上下文联想与意图目标分析能力,能够通过分析检察监督线索发现的目标对与线索相关的数据自动实施动态跟踪研判,前后延伸挖掘监督线索,从而超越单一阶段的检察监督线索发现的局限,实现全链条的检察监督线索发现。

---

① 参见申云天、高阳、王飞:《检察机关法律监督方式现代化路径探析——以检察办案模式变革为视角》,载《人民检察》2023年第10期。
② 参见朱玉冰:《大数据模型与大语言模型"联袂上阵"筛查线索》,载数字检察微信公众号(网址:https://mp.weixin.qq.com/s/LF-SF91G747zUhmyrErFQA),访问日期:2024年11月15日。

二、人工智能赋能检察类案办理的应用场景

新型人工智能对检察类案办理可以实现更加智能化的应用,新型人工智能可以自动匹配提炼类案特征、发现类案规律,并进一步自主形成类案办理模型,推动实现案件的自动处理。传统数字类案办理模式需要就某一类型的案件单独设置数据关键词、设置专门的异常审查标准与风险点标识,人工智能的介入水平有限,主要是根据事先设定的专门类案审查算法对某一类型的案件进行机械式梳理,难以实现对其他类型与领域案件的关联智能审查与自动挖掘,类案审查呈现半智能化、半人工化的特点。[①] 而生成式人工智能具备自主知识学习与联想预测能力,可以从某一类型的类案出发,自主学习类案办理的底层逻辑与设置目的,从而对多元类型案件自动分析挖掘与风险预警,实现主动、全面的类案自主办理应用。

从案件受理开始,当检察官接收到一个新的案件时,人工智能系统能够根据案件的基本信息(如案由、涉案金额、犯罪嫌疑人的身份等),自动从庞大的案例库中筛选出一批与之相似的案件。这一过程不仅大大节省了人工查找的时间成本,而且由于机器学习算法可以不断自我优化,因此推送案例的准确率也会随着使用频率的增加而逐步提高。

在案件审查环节,人工智能系统不仅能够提供相似案例供检察官参考,还可以进一步分析这些案例的判决结果、适用的法律条文等内容,提炼出共性特征和规律。例如,对于经济犯罪案件,系统可以总结出常见的作案手法、证据收集要点以及量刑标准等,为检察官制定审查方案提供科学依据。这种基于数据驱动的智能辅助,有助于检察官更全面地把握案件全貌,避免因个人经验的局限而产生偏差。

在文书制作环节,人工智能系统可以结合当前案件的具体情况,为检察官撰写检察文书提供模板化建议。通过预设的逻辑框架和填充规则,系统能够自动生成符合规范要求的文书草稿,减轻检察官的文字工作负担。同时,针对某些复杂疑难案件,还可以模拟法庭辩论场景,预测可

[①] 参见李训虎:《刑事司法人工智能的包容性规制》,载《中国社会科学》2021年第2期。

能遇到的质疑点及其应对策略。

案件结案后,人工智能系统可以对案件整个办理过程进行全面复盘,记录下检察官采取的关键措施及其效果,形成宝贵的经验教训。这些数据经过清洗整理后,将被纳入案例库,为后续类似案件的处理提供参考。更重要的是,通过持续积累和迭代更新,人工智能系统可以不断提升自身的能力水平,逐步形成一套成熟稳定的类案推送体系,实现从"辅助"到"指导"的转变。

三、人工智能赋能检察业务一体化的应用场景

数字技术对检察组织体系与工作机制的一体化构建起着重要的推动作用,通过数字手段可以更好地统一数据系统、协同办案机制、融贯监督体系,推动检察一体化工作的高效实现与整合展开。[1] 然而受限于早期智能算法的预设性与单一性,人工智能对检察一体化的推动作用主要体现在数据整合与办案监督流程衔接的基础场域,对无法事先预设与需要多线程展开的检察一体化工作需求难以直接满足。在检察一体化需求飞速提升变化的情形下,形成了检察业务一体化数字平台的局部应用限制与落后僵化问题。而新型人工智能适配的通用语言模型具备自主学习演化与动态交互反馈的智能算力,能够根据检察一体化的目标任务与已有设置,自动关联整合业务数据,提出协调部门办案流程的建议,并能够根据检察一体化的动态需求变化,自动调整优化办案监督流程,从而将检察数字一体化系统从被动、静态的检察一体化数字设置转型为主动、交互式的检察一体化数字模型。

四、人工智能赋能检务公开与检察服务的应用场景

通过数字平台助力检务公开与检察服务、打通线上线下交流服务场景,已经成为数字技术赋能检察业务的突出代表形式。[2] 早期基于机器学习而具备语义识别与比照分析功能的人工智能技术为检察问答系统、检

---

[1] 参见桑先军:《检察一体化履职数字模式的建构与运行》,载《人民检察》2023年第16期。

[2] 参见贾宇:《论数字检察》,载《中国法学》2023年第1期。

察法律服务与业务咨询平台等应用提供了高效、自动的数字工具，大力提升了检务公开与检察服务的质量与功能。① 然而早期人工智能的语义识别能力与效率有限、知识自主挖掘处理水平不高、用户的交互形式与手段单一，造成"智能应用不智能"的使用感受与效果，表明机器学习时代的人工智能技术与人类思维及语言水平仍存在一定差距。而新型生成式人工智能以接近人类脑智水平的神经网络系统构建语料库与训练语言模型，其语言自动感知与语义识别水平都有了质的飞跃，不仅能够更加深入地理解领会用户需求并提供高度精准的内容服务，甚至可以自主预测用户意图以主动向用户提出需求建议，成为可以媲美专业咨询专家的人工智能应用。将新型人工智能进一步运用于检务公开与检察服务的应用场景，不仅可以向使用者提供更加智能、准确、完善的服务内容，还可以主动向使用者提供需求精准匹配的专业法律服务，推动数字检务公开与检察服务系统更加智能亲民，充分满足民众的知情权与参与权需求，促进公正司法。

五、人工智能赋能检察决策治理的应用场景

数字技术赋能检察业务相较于传统单一信息化手段的一个突出优势就是，能够对检察业务数据进行较为复杂的分析研判，为检察工作提供决策辅助与社会治理建议。② 早期基于机器学习的人工智能技术已经具备提炼数据运行模式与形成预测评价的基础功能，可以根据预先设置的检察辅助决策数据指标提供基本的决策与治理建议。但是早期人工智能的自主决策水平和评价机制与人力决策尚无法相提并论，受语义壁垒与单一反馈运行机制的影响，其决策治理的建议能力功能相对单一、容易滞后。而新型生成式人工智能采用多模态数据处理技术与神经网络系统，不仅有效消解了语义壁垒的负面影响，而且达到了拟人性智能交互决策水平。因此，将新型生成式人工智能应用于检察决策治理场景，可以根据检察决策治理需求自主完善决策与治理的预估机制、精准关联所需业务数据，主动推送决策与治理的辅助建议，大大

---

① 参见郑成方：《数字检察的实践展开》，载《人民检察》2023年第8期。
② 参见王永金：《数字检察：法律监督的时代要求》，载《人民检察》2023年第3期。

提升了智能决策与治理建议水平。

六、人工智能优化数字检察的未来场景

(一)智能辅助办案系统的构建

智能辅助办案系统作为人工智能在数字检察领域的重要应用,其构建旨在整合先进的人工智能技术,优化传统的检察办案流程,提高办案效率和质量。以下将详细介绍智能辅助办案系统的功能设计及实现方案。

在功能设计方面,其一,智能辅助办案系统需要具备案件智能分析功能。通过自然语言处理、大数据分析等技术,系统能够自动提取案件的关键信息,如涉案人员、案由、犯罪情节等,并进行智能比对和关联分析。这有助于检察人员快速把握案件全貌,发现潜在的线索和疑点,为后续的调查取证提供有力支持。其二,智能辅助办案系统还需要具备智能证据审查功能。在传统的检察办案过程中,证据审查是一项烦琐而重要的工作。系统通过引入机器学习、深度学习等技术,能够自动对各类证据的真实性、合法性、关联性进行智能审查,有效减轻检察人员的工作负担,提高证据审查的准确性和效率。其三,智能辅助办案系统还需要具备智能量刑建议功能。系统能够根据案件的具体情况和相关法律规定,自动为检察人员提供量刑建议。这不仅有助于规范量刑行为,避免量刑畸轻畸重的情况,还能为检察人员在案件处理过程中提供有益的参考。

在实现方案方面,智能辅助办案系统的构建需要充分利用云计算、大数据、人工智能等先进技术。首先,通过搭建云计算平台,实现系统数据的高效存储和计算资源的动态分配。其次,利用大数据技术,对海量的案件数据进行采集、清洗、整合和分析,为系统的智能决策提供数据支持。最后,通过引入先进的人工智能算法和模型,实现系统的各项智能功能。[1]

(二)智能化证据收集与审查的改进

在数字检察工作中,证据的收集与审查是至关重要的环节。随着人

---

[1] 参见孟剑萍、陈超、孟剑君:《大数据助推公安信息化建设》,载《微型机与应用》2014年第19期。

工智能技术的不断发展,其在智能化证据收集与审查方面的应用也日益广泛,为数字检察工作带来了显著的改进。

人工智能在证据收集方面的应用主要体现在自动化和智能化上。通过自然语言处理、图像识别和大数据分析等技术,人工智能可以协助检察人员从海量的数据中筛选出与案件相关的证据,大大提高了证据收集的效率和准确性。例如,在涉及网络犯罪的案件中,人工智能可以快速分析网络数据,识别出犯罪嫌疑人的活动轨迹和犯罪证据,为检察人员提供有力的线索。

在证据审查方面,人工智能同样发挥着重要作用。传统的证据审查主要依赖于人工进行,不仅效率低下,而且容易受到个人主观因素的影响。而人工智能则可以通过机器学习等技术手段,对证据进行自动化分析和比对,快速识别出证据中的关键信息,提高审查的准确性和客观性。此外,人工智能还可以协助检察人员进行证据链的完整性验证,确保案件的公正性和权威性。

针对智能化证据收集与审查的改进方案,可以从以下几个方面入手:

一是加强人工智能技术的研究与应用。通过不断优化算法和提高技术的准确性,使人工智能在证据收集与审查方面发挥更大的作用。同时,积极推动人工智能与云计算、大数据等技术的融合,提高数据处理和分析的能力。

二是建立完善的数据共享机制。加强与其他执法机关、政府部门以及企业的合作,实现数据的互联互通,为人工智能提供更多的数据支持。这将有助于提高证据收集的全面性和准确性。

三是加强人工智能系统的安全性和可靠性保障。在利用人工智能进行证据收集与审查时,必须确保系统的安全性和数据的可靠性。通过加强安全防护措施和数据备份机制,防止数据泄露和非法篡改,保证证据的真实性和有效性。

四是提升检察人员的专业素养和技术水平。虽然人工智能在证据收集与审查方面具有很大的优势,但仍然需要检察人员的专业判断和经验积累。因此,应加强对检察人员的培训和教育,提高他们的专业素养和技术水平,使他们能够更好地利用人工智能技术为数字检察工作服务。

(三) 智能化检察监督与决策支持的实现

在智能化时代背景下,检察监督与决策支持正逐步走向智能化,而人工智能技术的融入为这一过程提供了强大的动力。智能化检察监督与决策支持的实现,依赖于一系列先进的技术手段和合理的系统架构。

智能化检察监督的实现,首先得益于大数据分析技术的运用。通过构建完善的数据仓库,整合来自各个渠道的信息资源,检察机关能够实现对案件数据的全面把握。基于这些数据,利用数据挖掘和模式识别技术,可以及时发现异常情况和潜在风险,从而加强监督的针对性和有效性。此外,人工智能还可以通过自然语言处理技术,对法律文书和案件材料进行深度分析和比对,进一步提高监督的精确性。

在决策支持方面,人工智能技术同样发挥着重要作用。基于大数据和机器学习算法的决策支持系统,能够为检察机关提供科学的决策依据。例如,在案件定性、量刑建议等方面,系统可以通过对历史案例的深度学习,为检察机关提供智能化的参考意见。同时,通过实时监测和动态分析,系统还可以帮助检察机关预测案件趋势,为政策制定和资源配置提供数据支持。

实现智能化检察监督与决策支持的路径主要包括以下几个步骤:首先,需要建立完善的数据采集、存储和处理机制,确保数据的准确性和时效性。其次,利用先进的人工智能技术,如深度学习、自然语言处理等,对数据进行深度挖掘和分析。最后,通过可视化的方式展示分析结果,为检察机关提供直观、便捷的决策支持。

智能化检察监督与决策支持的实现并非一蹴而就,而是需要不断的迭代和优化。随着技术的不断进步和数据的日益丰富,智能化系统的性能和准确性将得到进一步提升。同时,检察机关也需要加强对智能化技术的了解和应用能力,以便更好地利用这些技术为检察工作服务。[1] 在未来,随着人工智能技术的不断发展和完善,智能化检察监督与决策支持将成为检察机关不可或缺的重要工具。通过充分发挥人工智能的优势,检察机关将能够更高效地履行职责,维护社会公平正义。

---

[1] 参见李铭:《关于检察技术部门与其他业务部门协作办案的调研报告》,载《法制与社会》2014 年第 30 期。

第四章
人工智能重塑社会治理

Chapter
4

党的二十届三中全会提出"健全社会治理体系",强调"完善共建共治共享的社会治理制度"。社会治理创新是国家治理现代化的重要体现,检察机关是法律监督机关,同时也是社会稳定的保障力量、社会发展的建设力量,依托司法办案促进社会治理创新,是检察机关助力国家治理体系和治理能力现代化的重要举措。[1] 这就要求检察机关不仅要依法办案,还要将办案职能向社会治理领域延伸,注重创新社会治理方式,力求标本兼治。检察机关应当在参与社会治理过程中准确把握角色定位。

第一,检察机关是公平正义的维护者。检察机关是国家法律监督机关,具有审查起诉、侦查监督、审判监督、监管场所监督和公益诉讼监督等法定职能,这些职能是维护社会公平正义、预防和减少违法犯罪的重要手段。一方面,检察机关在案件办理过程中负责准确查明犯罪事实,依法适用法律,保证实体正义和程序正义;另一方面,通过履行法律监督职能,确保公权力沿着法治轨道运行,推动法治建设进程,为公平正义营造法治环境。同时,检察机关积极利用新媒体等渠道,通过加强检务公开、推进阳光检务等措施,使人民群众更加了解检察工作,确保公平正义以看得见的方式被实现。

第二,检察机关是民生福祉的保障者。检察机关是公共利益的守护者、民生利益的守门人。检察机关在参与社会治理时,坚持以人民为中心,努力解决人民群众最关心、最突出的问题。检察机关通过全面履行法律监督职责,坚决打击各类侵害民生利益的犯罪行为,特别是在食品安全、环境保护、社会保障等关键领域,确保人民群众的生命财产安全不受侵害。通过积极参与社会治理,推动相关部门完善监管机制,强化制度执行,从源头上预防和减少民生问题的发生。通过加强普法宣传和教育,提高人民群众的法治意识和法律素养,引导人民群众依法维权,共同营造和谐稳定的社会环境。

第三,检察机关是源头治理的推动者。社会治理是一个复杂的系统工程,涉及多个领域和层面。社会治理不仅需要处理传统的社会问题,如自然灾害、传染病防治和贫困问题等,还需要应对新的社会矛盾和问

---

[1] 参见王渊:《以检察建议释放提升社会治理效能》,载《检察日报》2022 年 11 月 7 日,第 3 版。

题,如贫富分化、环境恶化和舆情传播等。这些问题的多样性和复杂性随着社会的发展和社会转型不断加速,使得社会治理成为最复杂的组织管理问题之一。① 检察机关通过高质效的检察建议,推动更深层次的源头治理。检察机关积极探索人工智能、数字技术在社会治理中的应用,建立法律监督模型,运用大数据、区块链等技术推进信息化、智能化建设。通过数字赋能,检察机关能够更高效地发现和解决社会治理中的问题。此外,检察机关通过加强与其他机关单位的协作,形成执法、司法合力。通过建立磋商反馈机制和跟踪监督机制,检察机关能够更好地参与社会治理,实现社会治理效能的最大化。

第一节 人工智能推动检察机关参与社会治理的价值

一、提升法律监督效能

检察机关作为法律监督机关,承担着维护法律尊严和公平正义的重要职责。人工智能技术,特别是大语言模型技术,具有强大的自然语言生成及理解能力,能够对与特定事件相关的各种信息进行智能化挖掘和整理,并实现结果的可视化,帮助办案人员快速有效发现监督线索。大语言模型还能对多源数据进行精准、高效处理,为检察机关开展工作提供准确的数据支持。通过数据分析,检察机关可以更加深入地了解社会治理中存在的问题和发展趋势,为制定更加有效的治理策略提供依据。借助大数据和人工智能技术,检察机关可以构建预测性法律监督模式,化被动为主动,依靠大数据和人工智能技术主动获悉已经发生或将要发生的案件线索,由此主动介入展开工作从而预防危害后果扩大。

二、优化社会治理方式

社会治理是一个复杂而庞大的系统工程,需要各种力量的协同参

---

① 参见范如国:《复杂网络结构范型下的社会治理协同创新》,载《中国社会科学》2014年第4期。

与。① 人工智能技术通过对数据的归集、分析、输出,可以辅助检察机关更加精准地进行风险防控,使检察机关制定更加科学合理的社会治理政策。例如,通过分析卫星图像和环境监测数据,自动识别环境变化和异常活动,更早发现非法排污、非法采矿等环境犯罪行为;通过排查交通肇事等案件,增强事故高发路段的交通安全隐患提示等。同时,人工智能技术还可以帮助检察机关实现对社会治理活动的实时监控和预警,及时发现和处置潜在的社会矛盾和风险点,维护社会稳定和安全。

三、增强检察工作的公信力

人工智能技术的应用,可以推动检察机关的办案过程更加公开、透明。一方面,通过智能辅助办案系统,检察机关可以将办案流程、证据材料、法律文书等信息进行数字化管理,方便公众查询和监督。这不仅可以增强检察工作的公信力,还可以促进司法公正和廉洁。另一方面,通过人工智能技术,可以更加高效地回应人民群众的关切和诉求,如通过智能语音交互系统提供法律咨询和援助服务,通过大数据分析系统对人民群众反映强烈的问题进行深入剖析和研判等。这些举措有助于增强人民群众对检察工作的满意度和信任度。

四、回应时代诉求和人民关切

人工智能技术还可以促进检察机关与其他机关和部门之间的信息共享和协同作战,形成工作合力,共同推动社会治理体系和治理能力现代化,更好地服务民生福祉、回应时代诉求和人民关切。例如,检察机关可以利用人工智能技术加身与社会综合治理网格化管理模型的对接,将全国检察业务应用系统中的数据与社会综合治理网格化管理模型对接,对辖区内的刑事案件数据进行汇总、整合,从不同维度进行分析、对比,寻找其中蕴含的犯罪发生规律、源头治理规律,并提供对策和建议,形成刑事犯罪分析报告,定期推送至辖区党委政府。

---

① 参见范如国:《复杂网络结构范型下的社会治理协同创新》,载《中国社会科学》2014年第4期。

第二节　人工智能推动检察机关参与社会治理的具体路径

一、强化检察官主体地位，形成人机分工协同格局

在前文，我们已经详细探讨了检察机关与人工智能之间的关系定位，即"人主机辅"。检察机关应当确保检察官在工作中占据主导地位，人工智能技术则作为辅助工具，帮助检察官更高效地完成任务。在社会治理的众多领域中，我们应当更加重视并强化人机分工协同格局的构建，以增强检察机关的创新能力。通过人机分工协同，检察官可以将更多的精力集中在核心业务和深层次的复杂问题上，而人工智能则可以承担处理大量事务性工作的任务，例如，数据整理、文档生成、线索推送、风险预警等。通过这种合作模式，人类可以充分利用机器人或智能系统的高速计算能力、大规模数据分析能力和自动化执行能力，进一步提升自身的工作能力和水平。这种人机分工协同格局既能够充分发挥检察官的主观能动性，又能够充分利用人工智能的效率优势，从而实现检察机关工作效率和质量的双重提升。

二、提升技术准入门槛，确保模型的专业性

鉴于法律监督工作的高度专业性，研发适用于检察工作的人工智能模型显得尤为重要。一方面，为了确保这些模型能够胜任法律监督任务，必须赋予它们深厚的法律知识储备和强大的理解能力，以确保人工智能模型在法律监督领域中的专业性和准确性。这要求在研发模型的过程中，必须严格把关技术标准，确保模型在处理法律问题时能够达到专业律师或检察官的水平。只有这样，人工智能模型才能在实际工作中发挥其应有的作用，为法律监督工作提供有力的技术支持。另一方面，法律监督工作所涉及的对象和社会领域极为多样化，这就要求人工智能模型必须具备灵活的应用能力和强大的推理能力。人工智能模型不仅需要具备储存和检索海量法律条文和案例的能力，还必须能够深入理解这些法律条

文和案例的内容,并能够灵活地运用它们解决实际问题。人工智能模型需要能够应对各种复杂多变的法律问题,包括但不限于刑事、民事、行政等多个法律领域的问题。为了实现这一目标,研发团队需要在模型的设计和训练过程中,不断优化算法,提升模型的推理和判断能力。最高人民法院在该方面已经作出了有益探索,其于2024年11月15日正式发布了"法信法律基座大模型",这是国内首个国家级法律人工智能基础设施,旨在推动大数据、人工智能等科技创新成果与司法工作的深度融合,助力法治中国建设。

三、推动数字检察智能化,实现类案监督与系统治理

浙江检察机关开创了数字检察"个案办理—类案监督—系统治理"的工作经验,使检察监督实现了质的飞跃,人工智能技术进一步推动了数字检察自动化和智能化水平。人工智能模型具备强大的文本、数据、图像分析及推理能力,检察机关利用该特点总结类案中的共同要素,开展类案监督,提升社会治理效能。但是,人工智能发挥作用必须依赖于调试,为了适应法律监督工作的需要,人工智能模型需要不断学习和优化。应考虑引入机器学习算法,使模型能够自主学习和适应法律环境的演变,从而在法律监督工作中发挥更大的作用。通过扩大模型的学习体量,可以提高模型处理复杂法律问题的能力和效率。人工智能学习的内容之一就是数字检察所收集的数据,检察机关应充分利用数字检察建设期间积累的数据池,尤其是检察机关内部的数据,将其转化为模型学习训练的数据素材。[①] 此外,还应确保及时更新数据,以不断提高模型与发展中的法律监督工作的适配性。为此,可以建立一个动态的数据更新机制,通过定期审查和分析法律法规的最新变化,确保模型能够及时吸收新的信息。

四、关注数据安全和个人信息保护

在利用人工智能推动检察机关参与社会治理的过程中,必须高度关

[①] 参见曲立新:《找准深化实施数字检察战略的有力抓手》,载《检察日报》2024年3月27日,第11版。

注数据安全和个人信息保护问题,检察机关应采取措施确保数据的安全性和隐私性。如使用区块链技术进行数据隐私计算,以"原始数据不出域、数据可用不可见"的方式共享利用外部数据。① 例如,对个人信息进行匿名化处理,以保护个人隐私不受侵犯。检察机关在运用人工智能技术时,还应建立严格的数据访问和使用权限控制机制,确保只有授权人员才能访问敏感数据。同时,应定期对数据处理系统进行安全审计,及时发现并修补潜在的安全漏洞。在技术层面,可以采用先进的加密算法和访问控制策略,以增强数据存储和传输过程中的安全性。通过这些综合措施,检察机关不仅能够有效利用人工智能技术提高工作效率,还能确保在参与社会治理的过程中,使数据安全和个人隐私得到充分的尊重和保护。

第三节　人工智能重塑社会治理检察建议

检察建议是检察机关在法律监督实践中探索出的一项重要法律监督方式,制发检察建议是检察机关参与社会治理的重要路径。2024年3月8日,最高人民检察院检察长应勇在第十四届全国人民代表大会第二次会议上作的最高人民检察院工作报告指出,2023年,检察机关坚持标本兼治,结合履职办案发出检察建议3.9万份。最高人民检察院分别向国家粮食和物资储备局、中储粮集团公司发出第九号、十号检察建议,防治职务犯罪,共护粮食安全;针对养老机构内侵犯老年人人身权利问题,向民政部发出第十一号检察建议,促进强化监管。②

检察机关的检察建议从最初的参与社会治安综合治理措施,逐步发展至用以纠正违法、启动再审和作为行政公益诉讼的前置程序,其内涵和功能不断丰富拓展。随着检察职能的拓展和实践的发展,特别是2018年

---

① 参见《中共中央、国务院关于构建数据基础制度更好发挥数据要素作用的意见》。
② 参见徐日丹:《2023年检察机关发出检察建议3.9万份》,载最高人民检察院网(网址:https://www.spp.gov.cn/spp/2024qglh/202403/t20240308_648110.shtml),访问日期:2024年10月15日。

修订后的《人民检察院组织法》以立法形式将检察建议确立为检察机关依法履行法律监督职责的重要方式,检察机关秉持"能动司法""双赢多赢共赢""治罪与治理并重"等理念,积极运用检察建议以"我管"促"都管",在维护社会公平正义,保护人民群众合法权益,推进国家治理体系和治理能力现代化方面发挥了独特作用。[①] 例如,最高人民检察院围绕校园安全、金融监管等问题发出的检察建议,有效推动了相关领域的治理。人工智能技术的应用为检察建议的制发与跟进监督注入了新的活力,能够显著提升检察监督的效能和精准度,重塑检察建议工作。

一、智能分析数据,精准研判线索

检察机关在履行法律监督职能时,往往需要面对海量的案件数据和社会治理信息。传统的人工分析方式不仅效率低下,而且难以全面、深入地挖掘数据背后的规律和问题。而人工智能技术的应用,则能够通过大数据分析和机器学习算法,对案件数据、社会治理信息等进行智能分析,帮助检察机关快速、准确地识别出社会治理中的薄弱环节和潜在风险。这种精准研判的能力,为检察机关制发有针对性的检察建议提供了有力的数据支撑。例如,江苏省南通市通州区人民检察院通过搭建"监管'双违'检察 AI 平台",实现了对监控画面内人、物、事的准确识别,并同步投射到一体可视化大屏。该平台自上线以来,对发现的监管问题向监管场所制发纠正违法通知书和检察建议,均获采纳。这一案例充分展示了人工智能技术在提升检察监督精准度方面的显著成效。

二、智能生成文书,提高工作质效

生成式人工智能技术在检察建议制发中的应用,为检察机关带来了前所未有的强大辅助工具。通过运用自然语言处理技术和深度学习算法,人工智能技术可以自动生成符合法律规范和逻辑要求的检察建议。

[①] 参见王渊:《以检察建议释放提升社会治理效能》,载《检察日报》2022 年 11 月 7 日,第 3 版。

此种应用不仅显著提高了检察建议的工作效率和准确性,还确保了检察建议的针对性和可操作性。此外,人工智能技术还可以根据检察建议的执行情况,进行智能跟踪和评估,为检察机关提供实时反馈和改进建议,进一步提升了检察监督的效能。具体来讲,人工智能技术可以分析海量的法律文书和案例,并从中提取出关键信息和法律依据,从而生成高质量的检察建议。这些建议不仅符合法律规定,还能够针对具体案件的实际情况,提出切实可行的解决方案。通过这种方式,检察机关能够更加高效地处理案件,减少人为错误,提高办案质量。同时,人工智能技术还具备学习和自我优化的能力。随着越来越多的检察建议被制发和执行,人工智能技术能够不断积累经验,优化生成的检察建议内容。这使得检察建议的质量随着时间的推移而不断提升,进一步提升了检察机关的工作效果。总之,生成式人工智能技术在检察建议制发中的应用,为检察机关提供了强大的技术支持,极大地提升了工作效率和办案质量。通过不断优化和自我学习,人工智能技术在检察监督中的作用将越来越重要,为检察机关的工作带来更多的便利和创新。

三、智能检索匹配,促进协同共治

人工智能技术在社会治理检察建议中的应用,不仅限于传统的数据分析和处理,还进一步扩展至智能匹配和协同治理的层面。通过构建一个智能化的社会治理信息平台,检察机关能够与其他政府部门、社会组织以及其他相关机构实现高效的信息共享和协同工作。该平台利用人工智能技术,能够根据案件的具体类型、问题的性质以及其他关键因素,智能匹配和推荐相关的法律法规、政策文件以及具有参考价值的典型案例。如此一来,检察机关在制发检察建议时,能够获得更加全面和精准的参考依据,从而提高建议的针对性和有效性。一方面,这种智能化的分析和建议能力能够帮助检察机关及时调整和优化检察建议,也能为其他参与社会治理的部门提供有力的支持和指导。另一方面,其智能匹配和协同治理的能力,极大地促进了多方参与社会治理的良好局面。通过智能化的社会治理信息平台,不同部门和社会组织之间的信息壁垒被打破,实现了资源和信息的高效流通。这不仅有助于提高社会治理的效率和效果,还能够推动整个社会治理体系的完善和治理能力的显著提升。

四、智能监督跟进,确保工作实效

人工智能技术的应用,为检察机关提供了智能监督的手段。通过构建智能化的监督系统,检察机关可以对检察建议的执行情况进行实时跟踪和监督,确保检察建议得到有效落实。传统模式中,检察机关针对个案进行审查判断,并对其中存在的违法情形制发具有针对性的检察建议,一定程度上实现了诉讼监督职能,但针对个案制发的检察建议存在时效性较弱和影响面较窄的缺陷,难以通过个案实现诉源治理的理想社会效应。数字化改革进程中,检察机关借力大数据、人工智能技术等新兴工具,从被动监督转为依据数据的主动监督。以浙江省绍兴市人民检察院为例,在数字检察的引领下,针对民事智慧系统筛选出的类案监督初步线索,形成了"人机结合"的类案监督模式,检察机关通过"初步审查+深入调查+引导侦查"等方式,强化制发检察建议的类案监督效能,并提升了其发挥法律监督职能的主动性。[①] 此外,人工智能还可以通过数据分析和挖掘技术,发现社会治理中的普遍性问题和深层次矛盾,为检察机关提出更加全面、深入的检察建议提供参考依据。这种智能监督的方式,有助于推动检察监督从个案监督向类案监督、从事后监督向事前预防的转变,进一步提升检察监督的效能和水平。

综上所述,人工智能技术在社会治理检察建议中的应用具有显著的优势和潜力。通过智能分析数据、智能生成文书、智能检索匹配、智能监督跟进等手段,人工智能可以显著提升检察建议的精准度、高效性和影响力,推动检察监督工作的现代化和智能化发展。未来,随着人工智能技术的不断发展和完善,其在社会治理检察建议中的应用前景将更加广阔。检察机关应继续深化人工智能技术的应用研究和实践探索,推动人工智能技术与检察工作的深度融合和创新发展,为构建更加完善的社会治理体系提供有力支撑和保障。

---

① 参见孙玥:《数字时代检察建议制度的完善路径探求》,载《法学》2023 年第 5 期。

第四节　人工智能重塑检察公共服务

人工智能技术的融合与创新正逐步成为推动检察工作高质量发展的重要引擎。在检察机关参与社会治理的背景下,人工智能技术的引入不仅提高了办案效率,还显著提升了检察机关的公共服务水平。以下将详细探讨人工智能技术在提升检察机关公共服务水平中的具体应用与成效。

一、智能接听与分流,提升来访处理效率

检察机关承担着大量的来访接待工作,包括接听电话、处理信件等。通过引入人工智能技术,检察机关能够实现自动接听来访电话、智能处理信件以及自动判断分流等功能。这不仅大幅减轻了检察人员的工作压力,还提高了来访处理的效率和质量。人工智能系统能够迅速识别来访者的需求,将其引领至相应的部门或人员,确保问题得到及时、有效的解决。比如,打造 AI 数字人虚拟主播,以检察干警为原型,依托人工智能技术捕捉真人的动作神态,提取真人的语音,通过合成语音驱动数字人的表情,智能生成内容。数字人主播可在 12309 检察服务中心、听证室、信访室等应用场景逐步上线,积极开展普法宣传,及时播报检察动态,提供更直观的法律知识和检察信息。

二、智慧检务建设,提升检察工作公信力

智慧检务是检察机关运用现代科技手段提升工作效率和公共服务水平的重要举措。通过人工智能技术,检察机关能够推动全流程在线办案,实现执法司法活动的全流程、智能化管控。这不仅提高了办案的透明度,还增强了监督的有效性。同时,人工智能技术的应用也促进了跨部门大数据平台的建设,实现了数据共享和互联互通,提升了法律监督的整体能力。智慧检务的应用,意味着检察机关能够通过大数据分析,对案件进

行预测和风险评估,从而提前介入,有效预防和减少犯罪行为。此外,智能语音识别和自然语言处理技术的应用,使得案件信息的录入和处理更加高效,减轻了工作人员的负担,提高了工作效率。智慧检务的推进,也促使检察机关在法律服务上更加人性化,通过智能咨询、在线预约等服务,使公众能够更加便捷地获取法律帮助,提升了检察机关的社会形象和公众满意度。

三、定制化服务,积极回应群众诉求

检察机关引入智能体,如"智谱清言"等,通过大语言模型架构定制智能小程序,并引入官方微信公众号,畅通网上信访渠道。群众可以通过与人工智能对话获悉检察机关的职能、案件办理规定等具体内容,方便群众提前了解检察服务,更快捷、准确地表达诉求,实现"让数据多跑路,让群众少跑腿"的便捷信访服务新模式。人工智能技术还能够结合大语言模型优化宣传稿件,创作漫画、歌曲等宣传作品,提升检察宣传的质效。这不仅提高了检察机关的工作效率,还增强了公众对检察工作的认知和信任。检察机关通过利用智能体进行案件信息的初步筛选和分类,减轻了工作人员的负担,提高了案件处理的效率。通过智能体的辅助,工作人员能够更快响应群众的诉求,同时确保信息的准确性和一致性。此外,智能体还能够提供24小时不间断的服务,无论群众何时有需要,都能够得到及时的回应和帮助。这种创新的服务模式,不仅提升了检察机关的公信力,也极大地优化了群众的办事体验。

四、智能治理探索,广泛拓展应用场景

人工智能技术在社会治理现代化中的应用涵盖了公共服务、公共安全、基层治理等多个领域。检察机关通过探索智能治理的新模式,能够进一步提升社会治理水平。例如,通过开发适用于政府服务和决策的人工智能系统,检察机关能够辅助政府进行更科学、更精细的决策,提高公共服务的质量和效率。人工智能技术还能够促进万物互联嵌入式治理的发展,加快数智社会治理效能的提升。在公共安全领域,人工智能技术的应用可以显著增强风险预警和应急响应能力。通

过大数据分析和模式识别,人工智能系统能够实时监控社会安全风险,预测并及时发现潜在的犯罪行为,从而为执法部门提供有力的技术支持。此外,人工智能技术在基层治理中的应用,如智能社区管理,可以提高居民的生活质量;通过智能分析居民需求,优化资源配置,可以实现社区服务的个性化和精准化。这些应用不仅提升了治理效率,也增强了公众对社会治理现代化的满意度和参与度。

综上所述,人工智能技术在提升检察机关的公共服务水平中发挥着重要作用。通过引入人工智能技术,检察机关能够实现更高效、更精准、更智能的办案和公共服务,为人民群众提供更加优质的法律服务和保障。未来,随着人工智能技术的不断发展和创新应用,检察机关的公共服务水平将得到进一步提升。

第五节 人工智能重塑其他检察治理

一、参与海洋治理

人工智能技术在推动检察机关参与海洋治理中的应用前景广阔,通过智能监测与数据功能分析、大数据法律监督、智能决策支持、智能服务拓展等多个功能,可以为海洋治理提供有力支持。

(一)智能监测与数据分析

(1)实时监测海洋污染。通过搭载算法的无人机、卫星遥感等设备,实时监测海洋污染情况,精确掌握污染源、污染范围和程度。例如,无人机可以通过下降到水面以下高空的角度,实现对珊瑚礁、海底沉积物、海域气候等信息的全方位观测,及时发现和处理环境问题。

(2)数据分析与预测。利用人工智能技术,对海洋的水质数据进行分析,预测污染趋势,提前采取预防措施。例如,卷积神经网络可用于识别海洋污染物,递归神经网络可预测海洋污染物的浓度变化。

(二) 大数据法律监督

构建非法占用海岸线类案法律监督模型等,运用大数据和人工智能技术,对海洋治理中的违法行为进行批量发现、线索研判和跟进监督。例如,福建省平潭综合实验区人民检察院通过"大数据+人工智能技术"开发的监督模型,成功破解了海洋治理中线索发现难、研判难等问题,有效拓宽了数据的来源渠道,推动了对非法占用海岸线等违法行为的有效治理。

(三) 智能决策支持

(1) 优化渔业资源管理。通过分析渔获量、鱼类分布和生长模式等数据,制定科学的捕捞计划,防止过度捕捞,维持海洋生态平衡。例如,利用人工智能技术优化渔业资源管理,确保鱼类种群的可持续发展。

(2) 制定海洋保护政策。通过人工智能技术对海洋生态系统进行模拟和分析,识别出关键区域和脆弱环节,为制定有针对性的保护和恢复措施提供科学依据。例如,通过数据分析识别海洋生态系统的关键区域,制定科学的海洋保护政策。

(四) 智能服务拓展

(1) 提升公众环保意识。利用人工智能技术制作生动有趣的宣传视频、互动游戏等,提升公众对海洋污染、海洋生态保护的认识和参与度。例如,通过算法分析公众的环保意识现状,为宣传教育工作提供数据支持。

(2) 智能咨询与服务。在线上创新引入"智谱清言"等智能工具,为群众提供实时海洋治理相关的检察咨询服务,提升服务效率和满意度。

二、参与金融监管

人工智能技术具有强大的数据处理和分析能力,能够高效处理海量的金融数据,从中挖掘出潜在的风险点和违规行为。该能力使得检察机关在金融监管中能够更加精准地定位问题,提高监管的效率和准确性。

(一)智能监控与预警

检察机关可以利用人工智能技术建立智能监控系统,对金融机构的交易数据进行实时监测和分析。通过设定预警规则,系统能够自动识别出异常交易和可疑行为,及时发出预警信号,为检察机关提供线索和证据。

(二)智能分析与辅助决策

人工智能技术可以对金融机构的运营数据进行深度分析,帮助检察机关了解金融机构的风险状况、合规情况等信息。这些信息为检察机关制定监管策略、开展专项检查等提供了有力支持。同时,人工智能技术还可以辅助检察机关进行案件调查和分析,提高办案效率和准确性。

(三)智能合规审查

检察机关可以利用人工智能技术建立合规审查系统,对金融机构的合规文件、交易合同等进行自动审查。通过自然语言处理和机器学习等技术,系统能够自动识别出合规风险点,并提出改进建议,帮助金融机构提高合规水平。

三、推动古村落保护

人工智能技术在推动检察机关参与古村落保护方面的应用具有广阔前景和巨大潜力。通过智能监测与数据分析、智能辅助办案与法律监督、智能决策支持、智能宣传与教育等多个功能,人工智能技术将为古村落保护提供更加全面、高效和精准的支持。

(一)智能监测与数据分析

(1)无人机与遥感技术应用。检察机关可以利用无人机搭载高清摄像机和遥感设备,对古村落及其周边环境进行实时监测,及时发现并记录古村落保护中的违法违规行为,如非法建设、环境污染等。对通过无人机航拍和遥感技术收集的数据,可以进一步利用人工智能算法进行分析,评估古村落的保护状况,预测潜在的风险和问题。

(2)智能识别与分类。利用人工智能的图像识别和分类技术,对古村落中的文化遗产进行自动识别和分类,提高保护工作的准确性和效率。通过对监控视频和图像的智能分析,识别出破坏古村落文化遗产的行为,为检察机关提供线索和证据。

(二)智能辅助办案与法律监督

(1)证据收集与处理。在古村落保护案件中,检察机关可以利用人工智能技术辅助收集、整理和分析证据,提高办案效率和准确性。

(2)构建监督模型。检察机关可以构建针对古村落保护的法律监督模型,利用人工智能算法对古村落保护的政策、法规的执行情况进行实时监测和评估。例如,在安徽省歙县,检察机关联合县住建局,利用大数据和人工智能技术,开发了传统村落风貌保护大数据监督平台。该平台集卫星图片数据整合、对比筛查、定位导航、图片上传以及报告生成等多个功能于一体,能够自动筛查出疑似破坏风貌的案件线索,为检察机关提供了高效的监督手段。

(3)案件预测与风险预警。通过分析历史案件的数据,利用人工智能算法预测潜在的古村落保护案件,评估案件的风险和影响。当发现政策、法规执行不到位或存在违法违规行为时,模型能够及时发出预警和提醒,帮助检察机关及时介入并采取措施。

(三)智能决策支持

(1)制定保护方案。利用人工智能技术对古村落保护的相关数据进行分析,为检察机关制定科学合理的保护方案提供数据支持。通过模拟不同保护方案的效果,预测其对古村落保护的影响,帮助检察机关选择最优方案。

(2)资源优化配置。根据古村落保护的需求和实际情况,利用人工智能算法提出资源优化配置的建议,确保保护工作的顺利进行。对保护工作的实施效果进行评估,根据评估结果及时调整资源分配和保护方案。

(四) 智能宣传与教育

(1) 智能宣传工具。利用人工智能和虚拟现实、增强现实技术,制作古村落保护的宣传视频,增强互动体验,提高公众对古村落保护的认识和参与度。通过社交媒体平台,利用人工智能算法进行精准推广,扩大古村落保护的影响力。

(2) 智能教育平台。开发针对古村落保护的在线课程和培训,利用人工智能算法为学习者提供个性化的学习路径和推荐。构建古村落保护的知识库和问答系统,利用人工智能算法为公众提供便捷的知识查询和解答服务。

人工智能技术在古村落保护中的应用,不仅有助于保护古村落的物质文化遗产,还有助于促进古村落文化的传承与发展。通过大数据分析和人工智能技术,检察机关可以深入挖掘古村落的文化内涵和历史价值,为古村落的保护和传承提供科学依据。同时,检察机关还可以利用人工智能技术,推动古村落文化的数字化保护和传播,让更多人了解和认识古村落的文化魅力。以安徽省歙县为例,该县是徽文化的主要发源地、重要承载地和集中展示地,拥有众多传统村落。2023年以来,歙县人民检察院在文物保护、非物质文化遗产保护领域开展了检察公益诉讼工作,并成功将人工智能技术应用于传统村落保护领域。通过构建大数据监督平台,检察机关实现了对传统村落风貌的精准监控和保护,推动了古民居的修缮和风貌整治工作,并助力完善了《歙县传统村落保护利用近中期纲要(2023—2035)》。这一案例充分展示了人工智能技术在古村落保护中的重要作用和成效。

四、推动犯罪预防

人工智能技术在检察机关犯罪预防中的应用具有显著的推动作用。首先,人工智能技术能够加强对犯罪态势的感知、认知、预测和预警,从而实现对潜在犯罪行为的提前预防。例如,通过分析视频画面中的人物行为以及结合其他关联数据,人工智能系统可以迅速查明犯罪线索,并对潜在犯罪行为进行预测。在美国电视剧《疑犯追踪》中,超级人工智能"机器"通过18张加油站收据定位到了深藏于政府内部潜在的恐怖分子Kurzweil,男主角这样描述其中的原理:"机器"发现,Kurzweil在每个双数月的第三个星期四都会去一家加油站,即便前一天已经给车加满了油。其中有三次,一辆SUV在两小时前就抵达该加油站,而这辆SUV注册在一位土耳其石油商人的妻子名下,该石油商人曾给牵涉到1994年布宜诺斯艾利斯犹太社区爆炸案的伊朗犯罪嫌疑人购买机票。通过这些关联,"机器"确定了Kurzweil的犯罪嫌疑,成功阻止了他对公共安全造成巨大的破坏。其次,人工智能技术能够带给群众"真实"的犯罪体验,使普法教育和犯罪预防效果更加明显。例如,江苏省苏州市相城区人民检察院通过虚拟现实全景技术将未成年人法治教育体验基地的真实场景搬到互联网上,让参观者随时随地通过手机即可对江苏省苏州市相城区人民检察院的各展厅进行参观,做到足不出户即可获得"法治云教育"。该院还设立虚拟现实轻罪治理体验站,进入虚拟现实驾驶舱内,参与者即可体验醉驾、毒驾的虚拟状态,"沉浸式"感受危险驾驶的风险隐患。最后,利用人工智能技术,检察机关建立了预警拦截和精准劝阻系统。例如,浙江省杭州市临平区借助"反诈智能AI宣防外呼系统",通过自动识别、分析和预警潜在的诈骗风险,并以电话语音的形式向市民发送提醒信息,有效提高了市民对诈骗风险的警觉性,降低了诈骗案件的发生率。[①]

实践与思考
案例:广东省清远市检察机关运用人工智能治理危险废物

在社会经济快速发展的当下,机动车保有量呈爆发式增长,这一趋势带动了机动车维修行业的繁荣,同时也引发了危险废物产生量的急剧攀升。在现实中,部分机动车维修企业受利益驱使,为降低运营成本,肆意处置危险废物。他们常采用现金交易的隐蔽方式,使得危险废物的处置情况陷入底数模糊、去向不明、管理混乱的困境。这不仅对生态环境构成严重威胁,也给检察机关在调查取证环节设置了重重障碍,极大地增加了

---

① 参见杜洋:《守住人工智能技术应用法治底线》,载《法治日报》2024年7月4日,第6版。

执法难度。面对这一严峻挑战，广东省清远市检察机关积极探索创新，大胆引入"人工智能＋数字检察"的全新模式，为危险废物治理领域的案件办理开辟了一条高效、精准的新路径。

一、智能体赋能数据分析，精准揪出异常企业

办案伊始，广东省清远市检察机关从生态环境部门和税务部门收集了海量的数据。然而，这些数据由于来源不同，计量单位和统计口径存在差异，这给后续的数据分析工作带来了极大的挑战。例如，在计算企业申报自用机油量时，需要对税务部门提供的进项数据和销项数据进行复杂的运算，即减去销项数据后乘以相关密度再除以1000，才能得到准确的数值。而且，全市仅机动车维修领域的数据就多达5万余条，若依靠人工逐一筛查，不仅耗时费力，还极易出现疏漏。广东省清远市检察机关自主研发了公益诉讼专门智能体。将从各部门调取的数据表格及精心设计的提示词输入智能体后，智能体便能迅速、准确地完成数据单位换算，使不同来源的数据能够在同一标准下进行比对分析。通过这一智能化手段，检察机关成功筛选出一批存在虚假申报废弃机油行为的企业。以某企业为例，其在广东省固体废物环境监管信息平台上申报的产生转移废弃机油量仅为7.1吨，而经过智能体的深度分析和精准计算，实际产生和转移量竟高达77.6吨，两者之间的差异倍数达到了约惊人的10.9倍。检察机关在掌握确凿证据后，迅速对该企业展开监督调查，依法追究其法律责任。

二、图像识别技术助力，精准认定危险废物

在办案过程中，经常会遇到企业对危险废物的认知模糊，不清楚哪些废物属于危险废物，也不了解相应的管理规范。针对这一普遍存在的问题，广东省清远市检察机关充分发挥智能体的图像识别技术优势。在现场调查时，工作人员将拍摄的固体废物照片上传至专门的智能体，并输入简洁明了的提示词，如"请识别上传照片中的固体废物是否属于危险废物"。智能体利用先进的图像识别算法和庞大的数据库资源，能够在短时间内对照片中的物品种类进行精准分析，快速判断其是否属于危险废物。这一技术的应用，为检察机关后续的调查取证工作提供了关键的证据支持，有效提升了办案效率和准确性。

三、地理定位排查，严厉打击违法行为

广东省清远市检察机关还巧妙运用智能体内置的地图服务和地理信

息系统,通过对涉案地点经纬度等关键信息的提取,结合自然资源部官网提供的永久基本农田查询平台,实现了对涉案企业地理位置的精准标注。这一创新举措使得检察机关能够高效排查出是否存在非法占用基本农田的违法行为。一旦发现违法行为,检察机关立即向生态环境部门制发公益诉讼检察建议,督促其加强对危险废物的监管力度;同时,向交通运输部门制发社会治理类检察建议,推动行业主管部门加强对机动车维修企业的管理。相关职能部门在收到检察建议后,高度重视,迅速采取多项整改措施,形成了多部门协同治理的良好局面。

思考:如何利用人工智能推动检察机关参与社会管理创新?

第五章
自动化智能化的检察管理
Chapter
5

检察管理同其他学科一样,有其理论基础、理念文化、制度方法、工具手段等知识体系。作为体系化的学问,其知识结构纵横交织,连为一体。单以科目分类为例,最基本的分类是对人的管理和对事的管理,即对检察人员的管理和对检察人员所做工作的管理。对人的管理通常称为队伍管理,可分为检察官管理、检察辅助人员管理、行政人员管理等。对事的管理又可分为检察业务管理、政务管理、党务群团工作管理等。实践中还有依据其他标准的分类方式,如按管理主体划分,有院党组、检察委员会、检察长的宏观管理和内设机构的自我管理等。检察业务管理按监督管理内容划分,有案件管理和责任管理之分。前者主要由案件管理部门实施,后者主要由检务督察部门实施。无论以何种标准划分类型,每种管理都可再细分为质量管理、效率管理、效果管理等。无论作何种科目划分,都离不开管人、管事的一体两面。数字检察战略是驱动检察管理高质量发展的关键变量,应重点解决以数字技术赋能检察管理的问题。目前数字检察的主攻方向是大数据法律监督模型,而内部监管的数字化则有待加强。建议在建立完善的检察管理自主知识体系的基础上搭建内部管理场景模型,通过数字技术将对人管理和对事管理一体部署,实现案件从进口到出口全程全员动态监管新模式,解决目前受送案件审核形式化、流程监控表面化、案件质量程式化和"管理偏科"等问题。

第一节　人工智能在检察案件管理中的应用

　　中国特色检察机关案件管理制度,是中国特色社会主义检察制度的重要组成部分。检察院案件管理主要包括三个方面:检察院党组、检察长对案件的管理,业务部门的自我管理,案件管理部门的专门管理,以上三个方面,不能相互代替,而要相互融合。案管部门是监督和服务业务部门的专门管理,通过监督个案又服务检察官,这样专门管理才能融合业务部门的条线自我管理,这才是检察院的案件管理。[①]

[①] 参见申国军:《案件管理实务精要十二讲》,中国检察出版社2023年版,第1—4页。

从最高人民检察院案件管理部门提出的案管工作的总体思路来看,案件管理工作的两大主责主业是指监督和服务。[①] 监督包括实体监督、程序监督、数据监督;服务包括服务科学决策、服务司法办案、服务诉讼参与人、服务人民群众。在实践中,因管理条件、管理能力有限,导致案件管理部门的专门管理过于形式化,没有达到管理的实质效果。因此,案件管理部门更应当以数字革命赋能法律监督,积极探索各类信息化系统,推动实现案件管理数字化、智能化,依托全国检察业务应用系统,充分、深度运用大数据、人工智能等现代化科技成果,最大限度释放数据的要素价值,建设数字案管,推动案件管理更加科学,促进检察工作更加现代化。

一、人工智能对促进检察管理高质效发展的价值

(一)做好检察管理的现实需求

完善国家治理体系是检察改革的核心目标,而人工智能旨在通过技术助力以及数据核心预测功能,协助高质效完成检察业务;通过对大量办案文书、数据的整合分析判断事情发生的概率,将这种预测功能与检察管理相结合,能够有效延展管理的范围、提前发现可能存在不规范的情形,更好地实现"防患于未然"的管理效果。例如,某检察院与公安机关拟联合推出"云取保"平台,以智能化监管平台为依托,搭载手机定位、外出报备、定位抽检等功能,运用大数据监控系统,对非羁押人员实现"云监管",进一步做好强制措施监管。

(二)促进自我革新的发展需求

增强人工智能思维,是就未来检察工作新模式的整体性、全局性、前瞻性考量,也是对当下检察工作高质量发展的系统性、关键性、创造性要求。检察机关推动人工智能发展,其目的在于对履职桎梏的突破与履职能力的提升,是检察机关自我革新的应有之义。以案件质量评查为例,案件质量评查是实现检察管理的一大措施,但是对于一些案件量多的检察院,因为人

[①] 参见申国军:《案件管理实务精要二十讲》,中国检察出版社2023年版,第1—4页。

手不足,"每案必评"是很难实现的。因此,需要借助人工智能的手段,实现案件质量评查智能化,通过设定相应的规则,使得系统能够自动评查、自动发现可能存在的问题,提高案件质量评查的效率。

(三)提升办案质效的内生需求

检察机关深入推进人工智能,其内生动力在于对司法效率及司法公正的追求,最终落脚点在于"高质效办好每一个案件"。作为司法人工智能的具体应用场景之一,数字检察的行为逻辑体现在以大数据和人工智能等新科技来提升司法质量和效率,从而实现检察机关办案质效的不断提升。数字检察实践变革应深度聚集于"高质效办好每一个案件",丰富数字化运用场景,推进检察办案智慧化建设,高效落实检察为民。持续开展平台研发和数字建模,借由工具效率的提高实现治理效果的提升,彰显工具理性与价值理性的有机统一,方能切实做到以数字赋能促进办案质效的内生需求。[1]

二、人工智能在案件质量评查工作中的应用

案件质量是检察工作的生命线,提高案件质量是检察工作的永恒主题。案件质量评查工作,是评估案件质量最直接的形式,是提高案件质量最有效的手段。根据《人民检察院案件质量评查工作规定(试行)》(以下简称《评查工作规定》)第2条,案件质量评查是指对人民检察院已经办结的案件,依照法律和有关规定,对办理质量进行检查、评定的业务管理活动。《评查工作规定》虽然明确了案件质量评查工作的基本要求、评查方式、评查程序等,为各地开展案件质量评查工作提供了指导和依据,但是随着司法责任制改革深入推进,传统的评查模式无法完全适应"四大检察""十大业务"全面协调充分发展的新要求。因此,各地检察机关主动适应新要求,立足于"检察 + 人工智能"的发展路径,积极研发并应用智能辅助系统开展评查工作。

---

[1] 参见武东方、赵康博:《数字检察战略的实践反思、逻辑基础及实践设计》,载《中国检察官》2024年第17期。

(一)智能化案件质量评查系统的构建路径

智能化评查是指运用智能化手段和方法,对传统的人工评查进行赋能,提升评查的覆盖面和精准度。智能化评查注重的是案件质量评查的工作方式,是案件评查高质效发展的必由之路,是向科技要生产力,解决人工评查费时费力的症结良方,是从多维度提升评查工作质效的有效途径。

1. 坚持信息技术和检察业务相结合,打造智能评查系统

(1)搭建平台应尽可能与全国检察业务应用系统相连接。根据检察系统目前的办案情况,超过九成的案件都是在全国检察业务应用系统进行办理,因此案件质量评查所需要的电子卷宗、法律文书、审批文书、案卡等内容均保留在业务应用系统内。如果将智能评查系统部署在全国检察业务应用系统之外,甚至部署在互联网,那么在上传评查材料时则会涉及是否泄密的问题,如将整个案件的卷宗材料、法律文书等上传至外网的智能评查系统,则可能会不符合保密要求,因此在搭建智能评查系统时,应尽可能在检察工作网,最好是与全国检察业务应用系统相连接。

(2)业务主导,构建精准评查需求。对于智能评查系统的搭建,不仅仅是案件管理部门和技术部门两家的事,更重要的是需要业务部门配合。从目前评查人员的组成来看,绝大多数检察院都是由业务部门的员额检察官开展交叉评查,因此业务部门的员额检察官是评查人员的主力。因而在搭建智能评查系统时不能跳过业务部门,其在案件质量评查工作上有丰富的经验,更能够提出相应的需求,如评查的要点、依据是什么。因此,需要择选资深检察官和精干专业力量参与系统研发设计,深入调研一线业务需求,充分收集以往评查中的痛点、难点。针对各类案件进行拆分研究和细化评查,梳理具体案件类型对应的评查规则和流程。

(3)动态调整,契合评查实际。智能评查系统最核心的部分是评查规则的创建,而评查规则亦会根据法律法规、司法政策、证据标准等的变化而随时更新和优化。为了尽可能满足案件评查的精准性,可以适当开放部分权限给固定的检察人员进行调整,比如将调整系统内评查规则的权限开放给案件管理部门的人员,案件管理部门的人员可以通过收集每次

评查后的结果,分析哪些评查规则被遗漏了,或者是已经不符合实际了,及时在系统内进行相应调整。另外,建议将系统设定为调整评查规则后即刻可以使用,而不是需要技术人员后台调整相关算法公式后才可以使用,尽可能提高工作效率。

2. 坚持程序评查和实体评查相结合,构建内容完备的评查规则

智能评查系统的关键在于设置评查规则,需集合评查人员的智慧力量,通过对法律适用、办案程序、文书制作等方面进行梳理,准确确定案件的问题焦点,形成一整套智能化评查适用规则,作为系统运行的基础。

(1)注重程序规范。对于程序评查,实现每案必评、随结随查,旨在提高办案程序的规范性。通过自动检索重要流程、关键节点下的必需文书和必填案卡等程序性事项,实现对所有办结案件的全面、常态化的监督。在搭建智能评查系统时,主要设定的公式有以下三个方面:一是案卡填录是否规范。根据全国检察业务应用系统的节点走向,设置哪些案卡项目是必须填录的,哪些案卡项目之间是相互矛盾,不能同时填录的;二是文书生成是否规范。根据案件的办理情况,设定哪些文书是必须生成的,之后通过提取后台数据,核查文书是否按时生成;三是案卡和文书是否一致。根据《全国检察业务应用系统2.0填录标准和说明》,可以设定检察官在填录某个案卡时,系统自动识别是否有相应的文书,抑或是生成相应的文书后是否有填录相应的案卡项目。比如,在评查一件一审公诉案件时,智能评查系统通过自动提取《审查起诉阶段委托辩护人、申请法律援助告知书》在系统内的生成时间,就可以判断检察官是否在受理案件后三日内告知犯罪嫌疑人权利和义务;如果这个案件进入了全案不起诉节点,也可以自动提取到对多少犯罪嫌疑人是作出不起诉决定的,同步自动核实文书卷宗内是否有对应的不起诉决定书。因此,案卡之间、案卡与文书之间的逻辑关系都可以通过设定简单的公式进行自动排查,并将可能存在程序瑕疵的案件筛选出来。

(2)坚持实体监督。在实体评查中,通过对起诉意见书、起诉书、判决书进行智能比对,重点关注案件的实体性瑕疵,旨在促进实体公正和类案研究。正如上述所说,如果能将智能评查系统与全国检察业务应用系统相连接,在开展智能化评查时,可以直接依托"全国检察业务应用系统2.0"平台的基础数据,通过光学字符识别技术(OCR)或者自然语言处理

技术进行文字识别,提取卷宗或者文书内的关键信息,再与系统预设的智能评查规则进行数据碰撞,未被触发反向条件的则自动将案件评定为"合格",触发的进入智能评查系统中的"待审核"区域,进行人工评查后再确定案件的评定等次。① 比如,实体评查中最重要的一个功能就是文书之间的比对碰撞,系统通过自然语言处理技术进行文字识别,能够自动抓取起诉意见书、起诉书、判决书的事实和综述部分,通过预设的层级逻辑对事实进行解构,按照一定的逻辑对三份文书的文本内容进行分析,梳理出层次分明的基本案件事实和认定的罪行,包括事实发生的时间、地点、次数等,方便检察官核查改变事实、诉判不一是否符合法律规定,对于文书中多次出现内容不一致的,则根据不一致的情况再具体判断案件等次。又如系统自动对讯问笔录、户籍证明等材料进行解构,对于手写签名、捺印等非文本信息,系统也能按照设定的逻辑进行查找,判定是否存在应当手写签名而未签名的情况,针对应手写签名而未签名的情况,系统会自动识别该案是否填录了侦查活动监督平台,以及是否制发了纠正违法通知书或者侦查活动监督通知书。

3. 坚持智能评查和人工评查相结合,形成优势互补的评查格局

传统评查模式要实现智能化,必须对评查流程进行优化设置,增添智能化的定位锚点,并根据评查案件的具体情况匹配相应的评查流程。

(1)评查的启动方式。以常规抽查为例,传统的启动方式为案件管理部门在每年的10月、11月在全院范围内开展常规抽查,基本上一年开展一次,这种启动方式会造成一年的案件集中在一次,因而评查工作量大;如果选取的案件比例小,则又达不到通过评查审查案件办理质量的效果。因此,智能化在评查的启动方式上需要作相应的调整,实现案件时结时评的自动模式,也应可与其他业务系统对接。通过智能化筛选规则,随时启动重点、专项等评查活动,实现一键筛选评查案件。比如案件在全国检察业务应用系统内办结并点击了流程结束后,这个案件会在三日内自动转入智能评查系统内开展评查,真正做到"每案必评"的工作要求。

(2)评查程序选择多样性。为较好适配智能化评查快速响应、便捷操

---

① 参见马昆:《检察机关案件质量智能化评查的路径研究——以江苏省昆山市人民检察院为实践样本》,载《中国检察官》2023年第12期。

作的特性,可通过设置不同的评查程序,如重点评查、简化评查、快速评查等多种评查程序,对评查案件进行繁简分流,突出要点。如对于重点评查,系统通过自动识别文书、案卡等内容,发现存在捕后不诉、撤回起诉、判处免予刑事处罚、无罪等案件时,在案件办结后自动跳转到智能评查系统开展重点评查。评查规则根据每个类型进行设定,对于捕后不诉重点提取审查报告中是否有羁押必要性的说理,卷宗、文书中是否有提到谅解等可能无社会危险性不需要批捕的文字描述等,对案件进行初评,锁定案件质量可能存在的问题,提示评查员抓住评查提示要点开展精评或简评,从而减轻评查工作量,提升评查的针对性。常规抽查则简化了流程,以智能化评查为主,辅以人工核查以检验校正评查规则的大规模适用,较重点评查减少了人工介入的频次,适用于较为成熟的评查规则。[①] 同时,在一定时间段内自动汇总一次已结束评查的问题清单、出具评查报告、进行统计分析,充分发挥智能评查快而不错、忙而不乱的突出优势,为案件评查模式的革新和质效跃升提供强大助力。

(二)智能化案件质量评查系统的预期效果

(1)立足每案必评,实现评查案件全覆盖。在传统的案件评查过程中,因为"案多人少"的矛盾,对于案件抽取比例一般都是采取最低值5%,这就导致有将近95%的案件都未被评查,尽管经过评查后会形成评查报告,但是因为评查案件的基数小,评查报告往往不能真实地反映出某个地区案件办理的质量。因此,智能化评查是落实"每案必评"的第一步,将所有类型的案件纳入每案必评,范围覆盖"四大检察""十大业务",将案件评查作为案件归档前的必经程序,切实做到应评尽评、真评实评,大幅扩大了评查覆盖面。如某些科技公司自主研发的智能案件评查系统,运用"大数据+人工智能"的先进技术,通过智能化、信息化工具,帮助检察机关从个案评查到每案必评,覆盖程序性评查、三书比对实体评查等。

(2)立足统一标准,提升案件评查精准性。传统的案件质量评查存在的一个大问题就是评查标准不统一,极易出现同案不同评的结果。智能

---

① 参见姚志文:《案件质量智能化评查模式探析》,载《中国检察官》2023年第21期。

化评查系统内有一个强大的评查规则库,这个规则库是业务部门经过仔细、认真研讨形成的适合某个检察院或者某个地区的统一规则,通过将这样统一的规则嵌入智能评查系统内,则可以统一评查标准。同时,以问题反查个案,将评查中曾出现过的问题进行记录统计,梳理汇总突出、易错问题并补充增加到评查规则中,全面涵盖已有问题点位,防范类似问题重复发生,不断丰富完善评查问题数据库。如浙江省绍兴市越城区人民检察院自主研发了"慧眼鉴案"评查智能辅助系统,系统能为评查员自动完成比对、初评工作,给出相应的提示,评查员再通过这些提示,有针对性地评查案件。同时,该系统还设置了150余条评查规则,在实际操作中,系统会自动提示触发规则的情况,分为"办案效果、法律适用、诉判不一、司法责任制、办案人员违纪违法、办案程序、办案效率、事实认定、证据采信、文书相关"等10个类别提示,并根据触发的规则和等级,提示评查员开展精评或简评。

(3)立足统计分析,提高案件评查结果运用。智能评查系统可以设定研判数据看板,通过多维度、多层级的数据挖掘和统计分析,系统能够自动抽取检察官、部门、全院三个层面的数据图谱,以图文并茂的方式形象勾勒出三级画像,可视化呈现一定时期内从承办人到承办部门再到某一地区评查案件的分布情形,为精准把控评查问题提供较为全面的数据支撑。如湖北省武汉市武昌区人民检察院自主研发的"案件质量评查智能辅助系统",就是以程序评查、实体评查、自定义专项监督、评查"三级画像"为特色,借助数字赋能,运用大数据、智能化的分析技术,坚持程序与实体并重、智能与人工结合,能够有效解决以往人工评查中覆盖面窄、效率低下、标准不一的不足,大幅降低案件评查花费的时间、人力和物力成本,提高评查效率和效果,以高质效评好每一个案件助力高质效管好每一个案件,进而促进"高质效办好每一个案件"。①

---

① 参见赵慧、王丽丽:《案件质量评查智能化:价值遵循和路径探索》,载数字检察微信公众号(网址:https://mp.weixin.qq.com/s/_xi8gu7dfLUH5qngunTF4g),访问日期:2024年7月15日。

二、人工智能在案件流程监控工作中的应用

《人民检察院案件流程监控工作规定(试行)》第 2 条规定,本规定所称案件流程监控,是指对人民检察院正在受理或者办理的案件(包括对控告、举报、申诉、国家赔偿申请材料的处理活动),依照法律规定和相关司法解释、规范性文件等,对办理程序是否合法、规范、及时、完备,进行实时、动态的监督、提示、防控。因此,流程监控是通过对所有办案环节设置相应的监控规则进行动态监测,在承办检察官对案件作出处理决定前,从流程监控中发现不符合办案规程的案件,由流程监控者向案件承办人发出实时警示信息,提醒案件承办人对预警信息进行分析研判并及时纠错,从而实现对办案中可能出现的程序性问题和瑕疵进行前置化预防。

目前,尽管在全国检察业务应用系统上线了流程监控模块,但是在运行过程中发现存在监控规则较少,且监控不准确的问题,因此当前仍然是以人工监控为主,监控只能针对少量案件的部分诉讼环节开展,无法实现对各类案件、各个诉讼环节的监管全覆盖。因此,针对当前流程监控工作面临的新形势、新任务以及实现监控规则智能化中遇到的问题,应当探索监控规则智能化的可行性以及实现的具体路径,加速实现对"四大检察"领域各类案件办案程序的及时、全面、实时、动态监督。

(一)智能化流程监控系统的构建路径

建设智能化的流程监控系统,需要对办案环节设置明确的指引和预警功能,对法律适用、办理期限、业务流程等进行自动提醒,及时自动汇总、梳理、反馈司法不规范的突出问题。目前流程监控工作中遇到的问题主要是覆盖面窄、智能化不足等,因此,从数字检察的发展趋势,以及流程监控的现实需求来看,推进流程监控工作智能化是非常有必要的。

1. 智能化系统的搭建

为更好地发挥流程监控工作智能化的作用,智能化流程监控系统的搭建主要有两种选择:

(1)将智能化的功能嵌入全国检察业务应用系统,因为流程监控是指事前、事中监控,将该功能嵌入到业务应用系统内,能够在办案过程中进

行实时提示,充分发挥人工智能等科技手段对案卡、文书、证据的指引、规范、审查、判断功能。在可能存在或者已经发生不规范的情况时,全国检察业务应用系统通过明显的弹窗提醒,甚至设置禁止进入下一流程节点的限制,让有瑕疵的案件无法进入下一个环节。

(2)在检察工作网搭建并形成一个独立的智能化流程监控系统,这种方式则需要建立本地数据中心,通过机器人流程自动化(RPA)技术自动获取全国检察业务应用系统中的各项案卡数据,实现检察办案海量数据自动本地化;检察机关以外的数据,如中国裁判文书网公开的相关判决、裁定文书,通过内嵌 Python 平台程序,预设相关规则,实现自动抓取;获取的数据会经过预设的规则进行解析、归类,存储至本地数据库(MySQL,支持国产数据库)中,系统内预设好需要的字段,使用时通过前台指令从本地数据库调用对应的字段数据信息。如河南省安阳市人民检察院研发的"个案全流程监管平台"就是通过该种技术搭建的。

2. 智能化监控规则的设置

流程监控工作智能化的关键环节是监控规则的智能化,而监控规则的智能化又对业务规则本身的统一性、规范性、可行性提出了更高要求。

(1)监控规则的依据。近几年,最高人民检察院相继印发了刑事案件、民事案件、行政案件、公益诉讼案件办理的监控要点,共整理出了 552 个监控要点,这些监控要点是流程监控的重要工作指引,为进一步转化为监控规则奠定了基础。一方面,这些监控要点的内容主要包含办案程序是否合法规范,并不涉及案件实体和主观判断,易于通过智能化手段发现问题。另一方面,在全国检察业务应用系统中,办案程序主要是通过流程节点、文书制作和案卡信息予以记载,相关数据可以被计算机语言识别和判断,也为监控规则的智能化转化提供了良好的数据基础。

(2)监控规则的解析。通过与技术部门共同对上述 552 个监控要点进行分析,大部分的监控要点可被解构转化为计算机可识别的智能化监控规则,在自主研发的流程监控智能预警系统中落地运行。如监察委员会移送的一审公诉案件,检察院决定逮捕的,应当在 24 小时以内通知犯罪嫌疑人家属。这条监控要点则可以被解析为《逮捕决定书》生成后 24 小时以内是否继续生成了《逮捕通知书》,以及是否上传了家属签收文书的回执或邮寄文书的快递单,以此判断是否已按规定履行告知义务。①

(3)监控规则的转化。计算机运行的基础是代码而非文字,因此,需要借助系统中的可用数据将监控规则转化为计算机可识别、可判断的语言。全国检察业务应用系统内包含案件的文书、案件信息等所有内容,我们可以将这些数据通过监控规则转化为计算机可识别、可判断的语言。

①文书与案卡、节点的内在逻辑关联。通过识别进入某个流程节点,或者填录某个案卡需要制定的某份文书,其实目前的全国检察业务应用系统也有这个功能,但是因为节点文书设置的相对较少,没有达到流程监控的目的。如职务犯罪案件收到一审判决后,应当在 2 日内报送上一级人民检察院,可以将判决罪名和收到判决的日期相关联,一旦判决罪名为职务犯罪案件,将自动识别收到判决的日期,并在 2 日内进行弹窗提醒,及时上报上一级人民检察院。②

②线上文书与线下文书的关联。某份文书在入卷后,按照监控规则设定的时间,要求检察院在限定时间内上传实际的办案文书,确保线上生成文书,线下也实际履行办案程序。因此,流程监控工作智能化需要通过技术手段实现部分行为的直接线上化或者将线下行为进行数字化留痕。比如上述所说的监察委员会移送的一审公诉案件,检察院决定逮捕的,应当在 24 小时以内通知犯罪嫌疑人家属。在以往的监控过程中,我们能做到的仅仅只是审查系统内是否出具《逮捕通知书》,但是系统无法核验是否实际告知犯罪嫌疑人家属。根据此种情况,可以限定员额检察官必须上传犯罪嫌疑人家属签收文书的回执,或是邮寄文书的快递单,如果在《逮捕决定书》生成后 24 小时内没有出具《逮捕通知书》,以及上传相应佐证已实际告知家属的文书材料,系统则会自动弹窗提示,且无法继续在系统上进行任何的操作,只有在解决目前存在的违法点后才可以在系统上继续办案。当然,系统也需要有容许出现特殊情况的功能,即如果真的有特殊情况暂时无法上传上述文书,则可以进行特殊情况说明,经分管领

---

① 参见何静、侯烨、陈奥琳等:《抽丝剥茧探寻监控规则智能化的转化路径》,载数字检察微信公众号(网址:https://mp.weixin.qq.com/s/_PiG4aKwoXZWAUw9PGYk8g),访问日期:2024 年 3 月 26 日。

② 参见古伟兵、王淑雯:《以智能化流程监控提升检察办案质效》,载《检察日报》2022 年 8 月 22 日,第 3 版。

导审批后推迟文书的上传时间,以此达到流程监控的效果。

(二)智能化流程监控系统的预期效果

(1)事前监控和事中监控结合,确保全流程规范办案。在传统的流程监控开展过程中,案件管理人员大多只是依靠全国检察业务应用系统内的流程监控子模块开展工作,而该模块存在监控规则较少、提醒较为滞后等问题,导致流程监控更多是事后监控,即已经出现了不规范情况后再开启流程监控。因此,智能化流程监控系统不仅要在问题发生后的第一时间发出预警信息,更要在问题发生前探索采用"倒计时"等方式提前提示检察官注意程序规范。如《犯罪嫌疑人诉讼权利义务告知书》,往往是已经超期没有生成相应的文书后,系统才提醒该案已经超期告知,并没有及时明显地提醒检察官。智能化流程监控系统可以将涉及期限的监控规则,通过识别文书或者案卡,在期限届满前三天,或者期限不足三天的在期限届满前一天,通过弹窗提示等提醒检察官尽快履行相关的办案程序,确保在不规范情况发生之前,履行提醒义务。如河南省安阳市人民检察院研发的"个案全流程监管平台",该平台包含案卡纠错、流程监管、法律文书比对、案件证据审查、类案检索比对五个子系统,解决了案卡填录不规范、法律文书质量不高、司法办案"重实体、轻程序"、情节相似案件"同案不同判"等影响案件质量的"顽瘴痼疾"。通过不间断开展个案"体检",实现了从案卡、文书、流程到实体的全方位动态监管,倒逼检察官规范操作全国检察业务应用系统,依法规范办案,为检察办案高质效提供有力的智能化保障。

(2)监督功能和指引功能相结合,提升流程监控效果。流程监控具有监督和指引两种功能,这是案件管理监督和服务职责在流程监控中的具体体现。实践中,因案件管理工作人员往往都是在检察官超期制作文书、错误填录案卡后才发现问题,未充分发挥指引作用。因此,在设置智能化监控规则的时候,更多的是阐述智能化流程监控系统在办案过程中是如何发挥指引作用的,在哪个节点需要制作何种文书、填录哪项案卡,而且通过采取弹窗提醒、限制进入下一节点等明显的方式提醒检察官,确保检察官依法办案。同时,在检察官办案过程中确实出现了不规范情况的时候,也要及时履行监督职能,作出相应的提醒和监控,确保在开展流程监控工作时指引和监督均不缺位。如广东省佛山市南海区人民检察院研发的"案件流程监控智能自检系统",该系统直面办案中业务数据填录规则繁杂、人工审核效率低下、流程监控难度升级等问题,紧扣大数据赋能、智慧检务的理念,构建涵盖"四大检察"的流程监控前置审核辅助软件。设计原理是根据全国检察业务应用系统内案卡、文书、节点之间的逻辑关系,制定核查监控规则,对全部案件进行全面、实时、动态监控,实现智能发现问题,自主推送提醒、自动反馈整改。

(3)智能监控和人工监控相结合,提升流程监控精准性。再强大的智能化监控也无法完全代替检察官开展流程监控工作。智能化监控规则有两种:一种是"纯智能化"规则,比如在法定期限内相关办案活动(主要是文书)是否存在"应做未做"或"不应做而做"的问题。另一种是"智能化+人工"规则,即部分智能化监控规则只能筛选出疑似存在问题的案件线索,后期仍然需要人工的核查,确保是否属于规范办案的情况。同时,增加检察官流程监控"画像"功能,通过分析每个检察官在办案过程中出现的常见问题,形成其个性化、可视化的办案画像,有针对性地分析问题的原因,并及时采取相应解决措施。

三、人工智能在业务数据分析工作中的应用

数据是对业务工作的抽象表达,要掌握数据中隐含的信息,就要对数据进行分析。业务数据分析,顾名思义,就是对业务数据进行横攀竖比,解析变化原因、判断发展趋势。业务数据分析主要包括两类:一类是综合业务数据分析,主要是对某个检察院或者某个地区检察机关的业务进行统计分析,内容基本上涵盖了"四大检察""十大业务",重点是体现一定时期内检察业务开展的总体情况。另一类是专题业务数据分析,主要是针对某一领域或者某一专项的业务活动开展情况进行分析,比如盗窃专项、危险驾驶专项等。专项分析需要更加深入地剖析每项数据上升、下降背后深层次的原因。但在开展业务数据分析工作的过程中,各地检察机关也遇到了相似的问题及困境,导致业务数据分析形同虚设,并没有发挥出应有的作用。

(一)智能化业务数据分析系统的构建路径

最高人民检察院检察长应勇强调,加强业务数据分析研判,主要目的是通过办案质量管理,推动"高质效办好每一个案件",切实维护公平正义。目前,随着人工智能与检察业务的深度融合,有望通过智能化手段提升数据准确率,同时提取案卡的所有数据情况,结合各类数据分析手段,将海量的数据归纳汇总,推动数据分析更加科学化、规范化。

(1)建立案卡之间的逻辑核查规则。检察业务数据均来源于案卡的填录,而目前全国检察业务应用系统案卡与案卡之间的逻辑设置是比较少的,对于案卡填录矛盾,系统无法及时地提醒。只有填录完案卡后,再通过数据核查软件,才能知道哪些漏填或者错填了。比如广东省清远市检察机关目前使用的核查软件为数检通,当案卡存在漏填或者错填时,可以采用数检通核查。但存在的一个情况是业务部门检察官对于数检通的使用比较少,更多的是案件管理部门通过对本单位全部案件进行核查,发现存在填录不规范后再通知检察官整改,且检察官也不一定能作到及时整改。因此,如果将《全国检察业务应用系统2.0填录标准和说明》转化成相应的逻辑规则,并且嵌入全国检察业务应用系统内,检察官在填录过程中存在错填或者漏填的情况,即刻进行提醒预警,要求准确填录后才可以保存,从源头进行预防,才能确保案卡填录准确。比如经常出现的矛盾案卡之一是,"案件其他情况"中有检察官将"案件是否有不满十八周岁被害人"填录为"否",但是将"案件是否有不满十六周岁被害人"填录为"是",很明显以上填录是矛盾的,如果能把"若案件是否有不满十六周岁被害人填录为是时,则案件是否有不满十八周岁被害人必须填录为是"的内在填录逻辑规则嵌入全国检察业务应用系统,那么检察官在填录错误后系统可立即进行提醒并整改,提高案卡填录的准确率,也可提高数据的准确率。

(2)建立案卡自动回填功能。案卡填录是贯穿检察办案全过程的一项基础工作,对于规范司法行为、加强案件监督管理、支持数据统计分析具有重要意义。全国检察业务应用系统的案卡项目众多,尽管设置了案卡之间的逻辑关系来提高案卡填录的准确性,但这是远远不够的。因此,建议通过大语言模型和自然语言处理技术,对刑事检察常见罪名的起诉意见书、(不)起诉书、抗诉书、判决书等常见法律文书进行全要素结构化解析，形成基础数据库，并借助大语言模型进行优化训练，使数据的采集从手动填录案卡转换为从文书要素中自动提取后一键回填，真正提高案卡填录的效率和准确率。如上海市检察机关研发的"刑事案件全案由常见案卡自动回填功能"，该功能就是通过以上方式建立的，文书入卷后会自动弹出回填案卡界面，通过点击导航快速准确定位到相关信息栏核对案卡项，简化了填录流程。又如案件管理部门在受理案件过程中，可以通过全国检察业务应用系统中"文书受理""扫描受理""自动受理"的方式进行，该种方式也是通过扫描或者上传起诉意见书或者提请批准逮捕书后，通过识别文书内的犯罪嫌疑人、案件情况等相关信息，并自动完成受理环节的案卡填录工作，极大地提高了受理效率。

(3)建立自动定位数据异常点功能。全国检察业务应用系统统计子系统通过逐步升级，现已能在系统内一键导出案件质量的主要评价指标，并且能够直观地查询同比、环比的情况。但是，将这种智能化系统运用于撰写一篇高质量的业务数据分析是远远不够的，如涉及采纳率的指标，我们只能通过统计子系统看到下降的比率，无法知道是因为哪些案件影响了采纳率，是因为不采纳还是因为逾期未有答复。针对这种情况，我们往往是通过学习指标的含义，再逐份报表反查，找出影响该指标的具体案件，最终对这些案件开展分析，工作量极大。因此，如果将统计子系统进一步智能化升级，将报表中的指标数据与案卡设置相应的逻辑关系，当某个类型案件的案卡项目没有填录，或者填录为某个项目时，可触发设置相应的规则，系统会将这部分的案件作为异常点一键导出，使检察人员在海量数据当中找出关键数据开展分析工作。如侦查活动监督采纳率，可以对侦查活动监督案件中"采纳情况"设置相应的规则，只要该案卡项目没有填录，或者填录为否时，可以触发相应规则，作为侦查活动监督采纳率的异常点导出，并分析具体的情况，形成分析报告。

(4)建立分析报告自动导出功能。目前，全国检察业务应用系统未配置自动生成分析报告的功能，检察人员逐项查询相关数据，分析趋势之后再深入研究数据背后的原因，导致大部分时间都在查询数据，分析原因反而成了次要。因此，可以尝试探索在全国检察业务应用系统统计子系统中嵌入不同的分析报告模板、分析报告方式,自动抓取指标数据以及案卡数据,计算同比、环比,对分析报告所需要的数据一键式导出,实现跨案卡、跨流程、跨单位的全景式、深入式数据比对,以满足常态化、周期性的检察业务数据分析报告由系统自动生成的需求。如撰写一篇盗窃案件的专项报告,现在的做法是我们只能一键查询到盗窃罪的数据,如果想知道数据背后更详细的内容,如犯罪嫌疑人的年龄、职业等情况,则需要逐项反查并统计,耗时较长。如果将分析报告与报表、案卡设定关联,在导出时可以按照撰写的需要,设定导出犯罪嫌疑人的性别、年龄、职业、金额等具体的占比数据,同时可以选择以图表的形式展现,帮助检察人员省去大量查询基础数据的时间。同时,还可以结合第三点所讲的自动定位数据异常点,提示哪些数据、案件可能存在问题,或者波动幅度较大,再由人工进行核实,尽可能将数据查询这一部分的工作由人工智能代替完成。

(二)智能化业务数据分析系统的预期效果

(1)探索建立数据分析研判模块。进一步优化全国检察业务应用系统,探索建立数据核查系统开展业务数据分析,挖掘海量办案数据背后所反映的具体问题,拓展数据分析的深度和广度。进一步提升数据准确性,运用数据异常自动预警、汇总分析、个性化画像等系统模块,可以将大数据分析技术应用到检察工作中。同时,可以将智能化案件质量评查系统与智能化流程监控系统相关联,对于流程监控发现的重大问题,可以转入案件质量评查系统;对于部分异常数据,也可以通过案件质量评查来确定是否存在办案不规范的情况。

(2)完善全国检察业务应用系统。全国检察业务应用系统涵盖了所有案件的办理情况,包括文书、数据等。无论是开展案件质量评查、流程监控,抑或业务数据分析,都离不开全国检察业务应用系统。因此,在开展"智慧案管"的过程中,可以优先考虑优化全国检察业务应用系统,将拟开发的系统尽可能地嵌入全国检察业务应用系统内,方便更加直观、快速地获取想要的办案情况和数据,减少数据传输的阻碍。特别是涉及数据准确率的问题,从填录案卡的源头开始设置相应的逻辑规则,辅助相关的案卡核查系统,进一步提升案卡填录的准确性,提高数据的准确率。①

（3）进一步发挥检察业务数据的决策辅助作用。在以往的数据分析中，因汇总各类数据耗时校长，大多数的分析都只停留在表面现象，分析同比、环比等，没有深层次分析数据背后的原因，也没有通过关联各类数据进行分析。因此，在人工智能快速发展的大环境下，可以将人工智能与检察业务数据的获取、汇总结合起来，能够有效打破各类数据之间的"壁垒"，以"让数据多跑路"的方式提升分析效率，并在此过程中整合更多资源，发挥覆盖面更广的决策辅助作用。因此，检察业务数据仍需以分析为基础，形成"用数据说话"的决策管理支持，为检察机关各项制度的制定和落实提供决策依据。如云南省大理白族自治州人民检察院研发的"大理州检察机关大数据案件监督管理平台"，该平台面向"四大检察、十大业务"，根据最高人民检察院检察业务考核指标，依据全国检察业务应用系统中的案件数据，围绕案件质效分析、案件质量监督预警和案件特性分析三个方面进行建设。平台通过对检察机关的办案数据进行汇总、统计和分析，输出满足大理白族自治州检察机关的直观数据集，并采用动态化图形的方式进行展示。

第二节　人工智能在检察行政管理中的应用

检察行政管理，是有效确保检察机关内部运作高效、有序的重要工作，为高质效履行检察职能提供全方位的支持与保障。检察行政管理事务主要分散在办公室、政治部、计划财政装备、司法警察等部门，涵盖综合协调、人事管理、财务管理、后勤保障、安全保障等工作。综合协调工作，主要是负责协助院党组、院领导处理检察政务，起草、审核重要文件文稿，联络人大代表、政协委员和特约检察员，文件流转、会议组织、信息传达等日常行政

---

① 参见严欢欢、周洪、邵子媛：《以信息化建设之强促数据分析研判之深》，载数字检察微信公众号（网址：https://mp.weixin.qq.com/s/4bavhRc_pAvTTlZVw4b10w），访问日期：2024年7月10日。

事务,确保检察机关内部沟通顺畅和工作有序进行。人事管理工作,主要是负责队伍建设、思想政治工作、人员培训、考核及任免等,努力提升检察人员的综合素质和业务能力。财务管理与后勤保障工作,主要是负责制定财务计划、进行预算管理、筹措经费,并负责物资装备、基础设施建设与管理,为检察工作提供必要的物质条件和经费支持。安全保障工作,主要是负责检察机关的安全保卫工作,押解看管犯罪嫌疑人,参与突发事件的处置,确保检察机关及其工作人员的人身安全和办公安全。

一、当前检察行政管理面临的问题

(一)检察机关的职能变化,提出了新挑战

当前,检察机关在继续履行打击刑事犯罪职能的同时,更加注重民事、行政、公益诉讼检察职能的行使,工作职能大幅拓展。如何进一步加强统筹协调,使检察机关各部门既各司其职又相互配合,以适应新形势下检察工作的复杂性与多样性,成为检察行政管理工作中亟须破解的重要挑战。

(二)服务对象的更高标准,提出了新要求

当前,领导干部的理论素养高、驾驭能力强、创新劲头足,在检察行政管理的要求上更加严实精细。同时,检察机关内部机构的职能分工越来越细,在管理上要求更加专业细致。此外,群众的民主意识、法治意识普遍提高,思想、行为的差异性明显增强,在工作需求上更加具有针对性。因此,对检察行政管理工作提出新的要求,服务工作的难度越来越大,压力随之越来越大。

(三)信息技术的迅速发展,提出了新问题

随着互联网的全面覆盖、个人自媒体的迅猛发展,以及检察机关案件信息公开、审判机关裁判文书上网工作的推进,加之新思想、新观念、新信息以极快的速度传播,各种观点如潮水般涌出冲击。一个地方发生了重大案件、一个案件处理结果得不到群众理解,互联网媒体在短时间内就会作出快速反应,客观上迫使检察机关及时快速回应、积极应对。以上新问题,要求行政检察部门在舆情防范、舆情疏导中变得更为主动,以灵敏快捷的节奏做好案情通报、释法说理,从被动转变为主动,努力做到优质高效。

(四)队伍建设的现状挑战,提出了新任务

检察行政管理工作同样存在许多不足。首要问题在于队伍的不稳定性,部分优秀人才倾向转入业务部门,人员流动频繁。其次,人力资源的匮乏与结构失衡也是制约因素。县级检察院受限于编制有限及招新渠道狭窄,年轻血液注入不足。最后,诸如档案、保密等专业领域缺乏对口人才,而财务等关键部门则普遍面临"一人多岗"或频繁兼职的困境,影响工作效率。因此,如何加强队伍能力建设、缓解人员紧缺局面、助推检察行政管理效率提升,成了检察行政管理工作的重要任务。

二、人工智能运用于检察行政管理中的优势

(一)提高工作效率

检察政务的每一项工作都是检察机关日常运转的基础性保障。随着大数据、云计算、人工智能等先进技术的快速发展,传统模式面临的局限性日益凸显,不仅消耗了大量的人力资源,也严重制约了检察行政管理的创新与发展。基于政务信息系统整合、数据信息共享等成果,通过引入人工智能技术辅助检察行政管理,实时收集、调动并整合来自不同渠道的信息,帮助使用者轻松掌握所有重要信息。另外,还能够自动识别并处理各类办公流程,从而大幅减少人工干预,提高处理效率,确保每一项工作都能在最短的时间内得到妥善处理,高效完成各项办公任务。

(二)优化提升质量

随着人工智能技术的引入,通过智能化的工作流程设计和自动化的数据处理,尽可能将人力从重复简单、烦琐的行政事务解脱出来,专心投入到专业、创新、统筹的工作中,提高工作质量。比如,在公文写作中,宣传工作人员运用人工智能技术的文本生成能力,一键快速生成所需文字稿件初稿,从而使宣传工作人员将更多精力投入高质量、深度内容的创作中。

(三)提升决策的科学性

人工智能技术在预测分析、辅助决策的诸多应用中有着突出的表现。通过应用人工智能工具,从海量的数据中挖掘出潜在的规律和趋势,辅助开展分析研判,很大程度上克服只站在一个孤立的点上来看问题、想事情的角度偏差,更好地认识优势条件、找准制约因素,创新工作思路举措和方式方法,及时提出意见建议,推动科学决策。

三、人工智能运用于检察行政管理的具体场景

(一)高效协同的智慧行政办公

1. 文稿创作智能化辅助

一是公文写作辅助。公文是官方正式沟通的书面载体,能有效确保组织内部的信息流通。实际工作中,公文写作因其行文的严谨性、任务的紧迫性,成为机关单位内部不少人为之头痛的挑战。通过人工智能辅助公文写作,利用自然语言处理和神经网络模型等人工智能技术,实现创意构思、篇章组织、文字润色等辅助功能,自动生成符合语法规则和语言习惯的文本内容,能够有效提升公文的写作效率和质量。以广东省清远市清新区人民检察院的实践为例,通过在互联网的语言大模型上,建立"小新智能写手"智能体,通过明确智能体的角色范围、回答逻辑、内容要求、禁止性约束,将本单位撰写的检察机关经验材料、宣传材料、理论文章等作为智能体的知识库,预置流程图助手、思维导图助手、表格创建等多个常用插件,从而促使智能体可以根据不同的写作任务,快速生成相应的文本。这种人工智能技术不仅可以较为准确快速地生成工作总结、工作报告、发言稿、讲话稿、宣传稿件等文本,也进一步确保了文字稿件的准确性和合规性。

二是演示文稿制作辅助。利用人工智能技术优化和简化制作过程的方法,可以显著提升PPT制作的质效,帮助使用者更好展示想法和观点。传统的PPT制作依赖人工排版,效率较低且版式取决于制作水平,展示效果不一定好。人工智能技术可以根据使用者输入的关键词、大纲、演示风格等需求,迅速生成PPT,辅助完成PPT文本样式、配图素材等排版工作。

以广东省英德市人民检察院为例,该院创建的"英妹写作小助手"智能体,设计之初在插件市场中,选取配置"生成PPT、文档转化图片"等10个插件,可以根据使用者提出的指令信息,提供多样化的设计模板和配色方案,自动调整文字、图片、图表等元素的排版。实践中,使用者在制作纪律专题党课PPT时,可以要求智能体生成PPT大纲或输入文字材料大纲,并根据大纲生成PPT模板,较快辅助使用者制作PPT。

三是流程图制作辅助。流程图作为直观展示工作流程、逻辑关系及决策路径的图形化工具,能够帮助工作人员清晰理解复杂流程,减少误解与错误,提升整体工作效率。然而,传统的手工绘制或基于软件的手动制作方式,耗时费力,且难以适应快速变化的工作需求。因此,探索并实践人工智能辅助制作流程图,成为提升机关行政效能的关键一环。以广东省连南瑶族自治县人民检察院为例,该院创建的"南检写作"智能体,使用者通过将制作流程图的基础材料上传,如法律法规、政策文件、操作指南等,输入关于流程图的相关要求,训练智能体自动生成流程图的初步框架,并通过与智能体的简单互动,最终调整和完善生成的流程图,极大地提高制作效率。比如,该院在开展党的二十届三中全会精神宣传活动中,为增强宣传效果,利用该智能体生成导读流程图,并发放给检察干警,切实帮助检察干警开展政治学习。

2. 会议组织智能化处理

一是会议座席安排。在传统会议的筹备过程中,机关会务中的座席安排往往是一项烦琐且易出错的任务,需要综合考虑参会人员的职务职级、单位等多维度因素,合理安排座席。同时,参会人员发生变动或提出临时需求时有发生,往往需要人工重新调整座席,效率低下且易出错。而借助人工智能技术,通过事先设定算法,智能化给出参会人员的座位排序,能够较好适应如新增参会者、紧急换座等新情况,大大减轻会务工作负担。会议座位安排的关键在于,按照中座为尊、右高左低、面门为上等诸多原则进行座次安排。大型会议的组织,可以由经验丰富的工作人员现场组织,或引入专门的座次排序系统设备予以解决。对于大多负有会议组织任务的单位来说,引入专门的、功能单一的座位排序设备的必要性不强,而通过大语言模型等人工智能技术学习会议座位安排的原则,可以实现座位安排的低成本、高效率,是可行性较强的方案选择。比如,广东省清远市检察机关在这方面积累了丰富的实践经验,利用深层次的数据分析和智能技术手段,不断提升会议现场组织的科学性。广东省连山壮族瑶族自治县人民检察院创建的"山检检务通"智能体,该智能体通过上传国内现行的机关单位常见的会议座席安排规则作为知识库,能够智能分析会议的规模、参会人员的身份和地位,对相关职务职级进行赋值,实现对参会人员的座位优先级确定。该智能体的成功训练应用,可以使工作人员通过一键上传输入参会人员的姓名和职务等信息,智能生成参会人员座席安排,确保会议的顺利进行并尊重参会者的身份地位,极大地提高行政工作效率。

二是会议智能转录。在机关行政工作中,会议是集思广益、集体决策和安排部署的重要方式。实际工作中,整理会议记录仍依赖于大量人力物力且效率低,耗时耗力。很多重要会议的时间长、信息量大、纪要输出严格,这对会议记录人员的要求更高,提高了会议记录和整理的工作难度,且容易存在信息遗漏或会议思想理解偏差等问题。引入会议智能转录技术,依托语音识别技术、自然语言处理技术和深度学习算法,通过高质量的音频采集设备收集会议现场的声音,利用语音识别技术将音频信号转换为文本。之后,自然语言处理技术通过对文本进行整理、格式化,生成易于阅读的会议记录。目前市场上已经涌现出多款会议智能转录工具与平台,如飞书妙记、讯飞听见、通义听悟等。这些工具与平台不仅具备高准确率的语音识别能力,可以开展实时会议转写、音频或视频语音识别,自动区分发言人,还提供了丰富的功能,对会议记录进行智能分析,如在线评论、多语种翻译等,辅助工作人员生成会议纪要,极大地提升了会议记录的效率和可用性,大大减轻了行政人员的负担。以市面上的通义听悟系统为例,该系统可以实时语音转写,生成智能记录,支持自主检索关键词,精准定位核心信息,帮助工作人员轻松回顾会话重点;支持会议、学习、访谈等音视频文件快速上传,支持自动区分发言人,省时又省力完成会议记录;实时翻译,支持中英互译,流畅自如地完成跨语言协作,打破语言壁垒,轻松实现无障碍沟通;支持高亮标记重点、问题、待办事项,支持筛选和批量摘录,回顾整理更清晰。通过对会议智能转录的运用,既可让参会者无须分心记录,能够更加专注于讨论和决策,又可以让行政工作人员更高效地完成会后整理工作,有助于后续决策的快速制定和执行。

3. 政策查询智能化应用

人工智能技术依托于机器学习、自然语言处理、知识图谱等前沿技术,能够快速学习并掌握海量的法律法规、案例、政策解读等专业知识,辅助行政人员快速处理日常行政事务,查询所需知识,有效避免人为疏漏和错误,提高行政管理流程的规范化程度。比如,在财务规范查询方面,人工智能技术通过快速学习并掌握海量的财务规章制度、案例、政策解读等专业知识,形成结构化的知识库。随时随地解答机关工作人员的财务疑问,能极大打破时间与空间限制。以广东省英德市人民检察院的实践为例,该院采用 chatGLM 语言大模型,通过字符的文本与代码的训练,创建了"英检小财"智能体,推动检察财务管理向智能化方向发展。该智能体可以对用户提出的问题进行解答,包括但不限于财务报销、政府采购、司法会计、工会财务等,帮助该单位检察工作人员更好地了解相关制度和规定,解决出差住宿报销、交通工具标准,提高工作效率。比如,在公务出差中,省内不同地级市、省内地级市所辖县(市)、省外城市等,住宿经费标准是存在一定差别的。因此,检察工作人员若想了解具体标准,以往则需要专门翻阅相关文件规定,或咨询部门内勤。而"英检小财"智能体的研发,则可以为检察工作人员提供 7×24 小时在线财务咨询服务,帮助检察工作人员快速查询出差地点和人员级别的住宿标准,提供准确报销依据。又比如,在查询交通工具的选择标准时,智能体可以列举出不同级别乘坐不同交通工具的标准,为公务出差提供参考。

(二)高效透明的智慧人事管理

1. 干部工作智能化赋能

一是赋能智能问答。在组工部门的日常工作中,面对干部管理规章制度、标准规范及干部的基础信息等海量文本知识的查询与解答需求,传统的人工方式往往显得效率低下。而基于大语言模型的智能问答系统,能够帮助组织工作人员轻松掌握文本知识,精准理解用户输入问题的语义内涵,检索出准确答案,并清晰标注答案来源。例如,当面对"干部私自伪造涂改个人档案材料的处罚措施"或"叶某同志的政治表现评价"等具体问题时,智能问答系统能够即刻提供详尽且准确的回答。这一创新应用不仅极大地提升了组工部门的工作效率,还确保了所提供信息的准确无误与权威可靠,为组织的科学决策提供了坚实的信息支撑。

二是赋能谈话考察。干部谈话考察作为深入了解干部实际状况、客观评价干部表现的重要环节,其效率与准确性直接关系到组织的人才管理质量。然而,传统的谈话考察方式往往依赖于烦琐的人工记录与耗时耗力的分析过程,不仅效率低下,还容易出错。通过引入大语言模型与先进的语音识别技术,实现谈话语音实时转录为文字,确保谈话记录的完整与准确。同时,借助语义分析技术的强大功能,精准提炼谈话中的关键信息与高频词汇,并结合干部的基础信息及考核数据,智能生成条理清晰、内容翔实的谈话考察报告,显著提升了干部考评的精准度与材料编写的效率,有效减轻了人工编写报告的工作负担。

2. 干部评估智能化支持

一是干部画像构建。如何准确评估干部的能力与潜力,是干部管理工作的重要任务。传统的评估方式往往依赖于主观判断和经验积累,难以做到全面、客观。而借助大语言模型、自然语言处理等人工智能技术,则可以从海量数据中智能提取关键信息,构建出全面而精细的干部画像。干部画像是一个多维度、全方位的工作,不仅涵盖了干部的基本信息,如年龄、学历、工作经历等,更能直观呈现干部的特征。具体应用中,通过利用人工智能算法,将干部的人事信息从干部档案、工作表现、述职报告等多维度材料中提取出来,在"德、能、勤、绩、廉"等方面深入挖掘干部的标签特征。例如,"德"的维度包括干部的政治立场、道德品质、廉洁自律等方面;"能"的维度则涵盖干部的专业技能、管理能力、创新能力等方面。在构建干部画像的过程中,通过追溯和验证,溯源至材料的具体语句,确保画像内容的真实性和可靠性。同时,通过生成直观的干部特征词云图,帮助快速识别干部的优势与短板,为人才选拔、培养和任用提供科学依据。

二是智能绩效考核。绩效考核是人事管理中的重要环节,直接关系到干部的晋升、奖励和惩罚。然而,传统的绩效考核方式往往存在主观性强、效率低等问题。而通过人工智能技术,则可以实现绩效考核的自动化和智能化,从而提高考核的公正性和准确性。在具体应用中,通过人工智能技术自动收集分析每名干部关于办案数据、述职报告、季度考核结果等能够反映干部工作表现的数据,并根据预设的考核标准和指标进行分析和处理,生成客观、公正的绩效考核报告,辅助开展年度评优评先工作,可有效激发干警的工作积极性。

3. 人事决策智能化辅助

一是辅助人员招聘选拔智能化辅助。合同制司法辅助人员是检察机关履职的重要力量。传统的招聘方式往往依赖于人工筛选和面试,效率低下且难以保证选拔质量。而通过人工智能技术,我们可以实现招聘选拔的智能化,从而大大提高招聘效率和选拔质量。在具体应用中,通过智能算法对合同制司法辅助人员候选人的简历进行智能分析,系统能够提取关键信息,如教育背景、工作经历、专业技能等,并根据岗位需求进行人才画像,评估和预测候选人的综合素质,帮助人事管理部门更加准确地判断候选人的潜力和发展空间,为招录选用提供决策性参考。

二是干部培养发展规划智能化辅助。通过智能分析干部的能力结构、年龄、学历等因素,为组织人事部门开展教育培训提供支持,既能为每位干部量身定制个性化的发展规划,又能为开展全员性教育培训课程设计方面提供支持。比如,开展全员性教育培训课程设计时,智能分析全员性能力短板,从而聚焦于存在的普遍性问题,设计相关课程,从而实现教育培训的精准性。又比如,在开展年轻干部的培养工作中,通过智能算法对年轻干部每年的述职报告、工作履历等数据进行分析,全方位分析其能力优势和短板,为组织人事部门开展有计划性的锻炼培养提供参考,帮助年轻干部不断提升自身能力。

(三) 高效运转的智慧财务管理

1. 财务数据分析智能化

在财务决策过程中,数据分析是不可或缺的一环。在编制财务报告的过程中,人工智能工具自动收集财务数据,利用卓越的文本生成能力,并针对不同的财务报告标准和口径拟定初稿,根据工作人员的反馈对生成的报告自主进行修订。以广东省连州市人民检察院的实践为例,该院创建的"连检财务小助手"智能体,通过综合分析全年的财务数据,提供详细的财务分析报告、内控报告,并能根据以上收支变化,帮助财务人员进行预算编制和管理,确保预算的合理性和有效性。比如,上传资产表格,要求智能体"请按使用部门数量做一个饼状图",迅速进行图表分析后制作图表,可直接下载到报告中使用,辅助进行财务分析。这种基于实时数据的系统性和全局化的分析方式,帮助财务专业人员更加深刻、精准、全面、客观地处理复杂的财务情境,为科学的财务分析奠定基础。

2. 财务决策辅助智能化

财务日常工作往往与各类流程管理紧密相关,经常会遇到需要翻阅大量采购产品资料的重复耗时性工作。如今,随着人工智能技术的发展,财务人员可以向人工智能提出一系列的开放性问题。人工智能技术通过深度数据分析和信息归纳功能提供业务洞察,整合包括过往的财务表现等相关数据,提供具体且全面的建议,为决策提供有力参考。以广东省英德市人民检察院的实践为例,该院创建的"英检小财"智能体,将各项财经法规以及非涉密的财务管理制度上传,也可以通过加入广东省财政厅等官方网站或公众号,定期获取最新的网站知识库,根据用户提问,提供即时财务咨询服务。比如,在政府采购方面,该智能体对政府采购的各项规定进行学习,并根据采购人员提出的采购需求,提供适合的采购方式,抓取目录中的设备信息,让采购人员在短时间内对需采购的设备有一定的了解,为采购人员进行政府采购相关操作提供参考依据。又比如,向智能体提问"空调的报废年限和流程是什么?"该智能体根据相关文件规定,从报废条件、报废申请、审批流程、处置方式和收入管理等方面进行全方位指导解答。

3. 财务风险管理智能化

随着工作要求的变化,传统的财务管理方法已难以满足需求。为提高效率和降低风险,基于人工智能的财务风险防控模型应运而生。财务风险评估模型,可以利用机器学习算法对财务数据中的潜在风险进行自动识别和评估,并实时监控和预警。同时,根据风险类型和程度制定相应的应对措施和预案,确保风险得到有效控制。以广东省连州市人民检察院的实践为例,该院创建的"连检财务小助手"智能体,上传了《会计法》等资料共计140余份,可以通过计算分析各种财务比率,如流动比率、速动比率等,评估单位的财务状况。比如,该智能体利用先进算法主动扫描大量财务数据,识别出传统风险管理技术可能遗漏的潜在风险,可以提前发现并处理风险和漏洞。

第三节 人工智能在检察调研中的应用

检察调研工作是检察行政的重要工作。通过运用人工智能辅助检察调研,凭借其强大的数据分析和处理能力,能够有效提高研究效率,增强研究的深度和广度,逐步改变传统的检察调研模式,提高工作效率。

一、检察调研的基本要求

(一)调研内容"求真"

调研内容"求真",就是准确反映客观实际,认真、负责,到问题的所在地和矛盾的症结处听取意见、溯本求源,真正掌握第一手材料,了解事物的本来面目。在调研过程中,既要如实反映检察机关所取得的成绩和积累的经验,如实反映创造性探索,也要如实反映检察工作发展中暴露或潜伏的矛盾和问题,从而透过现象抓本质,揭示规律,提出切实可行的解决办法。

(二)调研导向"求新"

调研思维"求新",就是要善于发现新情况,研究新问题,提出新举措。比如,当前检察工作发展的新时期,新情况、新事物、新矛盾、新问题层出不穷,在研究时必须善于观察新情况,研究新问题,既紧紧抓住带有普遍性的新问题,也要捕捉难以听到和不易看到的问题;既要剖析显性的矛盾,又要发现潜在的矛盾,找准摸透问题;善于采用新的观念谋划新思路,充分学习借鉴国内外经验,结合本地实际,创造性地开展研究工作,找出解决问题的新办法,提出切实有效的新对策。

(三)调研思维"求前"

调研思维"求前",就是适时开展超前研究,增强敏锐的预见性,超前思考、超前研究、超前谋划,把当前的客观实际与未来的发展趋势有机结合起来,使当前的意见和方案能够较好适应今后的发展要求,使当前的各项检察工作能够按照预定的目标和轨道不断向前推进,不仅可以为今后的检察工作争取主动,而且有助于更全面地思考当前的问题,推动当前检察工作做得更好。

(四)调研作品"求精"

调研作品"求精",就是要精耕细作,精益求精,打造精品,真正做到确定课题想决策、调查研究为决策、研究成果变决策。要打造精品,就要在拿出高质量的调研报告上下功夫,既要深入实际、深入调查,又要深入思考、深入研究,力求观点精辟、论证精确、文字精练,研究成果有新招、有实招、有高招。

二、人工智能在检察调研中的优势

(一)高效处理海量数据

在检察调研中,处理和分析海量的案件数据、法律文件和相关资料是一项极为耗时且复杂的工作。人工智能,特别是自然语言处理技术和机器学习算法,能够快速、准确地处理这些数据。例如,人工智能可以通过自动化工具在几秒钟内分析成千上万份文件,提取关键信息,并生成报告,而这是传统人力难以匹敌的。

(二)精准识别与预测

通过机器学习算法,人工智能可以从海量历史数据中学习并识别出特定的模式和趋势。这种能力使得人工智能在预测案件趋势、识别潜在风险以及提出针对性建议方面表现卓越。实践中,人工智能可以分析以往的案件数据,预测某一类案件的判决趋势,为调研人员提供有价值的参考。

(三)客观性与一致性

与传统的调研方法相比,人工智能在数据分析和决策建议上更具客观性和一致性。人工智能不会受到个人情感、偏见的影响,在涉及敏感或复杂案件的检察调研中尤为重要。

(四)智能化辅助决策

人工智能不仅能够提供数据和分析,还能通过智能推荐系统为检察官提供决策建议。这些建议基于历史数据和实时信息,能够帮助检察官更快、更准确地作出决策。比如,在量刑建议方面,人工智能可以考虑多种因素,如犯罪性质、被告人前科等,为检察官提供科学、合理的量刑建议。

三、人工智能运用于检察调研的具体场景

接下来,本文将以《著作权领域虚假诉讼检察监督研究》课题研究为主题,介绍人工智能运用于检察调研的具体场景。

(一)自动化文献检索和整理

人工智能技术能够充当"信息猎手",根据设定的关键词和主题,自动从互联网、机关内部网站、数据库等多元渠道搜集相关素材,包括法律法规、案例解析、社会热点等,为稿件创作提供丰富而精准的素材支持。比如,在开展《著作权领域虚假诉讼检察监督研究》的课题研究时,利用人工智能文献检索工具进行更广泛的文献检索,确保涵盖知识产权法学领域的重要研究成果。其一,这些工具可以根据关键词和特定要求,快速筛选出相关文献,并进行分类和整理。例如,可以设置检索条件为"近五年关于知识产权侵权认定的核心期刊论文",工具会自动筛选出符合条件的文献,并按照一定的逻辑结构进行排列,方便进行阅读和分析。其二,利用人工智能文本分析技术,总结文献中的关键观点和研究方法,提取其中的关键论点和论据,分析和评价文献。同时,它也可以指出已有研究的局限性。例如,"该研究在具体方面存在局限性,如样本量较小、研究方法单一等"。根据这些分析,对检索到的文献进行更深入的评价。

(二)协助制定研究方法

首先,根据对研究问题和目标的描述,调研工作人员利用人工智能提供适合研究课题的研究方法,如实证研究、案例分析、比较研究等,并考虑研究问题的性质、数据的可获取性以及研究时间和资源的限制等因素,选择最适合的研究方法。在具体实践中,如果研究的问题需要大量的数据支持,则考虑使用实证研究方法;如果研究问题涉及具体的法律案例,选择使用案例分析方法可能更有针对性。其次,正确运用研究方法,利用人工智能工具指导所选的研究方法。例如,如果选择了实证研究方法,人工智能可以提供实证研究方法的步骤和注意事项,如数据收集方法、变量定义方法、统计分析方法等。再次,在研究过程中,严格按照研究方法的要求进行操作,确保研究过程的科学性和可靠性。例如,在进行数据收集时,要确保样本的代表性和数据的准确性;在进行统计分析时,要选择合适的统计方法,并对结果进行合理的解释。最后,在评估和改进研究方法上,利用人工智能对研究方法进行评估,指出其中可能存在的问题和不足之处。例如,"这个研究方法在数据收集方面是否存在偏差?""统计分析方法是否合理?"根据人工智能的建议进行改进,确保研究方法能够有效地回答研究的问题。例如,如果数据收集存在偏差,可以考虑扩大样本范围或采用不同的数据收集方法;如果统计分析方法不合理,可以重新选择更合适的统计方法或进行敏感性分析。

(三)辅助构建调查研究框架

在起草调查研究框架的过程中,具有严密逻辑的篇章结构是非常重要的,直接决定调查研究报告的整体框架。通过利用人工智能学习分析大量的文本数据,根据使用者提供的主题、关键词、相关主题文章框架,快速生成多种框架的方案,帮助拓展思路,有助于使用者有更多时间专注于深度思考和高质量内容的创作。

首先,在撰写调研报告时,可通过向人工智能咨询知识产权法学领域常用的理论框架,并结合研究的问题进行选择。例如,"在知识产权许可方面的研究中,有哪些适用的理论框架?"人工智能可以推荐相关的理论,如产权理论、契约理论等。其次,可根据研究问题的特点和需求,评估不同理论框架的适用性。例如,如果研究问题涉及知识产权的价值评估,那么产权理论可能更适合;如果研究问题关注知识产权许可合同的条款设计,那么契约理论可能更有帮助。再次,利用人工智能帮助深入理解所选的理论框架。例如,使人工智能帮助解释理论的核心概念、主要观点和应用方法。在研究过程中,确保理论与实践相结合,并向人工智能提供一些实际案例,使人工智能帮助分析如何运用所选的理论框架进行解释和分析。例如,"在具体案例中,如何运用理论框架名称进行分析?"最后,利用人工智能对构建的理论框架进行审查,指出其中可能存在的逻辑漏洞和不足之处。例如,"这个理论框架在逻辑上是否严密?是否存在遗漏的关键因素?"根据人工智能的建议进行修改和完善,确保理论框架的逻辑严密、结构合理,能够有效地支持研究问题和分析方法。

(四)辅助撰写调研报告

首先,在撰写调研报告之前,利用人工智能生成一个正文的结构框架,按照框架结构和逻辑顺序撰写正文。例如,人工智能可以提供一个包括引言、研究方法、结果分析、讨论和结论等部分的框架结构。按照这个框架结构和逻辑顺序撰写正文,确保内容充实、论证严密。在撰写过程中,可以向人工智能咨询具体内容的撰写方法和注意事项。例如,"在结果分析部分,如何有效地呈现数据和分析结果?"

其次,在撰写正文阶段,可以利用人工智能语法检查工具和语言优化工具,确保文章的语言准确、流畅、符合学术规范。例如,语法检查工具可以帮助检查语法错误、拼写错误和标点符号错误;语言优化工具可以帮助优化句子结构,提高语言的表达力和可读性。同时,要注意引用文献的规范,避免抄袭和剽窃行为。

再次,完成正文初稿后,利用人工智能对正文内容进行审查和修改。人工智能往往可以指出存在的问题和不足之处,如语法错误、逻辑不清晰、论证不充分等。调研人员便可根据人工智能的建议进行具体的修改,提高正文的质量和可读性。例如,如果存在语法错误,及时进行纠正;如果逻辑不清晰,重新组织段落结构和论证思路;如果论证不充分,补充更多的论据和分析。

从次,在撰写结语阶段,可利用人工智能帮助总结论文的主要研究成果和结论,强调研究的创新点和贡献,使读者能够快速了解研究的价值和意义。例如,输入"本研究的创新点在于什么?为知识产权法学领域的哪些问题提供了新的解决方案和理论支持?""研究结果对知识产权法学理论和实践有哪些启示?""研究中存在哪些局限性?""未来的研究方向是什么?""未来的研究可以进一步探讨哪些具体研究方向?""采用哪些具体研究方法以弥补本研究的不足?"根据人工智能的回答,调研人员可以作为归纳总结,提出未来研究的方向和建议,为后续研究提供参考。

最后,在撰写标题和摘要阶段,利用人工智能共同推敲论文的标题,通过向人工智能描述论文的主要内容和核心观点,提供一些标题的建议,确保标题简洁、富有吸引力,准确反映论文的主题和研究重点。例如,"人工智能在知识产权法学中的应用:挑战与机遇",这个标题既明确了研究对象,又突出了研究的问题和价值。在撰写论文摘要的过程中,利用人工智能指导撰写论文摘要,向其提供论文的主要内容和结论,生成摘要的框架。

(五)辅助润色文本内容

无论是人工智能的快速生成,抑或是人工撰写的文章初稿,优化润色是必不可少的环节。尤其是对于长期习惯撰写公文的使用者来说,通过利用智能体对所撰写的文章进行润色,可以较好地避免自身的写作风格带来的写作局限。通过应用文本生成类人工智能,可以对文章初稿进行语法检查、拼写纠错、语义分析等优化处理,提高文章文字表达的准确性。

在实际操作中,其一,可利用人工智能语法检查工具和语言优化工具对初稿进行全面的语言润色,从而帮助纠正语法错误、拼写错误和标点符号错误,优化语言表达,提高可读性和流畅性。例如,语法检查工具可以检查出句子中的主谓不一致、动词时态错误等问题;语言优化工具可以建议使用更恰当的词汇、更简洁的句子结构等。同时,要注意保持论文的学术风格和专业性。其二,审查和调整结构逻辑。人工智能可以对论文的结构和逻辑进行审查和调整,分析论文的段落结构、章节之间的过渡是否自然,逻辑是否严密。如果发现结构不合理或逻辑不清晰的地方,人工智能可以提出具体的修改建议,如调整段落顺序、增加过渡段落等,以确保论文的整体质量。

第四节　人工智能在检察宣传中的应用

检察新闻宣传工作是检察行政的重要工作,同时也是一门政治性、专业性、社会性都很强的工作。而引入人工智能技术,可以有力地支持配音、文案脚本辅助创作、数字人出镜、配乐、图片素材生成、视频创作等,增强宣传的吸引力和趣味性,更好地运用人民群众喜闻乐见的形式和语言,讲好检察故事。同时,基于自动化处理能力,人工智能可以显著减少人力投入,有效控制宣传成本投入,进一步提升宣传的经济效益,为检察行政工作提供更加经济高效的宣传解决方案。

一、检察宣传面临的挑战

(一)宣传工作的转型,提出了新问题

目前,检察宣传在坚守传统宣传途径的同时,更加侧重于多元化、高互动的新媒体宣传策略,宣传途径与手法日趋多样。如何有效整合各类资源,使传统与现代宣传方式协同作战,以更好地实现新媒体时代检察宣传工作的广泛覆盖与深度渗透,成为检察宣传亟待解决的关键问题。

(二)公众需求的多元化,引发了新期许

当前,社会公众的信息来源十分广泛,对检察工作的关注焦点日益多样化。一方面,公众对检察案件公开度与公正性的要求日益提升,渴望获取更多详尽信息;另一方面,不同年龄阶段、职业背景的受众对宣传内容的偏好存在显著差异。因此,检察宣传需要更精准地定位,以满足公众的多元化需求,这无疑加剧了检察宣传工作的复杂程度与挑战性。

(三)网络舆情的复杂多变,带来了新考验

随着社交媒体的广泛应用,网络舆情环境变得愈发复杂多变,检察案件一旦成为舆论焦点,往往会迅速吸引广泛关注。网络舆情的迅速传播与情绪化特征,要求检察宣传部门在应对突发事件时更加敏捷、专业,既要准确传达检察声音,又要有效引导舆论走向。这一新考验要求检察宣传在舆情监控、危机管理等方面持续增强能力,以更加积极主动的态度应对网络舆情的复杂态势。

(四)宣传团队的能力建设,提出了新任务

检察宣传同样面临团队建设的问题。一方面,宣传人员的专业技能与创新能力亟待提升,部分人员对新媒体宣传工具的运用尚不熟练;另一方面,宣传团队的人员配置不够合理,存在人才流失与补充不足的问题。因此,如何加强宣传人员的专业培训、吸引并留住优秀人才、优化团队结构,以提升检察宣传的整体效果,成为检察宣传工作面临的重要任务。

二、人工智能运用于检察宣传的优势

(一)增强检察宣传的效率与覆盖面

检察宣传作为展示检察工作、提升检察工作公信力的重要途径,其效率与覆盖面至关重要。随着人工智能技术的飞速发展,传统的宣传手段已难以满足日益增长的宣传需求。通过引入人工智能技术,检察宣传能够实时捕捉并整合多源信息,智能分析公众的关注点与兴趣偏好,实现宣传内容的精准推送与广泛传播。这不仅极大地提升了宣传效率,还能确保宣传信息准确触及目标受众,有效扩大宣传覆盖面,让检察声音传得更广、更深入。

(二)提升宣传内容的新颖性与吸引力

人工智能技术为检察宣传内容的创新提供了强大支撑。借助智能化的内容创作工具,宣传人员可以轻松生成富有创意的文字、图像、视频等宣传素材,快速制作高质量的宣传作品。无论是生动形象的动画短片,还是深入浅出的图文解读,都能吸引公众的眼球,提升宣传内容的吸引力与感染力。这有助于打破传统宣传的单一模式,让检察宣传更加生动有趣,更易于被公众接受与喜爱。

(三)增强宣传策略的科学性与精准度

人工智能技术在数据分析与预测方面展现出强大能力,为检察宣传策略的制定提供了科学依据。通过智能分析历史宣传数据,可以精准把握公众对检察工作的关注热点与需求变化,从而制定出更加符合公众期待的宣传策略。同时,人工智能技术还能实时监测宣传效果,及时调整宣传方向与重点,确保宣传策略的科学性与精准度,让检察宣传更加有的放矢、成效显著。

(四)有效预警与应对舆情风险

在舆情高发的当下,人工智能技术成为检察宣传预警与应对舆情风险的重要工具。通过智能监测网络舆情动态,及时发现并预警潜在的舆情风险点,为检察机关提供宝贵的应对时间。同时,人工智能技术还能辅助分析舆情走向与公众情绪,为检察机关制定舆情应对策略提供有力支持。这有助于检察机关在舆情事件中占据主动地位,有效引导舆论方向,维护检察形象与社会稳定。

三、人工智能运用于检察宣传的具体场景

(一)图文宣传辅助

图文宣传以其直观、易读的特点,一直是检察宣传工作中不可或缺的一部分。通过应用人工智能,辅助文案创作,生成图片素材,能够快速生成大量图文并茂的宣传材料。

在具体应用中,可将新闻宣传所需的文字、图片素材上传至人工智能进行文稿撰写和图文排版,高效生成一系列关于法治宣传、法律援助的图文材料,实现快速批量制作,满足大规模宣传的需求,有效提升法治宣传的覆盖面和影响力。

以广东省清远市清新区人民检察院的实践为例,检察行政人员在撰写法治宣传活动宣传稿时,只需上传一张法治宣传活动的现场图片至该院创建的"小新智能写手"智能体,输入"你是广东省清远市清新区人民检察院的宣传人员,干警前往某公园开展法治宣传活动,现请你根据知识

库上传图片中的内容,撰写一篇法治宣传文章,要求体现检察机关的法治宣传成效"的指令。"小新智能写手"智能体便能在一分钟内快速生成一篇以"法治宣传进公园,服务群众零距离"为题的宣传稿,大大节约了文稿撰写者的时间。

(二)图片素材生成辅助

图片素材生成在检察宣传中发挥着重要作用。图片素材可广泛运用在图文宣传、短视频制作、动画制作等领域,显著减少对专业设计师或购买昂贵图片素材的依赖,降低制作的时间和成本。

在具体应用中,Midjourney等人工智能制图工具可以快速生成各种精美的图片素材,增添视觉效果和吸引力。例如,在封面创作上,创作出具有吸引力的公众号封面图片,提高点击率和关注度。在背景设计上,创作独特且贴合主题的背景画面,营造出特定的氛围和情境。在动画元素上,制作一些简单的动画元素,如图标、特效等元素,为新闻宣传增添趣味性。在角色创作上,设计出新颖的角色形象,无论是卡通风格还是写实风格,都能满足需求。

比如,广东省阳山县人民检察院利用人工智能工具,结合"检察蓝"底色和本院"蓝枫煦阳"检察文化品牌的特色元素,帮助制作者实现创意想法,为该院控告申诉检察品牌设计独特的标志,有效增强宣传吸引力和观赏性。又比如,广东省清远市清城区人民检察院利用人工智能工具,结合本院特色设计"小青小成"的动画形象,并开发微信表情包,有效拓宽了检察宣传的覆盖面。

(三)视频宣传辅助

短视频以其短小精悍、易于传播的特点,成为当前重要的宣传方式。通过应用智能宣传人工技术,如自动配音、图片素材生成等,快速制作高质量的短视频,用于宣传检察工作的成效和典型案例。

在具体应用中,通过来画、剪映、一帧秒创、快剪辑、Adobe Premiere Pro等人工智能视频创作工具,根据上传的短视频剧本文案以及已有的素材,利用人工智能技术生成特定场景的视频素材或片段,添加各种视觉和音频特效,增强视频的吸引力,生成逼真的配音,准确识别语音并快速生成准确的字幕,提高制作效率,切实增强视频的吸引力。

以广东省清远市人民检察院的实践为例,运用人工智能技术制作以《AI牵手民法典,细"数"那些与你有关的"秘密"》为题的短视频,详细介绍民法典作为"社会生活的百科全书"在保障公民民事权利方面的作用。该视频先后获得最高人民检察院、广东省人民检察院等官方微信公众号的采用,并在各大社交媒体平台上广泛传播,不仅增强了民众对民法典的理解,还提高了公众对检察工作的认识。

(四)音乐创作辅助

目前,Mubert、Boomy、Soundful、Magenta Studio、AIVA、网易天音等人工智能音乐创作工具,不仅可以根据提示词生成相应的旋律和节奏,高效创作背景音乐,为创作者提供丰富多样的音乐元素和灵感,丰富音乐素材库,还可以减少对专业音乐制作人或购买昂贵音乐版权的依赖,降低短视频制作的整体成本。

以广东省清远市人民检察院的实践为例,该院运用人工智能技术创作歌曲《守护之光 梦想同行》期间,使用者通过输入文本提示,随机生成歌词,并选择相适应的音乐流派和音乐风格,据此生成附有歌词的歌曲。人工智能技术使得歌曲的创作更加智能化、个性化,以温馨关怀和鼓励期待为主题,通过生动的歌词和旋律,表达出检察机关对未成年人的关爱与守护,以及与他们共同成长、并肩同行的决心。

(五)"数字人"宣传辅助

数字人技术作为新兴的宣传手段,可以突破物理限制,以逼真的形象出现在短视频中,进行主持和口播,实现全天候、多场景的宣传。数字人技术无须真人出镜,无须搭建场地、灯光与布景,更加高效与便捷;数字人形象可以重复利用,有利于打造IP形象。

在具体应用中,检察机关通过"数字人"人工智能技术创建虚拟形象,如虚拟检察官,进行在线互动和宣传,带领公众沉浸式体验检察工作,有效增强检察宣传工作的吸引力。

比如,检察日报社制作的数字人"检博"。在2023年两会期间,以检察日报社精心打造的虚拟主播——"检博",引入人脸融合技术与超写实数字人建模,通过深度学习真人的音频与视频数据,实现了与真人无异的专业播报与互动能力。在"检博"的带领下,使广大网友在科幻炫酷的"两会看检察"元宇宙各个展厅,直观地了解到检察履职的成效。与传统宣传方式相比,"检博"不仅能够24小时不间断地进行宣传,降低了人力成本,还能够打破时空地域的限制,让每一位网友都能"零距离"走进检察工作,立体式、多维度地了解检察履职故事。网友们纷纷留言称赞:"在科幻炫酷的元宇宙空间,一站式浏览检察新闻,沉浸式体验既好看好玩,又十分有趣。"又比如,广东省清远市清城区人民检察院创新性地采用"数字人"技术,打造一位虚拟检察官形象,可以全方位带领公众参观该院12309检察服务中心,极大地提升了服务效率和公众满意度。

第六章
基于多智能体协同的检察生态

Chapter
6

在当前检察工作实践中,以全国检察业务应用系统为代表的检察工作平台作为支撑检察业务开展的重要工具,其性能与效率直接关系到检察工作的质量与效果。通过深入分析现有检察工作平台的运行状况,不难发现其中存在一系列问题。

一是系统协同不畅。由于不同系统之间缺乏统一的标准和接口,数据交互和信息共享受到了严重限制。这种"信息孤岛"现象不仅影响了检察工作的连贯性和效率,还可能因信息不一致而引发误判等严重后果。例如,在案件办理过程中,若各系统间无法有效协同,办案人员可能需要在不同系统间手动切换、录入数据,这不仅增加了工作负担,也降低了工作效率。

二是数据共享不足。在当前的检察工作体系中,各部门、各层级之间的数据共享程度十分有限,很多有价值的信息资源无法得到充分利用。这种情况不仅阻碍了检察工作的深入开展,也制约了检察机关整体效能的提升。数据共享不足往往会造成信息壁垒,导致检察机关在应对复杂案件时难以形成合力,进而影响案件的查办质量和效率。

三是操作方法复杂。由于平台的功能繁多且界面设计不够人性化,检察人员在使用平台时通常需要花费大量时间和精力熟悉和掌握相关操作技巧。这不仅增加了检察人员的工作负担,也可能因操作不当而引发数据丢失或损坏等风险。因此,简化操作流程、优化用户界面设计,对于提升检察工作平台的易用性和用户体验至关重要。

另外,在检察人员办案履职的过程中单一运用大模型仍存在一些问题:如对检察领域自然语言输入的要求偏高,不同输入会产生不同质量的输出结果;大模型依赖于大量历史数据和长期训练过程,训练数据缺乏时效性,模型可能难以及时适应新的情境,当面临环境动态变化时,大模型往往难以准确理解和回答;在处理特定任务时,单一利用大模型可能会出现答案深度不足和专业性欠缺的问题。

为克服上述缺陷,学术界提出大模型驱动多智能体协作的思路,不仅能够利用大模型强大的语言理解能力,还能够通过多智能体的分布式决策优势,有效解决单一大模型在特定应用场景中的局限性问题。通过智能体间的交互和协作,模拟现实世界中的社会行为和群体智能,这为解决复杂问题提供了新的视角。此外,将决策过程分散到多个智能体,用户可以更容易地追踪和理解系统的决策逻辑,从而提高系统的透明度和可信度。多智能体分散化决策模式不仅有助于提高系统对新情境的适应能力,还能够在面对快速变化的案件办理环境下,保证决策的准确性。

AI 智能体(AI Agent)中的 Agent 通常被译作"代理"一词。在计算机和人工智能领域,直到 20 世纪 80 年代中后期才逐渐关注对代理概念的研究,并将该领域具有智能的代理称为智能体。1995 年,Wooldridge 等人在《智能体:理论与实践》一文中将人工智能的核心目标定义为:旨在设计和构建基于计算机、表现出智能行为各个方面的智能体。在 Wooldridge 等人的定义中,"智能体"是人工智能的核心概念。当前对于 AI 智能体具有共识性的定义是:一种能感知环境、进行决策和执行动作的智能计算实体。它拥有自主性和自适应性,可以依靠人工智能赋予的能力完成特定任务,并在此过程中不断对自我进行完善和改进。AI 智能体的一个重要特征是主动性,能够在用户提出要求前就提出建议,并通过跨应用程序完成任务。①

第一节　框架详细设计

一、数据处理模块

数据处理模块是检察官助理框架的基础,负责案件原始数据的采集、清洗、整合及格式化等任务。这一模块利用先进的数据挖掘技术,从各类数据源中提取案件关键信息,如案件类型、涉案人员、案情描述等。清洗旨在剔除重复、错误或不完整的数据,确保信息的准确性和一致性。整合与格式化则将数据转化为大模型可接受的格式,为后续的分析推理提供高质量的数据基础。

---

① 参见周涛、李鑫、周俊临等:《大模型智能体:概念、前沿和产业实践》,载《电子科技大学学报(社科版)》2024 年第 4 期。

二、大模型模块

大模型模块是框架的核心,它运用深度学习算法,特别是大型预训练模型,对案件数据进行深入分析和推理。这一模块能够理解复杂的案情描述,识别案件中的关键要素,并基于大量历史案例数据,为当前案件提供相似的案例参考、法律条文建议等。大模型的强大泛化能力使得它能够处理各种类型的案件,为检察官提供全面的案件分析支持。

三、智能体模块

智能体模块由多个智能体组成,每个智能体专注于特定的案件处理任务,如证据审查、法律文书撰写等。这些智能体具备高度的自主性,能够在大模型提供的分析基础上独立完成各自的任务。同时,智能体之间通过高效的协作机制,实现信息的共享和任务的协同,确保案件处理的连贯性和一致性。智能体的引入,不仅提高了案件处理的效率,还降低了人为错误的风险。

(一) 案件审查智能体

案件审查智能体主要负责案件的初步审查和筛选工作,具备自然语言处理和机器学习等技术,能够自动从海量案件中提取关键信息,如案件类型、涉案人员、案件情节等。通过对比历史案例和法律法规,案件审查智能体能够初步判断案件的性质和严重程度,为检察官提供有针对性的审查建议。此外,该智能体还能够根据案件的紧急程度和复杂程度进行智能排序,确保检察官能够优先处理重要和紧急的案件。

(二) 法律知识智能体

法律知识智能体是检察工作平台中的法律顾问,集成了丰富的法律法规和案例数据库,能够为检察官提供全面的法律支持和咨询。通过自然语言查询和智能推荐技术,法律知识智能体能够快速准确地回答检察官提出的法律问题,提供相关法律依据和案例参考。同时,该智能体还能够为检察官智能推送最新的法律法规和行业动态,帮助检察官保持对法律环境的敏锐感知。

(三)数据分析智能体

数据分析智能体是检察工作平台中的数据分析专家,具备强大的数据挖掘和分析能力,能够对检察工作中的各类数据进行深度挖掘和关联分析。通过可视化展示和智能报告功能,数据分析智能体能够帮助检察官直观了解案件的分布情况、办案效率、法律适用情况等关键指标,为检察官提供科学的数据支持和决策依据。同时,该智能体还能够根据历史数据和趋势预测,为检察官提供针对性的工作建议和优化方案。

除了上述三个核心智能体之外,根据检察工作的实际需求,也可以设计其他辅助智能体,如文档管理智能体、语音识别智能体等。这些智能体通过协同工作和数据共享,能够共同构建一个高效、智能、便捷的检察工作平台,为检察官提供全方位的支持和服务。同时,随着技术的不断发展和进步,我们还可以不断优化和完善智能体的功能设计,以适应检察工作的新需求和新挑战。

四、交互界面

交互界面是检察官与框架进行交互的桥梁,它提供了直观、易用的操作界面,方便检察官查看案件信息、接收大模型的分析结果,以及调度和管理智能体。通过交互界面,检察官可以实时掌握案件处理的进度和结果,对智能体的工作进行监督和调整,确保案件处理符合法律要求和实际情况。

大模型驱动多智能体的检察官助理框架通过各模块的紧密协作,实现了从数据采集到结果输出的全流程自动化处理。这一框架不仅提升了检察工作的效率和质量,还为检察官提供了强大的智能化支持,有助于推动检察工作的现代化和智能化进程。

第二节 数据处理与多模态融合

一、数据增强与特征工程

在数据采集与清洗的基础上,进一步进行数据增强和特征工程,以提升模型的泛化能力和性能。数据增强通过对原始数据进行变换和扩充,增加了数据的多样性和覆盖范围,从而帮助模型更好地学习数据的内在规律和特征。特征工程则侧重于从原始数据中提取有意义的特征,以简化模型的复杂度和提高预测精度。

在数据增强方面,针对检察工作中的数据特点,可以采用文本增强技术,如同义词替换、随机插入、随机删除等,对案件描述、法律文书等文本数据进行增强。同时,利用图像处理技术,如旋转、缩放、裁剪等,对案件的相关图像数据进行增强。这些增强后的数据可以作为模型的训练样本,以提高模型的鲁棒性和泛化性能。

在特征工程方面,可以根据案件处理的实际需求,从文本数据中提取关键词、词频统计、词频-逆文档频率(TF-IDF)等特征,从图像数据中提取边缘检测、角点检测、尺度不变特征变换(SIFT)等特征,以及从音频数据中提取梅尔频率倒谱系数(MFCC)、声谱图等特征。这些特征能够更全面地描述案件信息,为后续的模型推理和智能体协作提供有力支持。

二、多模态数据融合策略

多模态数据融合是数据处理的关键环节,旨在将来自不同模态的数据进行有效整合,以充分利用各种数据的信息互补性。在大模型驱动多智能体的检察官助理框架中,多模态数据融合策略的制定至关重要。

一种有效的融合策略是采用早期融合和晚期融合相结合的方式。早期融合将不同模态的数据在特征提取阶段进行融合,通过共同学习多模态特征的表示空间,捕获模态间的关联信息。这种方法能够充分利用模态间的相关性,但也可能导致模型复杂度的增加和过拟合的风险。晚期融合则是在模型推理阶段将各模态的预测结果进行融合,通过综合考虑各模态的决策输出,得出最终的预测结果。这种方法相对简单且灵活性高,但可能无法充分利用模态间的互补信息。

针对检察工作的实际需求,可以设计一种基于注意力机制的多模态数据融合方法。该方法通过引入注意力机制,使模型能够自适应地关注不同模态数据中的重要信息,并根据任务需求进行动态调整。① 具体来说,可以利用文本、图像、音频等模态数据的特征表示作为输入,通过注意力机制计算各模态的权重系数,然后将加权后的特征进行融合,以得到更全面的案件信息表示。这种方法既能够充分利用多模态数据的互补性,又能够保持模型的灵活性和可扩展性。

第三节 大模型构建与训练

一、大模型构建

(一)需求分析

从功能需求的角度来看,多智能体大模型在检察工作中的应用需要具备多项核心能力。其一,模型应能辅助检察官进行案件审查,通过智能分析和数据挖掘,为案件定性和量刑建议提供科学依据。其二,模型应能自动生成法律文书,如起诉书、判决书、检察建议等,以减轻检察官在案件审查、文书制作等流程性工作方面的负担,并提高效率。其三,模型应具备法律知识检索能力,可以快速准确地为检察官提供相关法律法规和案例支持。其四,模型应能回答法律咨询问题,为检察官在处理复杂案件时提供即时的智能助手服务。

在性能方面,多智能体大模型同样需满足一系列严格要求。首先,模型必须具有高度的准确性,以确保其提供的辅助决策和智能支持在实际工作中的可靠性和有效性。其次,模型须具备良好的稳定性,能在面对各种复杂情况和不确定性时保持稳定的性能表现。最后,模型还应具有可扩展性,以便在未来随着检察业务需求的变化而进行相应的调整和优化。②

---

① 参见胡晓平:《基于生成对抗网络的人脸属性编辑方法》,南昌大学 2023 年硕士学位论文。

② 参见苗绘、曲香红:《多智能体研究综述》,载《中国化工贸易》2013 年第 7 期。

(二)架构设计

多智能体大模型是由一系列功能各异的智能体共同构建而成,这些智能体包括但不限于法律知识问答智能体、法律文书生成智能体、案件审查辅助智能体以及综合行政辅助智能体等。每一类智能体均配备有专门的知识库、推理机制以及行为决策模型,确保其能够独立完成各自所肩负的特定任务。例如,法律知识问答智能体能够迅速回答检察官提出的法律疑问,而法律文书生成智能体则能协助撰写规范、准确的检察文书。

为了实现多任务的并行处理和复杂问题的协同解决,各智能体之间应通过精心设计的协同工作机制进行信息的交流和资源的共享。其一,应当采用基于消息传递的通信方式,确保各智能体能够实时、准确地交换所需的信息与数据。其二,确保整个系统的兼容性和可扩展性,制定一套统一的接口规范,为各智能体之间的连接提供标准化的桥梁,也为未来新智能体的加入预留充足的空间。[1] 这一机制的有效运作,不仅依赖于智能体内部的高效处理流程,更在于智能体间通信的顺畅与准确。

(三)模型集成与测试

模型集成与测试阶段的目标是将已构建的智能体有效地集成至一个统一的系统中,并通过一系列测试验证整个系统的功能、性能和兼容性。

在模型集成方面,一般应采取逐步集成的策略,即先将核心智能体进行集成,确保它们之间的交互与协同工作正常运行,随后再逐个添加其他辅助智能体。通过这种渐进式的方式,能够更有效地识别和解决在集成过程中出现的问题。集成工作的重点在于确保各个智能体之间的通信畅通无阻,以及数据的一致性和准确性。为此还需要设计一套完善的通信协议和数据校验机制,确保信息在各个智能体之间能够准确、高效地传递。[2]

---

[1] 参见梅炳夫、曾海:《智能大厦综合布线系统集成平台的研究》,载《电脑知识与技术》2011年第1期。

[2] 参见陈旭辉:《Java架构和软件系统的测试分析》,载《电脑知识与技术》2014第13期。

在测试方面,需要针对系统的功能、性能和兼容性制定详细的测试计划。功能测试旨在验证系统是否能够满足设计文档中的各项功能要求。为此需要编写大量的测试用例,包括正常情况下的操作测试以及异常情况下的容错测试。通过自动化的测试工具,对系统的各项功能进行全面的验证,确保系统在实际应用中能够正确地响应各种操作请求。① 性能测试是评估系统在实际工作环境中表现的重要环节。系统的响应时间、吞吐量、并发处理能力等关键指标是应当关注的重点。通过模拟实际工作中的负载情况,对系统进行压力测试,以评估系统在高负载下的稳定性和性能表现。② 兼容性测试则是为了确保系统能够与其他软件和硬件平台顺畅地协同工作。可以选择多个主流的操作系统、数据库和办公软件作为测试对象,通过实际运行和交互操作来验证系统的兼容性。③

二、训练与优化

(一)训练方法与策略

对于多智能体大模型可以采用深度学习算法进行训练。具体而言,针对每个智能体,根据其特定的功能需求,设计相应的神经网络结构,并利用已准备好的数据集进行训练。在训练过程中,可以采用分批次、迭代优化的方式,不断调整模型参数,以最小化预测误差为目标。

为了提升模型的泛化能力,还可以引入正则化技术,如 L1 正则化和 L2 正则化,以防止模型出现过拟合现象。同时还可以采用学习率衰减策略,即随着训练过程的推进,逐渐降低学习率,以确保模型在训练后期能够进行更为精细的参数调整。

(二)优化技术

在模型训练过程中,可以运用多种优化技术提升模型的性能和训练

---

① 参见陈雅茹:《软件测试方法及重要性分析》,载《黑龙江科技信息》2011 年第 7 期。
② 参见潘羽:《基于云存储的软件测试管理系统的研究》,载《科技创新与应用》2017 年第 35 期。
③ 参见季晨雨:《不平衡数据分类问题解决办法》,载《电子技术与软件工程》2018 年第 15 期。

效率。比如，梯度下降算法的优化变体——Adam 优化器，它结合了 Momentum 和 RMSprop 的思想，能够自适应地调整每个参数的学习率，从而加速收敛并提高训练稳定性。另外还有早停法（Early Stopping），即在验证集误差开始上升时提前终止训练，以防止模型过拟合。此外，还有集成学习方法，即通过融合多个模型的预测结果来提升整体性能。

(三) 模型评估与调整

在模型训练完成后，应对其进行全面的性能评估。评估指标涵盖了准确率、精确率、召回率和 F1 分数等，以确保模型在各项性能指标上均能满足预期要求。其中，准确性是评估模型性能的基础指标，用于衡量模型在各项任务中的正确率。在检察工作中，准确性尤为重要，直接关系到案件处理的公正性和效率。一般可以通过计算模型在法律知识问答、法律文书生成、案件审查辅助等任务中的准确率，来评估模型的准确性性能。鲁棒性是指模型在面对不同输入、不同环境或不同任务时的稳定性和可靠性。在检察工作中，模型需要处理各种复杂案件和多样化需求，因此鲁棒性至关重要。可以通过引入噪声数据、异常输入等方式，测试模型在复杂环境下的表现，以评估其鲁棒性。可扩展性是指模型在面对新任务、新数据时，能够更方便地进行扩展和适应的能力。随着司法改革的深入和检察工作的不断发展，模型需要具备良好的可扩展性，以适应新的业务需求。一般可以通过添加新任务、新数据等方式，验证模型的可扩展性性能。

第四节　智能体设计与实现

一、智能体的设计原则

在构建大模型驱动多智能体的检察官助理框架中，智能体的设计是关键环节。为了确保智能体能够有效地辅助检察官处理案件，应遵循以下设计原则：

一是自主性。每个智能体都被赋予一定程度的自主决策权,使其能够在特定任务领域内独立工作。这种自主性允许智能体根据自身的知识和经验,对案件信息进行初步筛选和分析,从而减轻检察官的工作负担。

二是协作性。虽然每个智能体都具备独立工作的能力,但在处理复杂案件时,多个智能体之间的协作至关重要。因此,通过设计灵活的协作机制,使智能体能够根据需要共享信息、协调行动,并共同解决案件处理过程中的难题。

三是适应性。随着法律环境的变化和案件类型的多样化,智能体需要具备快速适应新情况的能力。通过引入在线学习和增量学习技术,使智能体能够不断从新的案件中汲取知识,优化自身的处理策略,并适应不断变化的任务需求。

二、智能体的实现方法

实现智能体应采用分布式架构,以确保系统的可扩展性和灵活性。具体来说,每个智能体都被作为一个独立的计算单元,可以根据需要进行动态部署和调整。这种分布式架构不仅提高了系统的并行处理能力,还使得智能体之间的协作更加高效和灵活。

同时,利用先进的通信协议和数据交换格式,确保智能体之间能够顺畅地进行信息共享和数据交换。通过这些技术手段的运用,可以成功构建一个具备高度自主性、协作性和适应性的智能体系统,为检察官助理框架提供强大的支持。

在智能体的具体实现上,应结合大模型的推理能力和多模态数据处理技术。大模型为智能体提供了丰富的知识库和推理引擎,使其能够对案件进行深入的分析和推理。而多模态数据处理技术则使得智能体能够综合利用文本、图像、音频等多种信息源,提高案件处理的全面性和准确性。这些技术的融合运用,使得智能体系统在实际应用中展现出了卓越的性能和效果。

第五节　检察官助理框架的实现与应用

为了更具体地展示大模型驱动多智能体的检察官助理框架在实际工作中的应用和效果,此处选取若干典型案例进行详细描述。

一、专业化知识检索

检察智能体依托大模型强大的自然语言处理技术和机器学习算法,配置了各行业、各领域特别是法律法规的知识库,并通过持续训练和学习,依据简单的语言指令,可以在审查卷宗、法律适用等场景中调动海量知识库,为检察人员提供相应的专业知识、法律条文参考,打造"检察专业版 ChatGPT",大幅提高专业知识检索效率。目前,法律法规知识查询类型的检察智能体已实现"四大检察"与"十大业务"的全覆盖。例如,广东省清远市人民检察院组建的珠江流域水环境治理专班,充分利用智能体的法律梳理、抓取与生成功能,高效筛选出《环境保护法》《水污染防治法》等法律法规中与该领域案件直接相关的法律条文,重点关注矿业污染、农业养殖污染、船舶污染、河湖"清四乱"等问题,精准提炼出适用于非法排污、超标排放等行为的法律责任,并为调查方向和取证工作提供明确指引。目前,该专班已受理线索 105 件,立案 37 件。

二、智能化法律分析

智能体通过对海量案件进行分析学习,能够高效阅读案卷材料,精准提炼案件的核心要素,并在此基础上进行严密的逻辑推理,构建起案件分析的坚实基础。在法律框架内,智能体能够准确理解并回应法律的相关问题,以法律条文为宏观依据,以具体案情为微观依据,运用逻辑三段论的推理方法,形成具有参考价值的案件分析意见,并编制出详尽的案件分析报告,供办案人员参考。以广东省英德市人民检察院打造的"行政处罚助手"智能体为例,该系统通过对刑法、行政法律法规的深入研习,智能化生成对不起诉案件是否应给予行政处罚的法律分析意见。同时,还提供行政处罚的实施机关、处罚时效等具体信息以及关联法律法规,为检察机关开展行刑反向衔接工作提供有力辅助。

三、结构化解析证据

智能体通过图像识别技术,能够进行距离和面积的测算,从而在调查取证、发现线索及损害评估等方面发挥重要作用,实现对固体废物治理、农业养殖污染治理、行洪安全监管、非法采矿以及督促整治等热点民生领域的实时监测与智能分析,从而精准识别潜在风险与违规行为,有效提升监督的精准度和时效性。以广东省清远市清新区人民检察院研发的"公益小新"智能体为例,该系统在饮用水水源保护的公益诉讼检察监督中表现突出。智能体能够对现场调查所拍摄的图片进行智能识别,并以表格形式详尽列出拍摄时间、地点、经纬度等关键信息,同时测算出拍摄地点之间的距离。依据相关法律法规及清远市饮用水水源地名录,智能体能够准确判断垃圾漂浮照片是否位于水源保护地范围内,并有效排查公益诉讼监督线索。同样地,广东省连山壮族瑶族自治县人民检察院构建的"林斑清算"智能体,在办理滥伐林木案件中能够辅助检察官分析林业图斑图片,智能判断实际砍伐区域和面积是否与砍伐许可证所载内容相符。目前,借助该智能体,已监督公安机关撤案 1 件,并向县纪委监委移送职务犯罪线索 1 条。

四、自动化生成文书

检察智能体凭借其卓越的自然语言理解和生成能力,学习并应用检察工作的法律文书规则,通过文书排版、文书纠错和文书生成三大功能,不仅能够与用户进行多模态交互,还能够依据设定的背景与目标,动态提取逻辑连贯的问题,最终生成高度定制化的法律文书。例如,广东省清远市人民检察院研发的文书自动生成系统,可以根据案件电子卷宗中的证据材料和文书范本,基于智能提取的证据要素,依照法律法规实现定罪量刑的判断,智能生成"三书一报告"(即起诉书、量刑建议书、认罪认罚具结书和审查报告),并提供一键下载及预览功能。自该系统上线以来,全市已运用该系统办理案件 300 余件,生成文书 1200 余份,实现了识别精准化、运行快捷化、操作简便化的预期目标,有效助力轻罪案件的高效办结。

五、多元化检察服务

将群众提出的高频法律咨询、流程规范以及解答标准,连同刑事、民事、行政等诉讼监督法律法规材料整理成文档,并上传至智能体作为知识库,构建包含"通过 AI 问检察""AI 英哥英妹""连检 AI 助手""AI 佛检通""南检智辅""阳检智问"在内的多个检察服务类型智能体。这些智能体在两级院 12309 检察服务中心及各基层综治中心便民服务一体机上部署,配备耳机增设语音识别功能,对信访群众的诉求进行实时语音转换文字,并总结归纳其信访要素,已累计查阅信访相关事项、表达诉求及获取法律咨询 3000 余次,最大限度实现了矛盾的就地化解与分流处置。如广东省清远市清新区人民检察院定制的"小新护企"智能体,企业可以通过智能体对话实时了解涉法涉诉信访及涉企法律法规知识,还可以提前了解检察服务指引及法律风险应对措施。2024 年以来,全市检察机关已提供涉企检察服务 54 次,化解涉企矛盾 32 个,保障了 490 余个劳动岗位。又如广东省连山壮族瑶族自治县人民检察院构建的"社矫导航者"智能体,能够快速、精准地提供社区矫正工作相关法律法规和政策,明确社区矫正对象矫正期间的行为规范,提供个性化的矫正方案,为司法行政机关制定清晰的工作流程,提供法律咨询服务和辅助文书制作等服务。

六、精细化政务管理

搭建检察公文写作智能体平台,打造行政管理智能体,优化"人、事、财、物、策"等检察行政事务流程,为检察人员解答党务知识、政工人事、档案管理、保密规定、会务保障以及财务管理等综合行政知识,推动检察管理工作现代化。例如,广东省清远市人民检察院在工作网上成功研发并投入使用了"远图大模型";广东省清远市清新区人民检察院构建的"党建通"智能体可实现党建知识"云学习"、活动策划、信息整理等功能;广东省清远市佛冈县人民检察院构建的"佛检案途智解"智能体可提供案卡填录纠错、流程监控指引等功能。此外,广东省连州市人民检察院的"政工通"、广东省英德市人民检察院的"政智通"、广东省连山壮族瑶族自治县人民检察院的"财智星"等智能体,均可以通过字符文本与代码训练形成的人工智能逻辑,构建完整的知识图谱,提供全面的队伍建设、财务管理、检务督察等相关信息查询和知识导航服务,从而促进检察管理的高效与便捷。

为了全面评估检察官助理框架的优势,我们从效率、准确性和可靠性三个关键维度对传统方法和本文提出的方法进行了深入的对比分析。

在效率方面,传统方法往往依赖于人工逐案审查,效率较低且易受疲劳等因素的影响。相比之下,检察官助理框架通过大模型的快速处理能力和多智能体的并行协作机制,能够实现对大量案件的快速筛选和初步分析,从而显著提高工作效率。实验结果表明,在相同时间内,检察官助理框架能够处理的案件数量是传统方法的数倍。

在准确性方面,传统方法受限于人工判断的主观性和经验差异,可能存在误判或遗漏的情况。而检察官助理框架通过深度学习算法对案件数据进行深入挖掘和分析,能够更准确地识别关键证据和案件特征。此外,多智能体的协作机制还能够对分析结果进行交叉验证,进一步提高准确性。实际应用案例显示,检察官助理框架在案件分类、证据识别等关键任务上的准确率均高于传统方法。

在可靠性方面,传统方法可能因人为因素导致案件处理结果的不稳定。而检察官助理框架则通过标准化流程和自动化决策机制,确保了案件处理的稳定性和一致性。此外,检察官助理框架还具备强大的容错能力和自我修复机制,能够在遇到异常情况时迅速作出调整,确保系统的稳定运行。长期运行测试表明,检察官助理框架的故障率和维护成本均明显低于传统方法。

通过对比分析传统方法与本文提出的大模型驱动多智能体的检察官助理框架,我们可以清晰地看到检察官助理框架在效率、准确性和可靠性等方面的显著优势。这些优势不仅有助于减轻检察官的工作负担,提高案件处理质量,还为检察工作的智能化发展提供了有力支持。

第六节 多智能体协同检察工作平台的架构与展望

基于大模型的检察智能体是生成式人工智能在检察领域未来重要的研究方向和应用落地的形式之一,也是推行人机协同模式的核心技术路径。本研究提出的检察智能体,以大模型及其多种能力为核心,结合检察办案和法律监督的多场景需求和多角色服务的特点,致力于启发和帮助未来数字检察迭代进阶的设计和实现。检察智能体的研究目前仍处于探索阶段,本文针对其未来发展提出以下研究展望。

一、部署本地化检察领域垂直大模型

在检察内部工作网部署大语言模型,既可以更好地控制检察办案和法律监督相关数据的存储和处理,又可以充分调用检察机关专业知识和内部数据,进行更深入的优化和定制,以提高其处理复杂法律问题的能力和效率。在训练检察垂直大模型时,应着力提升其输出结果的验证效能,构建一整套根植于检察官逻辑思维与深厚法学底蕴的强化学习框架。建议各级检察机关遴选兼具实务经验和理论功底的骨干检察官,组建专门的垂直大模型反馈团队。在开展大模型反馈训练时,团队内部应展开充分讨论,力图剔除个人倾向带来的干扰,凭借集体智慧对大模型的生成结果予以客观评估,精确定位并修正算法中的谬误,进而促使大模型的输出更加符合检察实践的标准。

二、构建基于垂直大模型的检察智能体

一线业务部门和具体承办部门是检察智能体的"孵化器",在检察智能体的构建过程中,再怎么强调"业务主导"都不为过。充分利用已建立的垂直大模型及其各项技术内核,结合法律监督应用场景与检察办公办案需求,进行检察智能体的任务适配与创新应用。在形成示范效应和规模效应后将智能体交由上级业务部门审核,必要时也可以考虑以购买数

据咨询服务的方式,聘请专业数据工程师辅助业务部门对智能体进行完善。建议明确各部门特别是业务部门对本条线智能体管理的主体责任,牵头抓好同一领域智能体的成效验证和管理集纳,同时做好内外部智能体对接服务及管理工作,积极尝试组合使用多种智能体,发挥各自优势,促进检察业务智能化应用的创新。

三、构建多智能体协同检察工作平台

将垂直大模型作为检察智能体的大脑或控制器的主要组成部分,通过思维链(Chain of Thoughts, CoT)和问题分解等技术,选择并调用所需的技术或检察智能体,设计智能体的工作流,实现智能体多步骤复杂系统的自动化运行,解决检察实务应用场景下的复杂任务。多智能体协同检察工作平台具有灵活性与可扩展性,各条线的检察智能体既可以从大模型中获取通用知识,用于自身能力的提升,也可以向大模型贡献自身的专业知识和数据,促进知识的共享迭代。大模型还可以作为智能体之间知识交换的媒介,实现不同条线检察业务的融合创新,推动各业务部门综合履职和办案团队的融合履职相互促进,形成"检察数据一个库、法律监督一条链、智慧管理一张网"的检察工作智能化平台。

四、持续优化人机协同的运作模式

尽管在检察领域应用人工智能可能引发一系列的伦理和技术挑战,但其深度融入是推动法治进步的必然趋势。面对这些挑战,检察机关应坚持人机协同的应用理念,重塑法律监督方式,使之与检察智能体形成和谐共生的新生态。以"公平正义"和"办案质效"为核心,明晰检察官与人工智能的角色定位,合理分配人机职责。对于程序性、机械性的任务,充分利用智能体的高效性能,提升监督效率;而对于涉及价值判断、逻辑推理的复杂事务,则坚持以人为中心的原则,保持检察官的主导地位,确保人机协同之下的决策质量。

第七章
人工智能在刑事检察业务中的应用

Chapter

7

刑事检察是检察机关的核心业务之一,历来承担着追诉犯罪、诉讼监督等重要职能,在"四大检察"中案件数量多、占比高,直接关系着公民的人身、财产等重要权益,是保障国家长治久安和社会和谐稳定的利器。"高质效办好每一个案件"是新时代新征程检察履职办案的基本价值追求。①

传统的刑事检察办案主要依靠人工阅卷、摘录和分析证据,面对海量的案卷材料和复杂的证据,该模式不仅效率低下,难以在短时间内审结案件,而且极易出现疏漏和错误,无法保证分析的全面性和准确性,影响案件的公正处理,同时也压缩了检察官提供高质量法律服务的时间精力。特别是在新型犯罪频发的当下,电子证据的重要性愈发突显,部分证据以数字形式存在,具有易篡改、易删除等特点,给证据的收集、固定、审查带来了前所未有的困难,传统的刑事检察模式更显捉襟见肘,难以适应日益增长的办案需求和复杂多元的犯罪形势。传统刑事检察工作面临的上述困境,迫切需要通过改革和创新加以解决,而探索和应用现代科技手段,如人工智能辅助审查证据、智能分析法律适用、云计算预测量刑、自动生成文书等,已成为提升刑事检察工作质量与效率、促进司法公正的重要手段。

新一轮科技革命和产业的变革发展,为新兴技术助力刑事检察工作高质量发展提供了前所未有的机遇。人工智能作为拥有先进自然语言处理和数据分析能力的新质生产力,可以以文字助手的身份参与大部分与法律语言相关的检察工作,特别是与法律文书的要素式撰写、智能生成以及庭审等交互式场景具有高度契合性。人工智能具有如下优势:引领法律语言传播模式的变革、法律语言体系的更新迭代,减少社会公众对法律语言的理解障碍,推动社会运用法治思维和法治方式解决问题,促进治理体系和治理能力的现代化转型等。可以说,强人工智能的应用势必会倒逼法律监督专业化水平的提升。② 人工智能正在深刻改变现有的刑事检

---

① 参见最高人民检察院:《刑事检察工作白皮书(2023)》,载最高人民检察院网(网址:https://www.spp.gov.cn/xwfbh/wsfbh/202403/t20240309_648173.shtml),访问日期:2024年10月21日。

② 参见董学华、周慧:《检察视角下人工智能嵌入法律语言的现状挑战及应对》,载《上海法学研究》集刊2023年第5卷——2023年世界人工智能大会法治论坛论文集,第83—90页。

察工作模式,为刑事检察工作的转型升级注入新的活力及提供强有力的科技驱动,既催生了检察工作的全面重塑,也带来了前所未有的冲击。有部分人担心人工智能的介入可能会削弱司法人员的自由裁量权、人工智能应用法律和技术"黑箱"可能影响司法的公开公正和权威性、模糊司法责任的界定、引发信息数据安全和伦理道德等一系列问题。[1] 我们认为,在人工智能的驱动下,刑事检察工作将迎来更加智能化、精准化、人性化的新时代,同时也伴随着一系列潜在的风险和挑战。在统筹发展与安全的背景下,检察机关应坚持不断探索和创新,确保人工智能充分发挥其在提高刑事办案质效方面的优势,与此同时也能得到有效的监管和合理应用。除遵循安全合法、公平公正、透明可信、公序良俗的基本原则外,还可结合法律语言的特点和司法办案的特定场域,细分法律语言的领域并探索场景化应用,从而有针对性地进行算法优化与模型设计,推动形成人工智能安全、高效辅助刑事检察工作高质量发展的应用范式。

第一节　在刑事检察办案中的应用场景

一、智能化文书送达与告知

法律文书送达和权利义务告知是刑事检察办案的基础业务。传统方式下,司法办案人员需要手动生成、打印法律文书,并通过邮寄或人工送达的方式通知当事人,这一过程不仅耗时耗力,还存在送达不及时、信息易丢失等问题。尤其是在办理跨地域的涉众型犯罪案件中,法律文书的送达工作需要耗费大量人力物力。近年来,网络诈骗、非法集资类犯罪多发,往往存在成百上千甚至上万名被害人,且分布在全国各地,甚至国外,无疑会对司法机关法律文书的送达、告知工作带来更大的困难。

人工智能技术的加持,能够有效改善这一状况,在辅助司法机关法律文书的送达、告知方面存在巨大的潜力和价值。上海市人民检察院利用

---

[1] 参见熊秋红:《人工智能与刑事司法:从各执一词到多元平衡》,载《检察日报》2023年5月24日,第12版。

区块链技术优化电子文书告知送达场景,通过将犯罪嫌疑人或被害人的权利义务告知书、被取保候审人义务告知书等四大类文书进行网上电子化送达,并基于区块链技术对文书的生成、签收、回传等环节进行改造,大大提高了送达的安全性和效率。这一举措不仅方便了人民群众,也提升了司法的公正性和透明性。

浙江省人民检察院牵头的浙江检察数字化送达系统利用移动互联网、人工智能等数字化技术手段,实现了法律文书线上送达的智能化、规范化、高效化。检察官只需在系统内勾选需要送达的文书,填写受送达人的信息后,即可通过手机短信、智能应用等电子通信方式发起送达。当事人点击短信链接或进入微信小程序,即可查阅下载送达的法律文书。这种数字化送达方式不仅缩短了送达时间,同时也提高了送达的准确性和效率。

除了智能化生成详细和具体的文书告知内容,通过构建智能法律文书送达告知系统,还可配置具有问答功能的智能体,使当事人明确获知案件进展、相关权利义务及阅读注意事项等信息,确保当事人充分了解案件的情况并积极参与诉讼。运用人工智能技术在送达告知系统中建立智能预警与反馈机制,通过大数据分析,系统可以自动识别出潜在的问题和风险点,并向检察官发出预警提示。在送达过程中,如果系统检测到受送达人的信息不完整或存在异常,如电话号码为空号、地址错误、长时间没有阅读签收等,可以立即向工作人员发出预警提示,以便及时更正并重新发起送达或采取人工方式联系并送达文书。通过内置智能反馈机制,还可以帮助司法机关收集和分析当事人的反馈意见,系统自动收集反馈意见并进行分类整理,为司法机关改进工作提供了参考依据。

处于研发中的办案系统若未来均能做到自动抓取电子卷宗中所需要的数据,并对数据进行结构化处理,后续再将智能化送达与告知系统搭配办案系统一同使用,便能在系统中一键生成被害人的身份信息和联系电话等,再通过一键告知的功能,从而为办理刑事案件的检察人员解放第一环节的"生产力"。将人工智能技术融入司法办案的文书送达和告知工作中,该智能化送达与告知手段将在提升司法工作效率、降低司法成本等方面发挥重要作用。

二、智能化讯问与询问

讯问和询问是办理刑事案件的检察人员开展案件的侦查、调查、核查、听取意见等工作的重要手段。检察人员在传统的讯问和询问过程中，往往采取人工记录和问话的方式，该种方式不仅耗时较长，且容易出错。借助视频会议系统、智能语音识别和自然语言处理等技术，可以实现智能制定审讯方案、远程提讯问话、自动整理生成电子笔录等功能，使办案人员可以更加专注于讯问和询问时案件的核心内容，减少因记录等事务性工作打乱讯问和询问的节奏。

智能语音识别作为最早落地的人工智能技术之一，已能通过结合深度神经网络大模型，实现各类复杂场景的语音识别。检察机关使用"科大讯飞"公司开发的此类语音识别技术，可以帮助办案人员在讯问和询问过程中实时将语音对话内容转录为文字，替代逐字逐句人工抄记笔录内容，识别结束后仅需对字句作轻微调整，即可直接整理形成笔录电子文档，供办案人员随时查阅。该技术的运用，不仅大幅缩短了记录时间，提高了记录效率，还能有效确保笔录内容的准确性和完整性，避免了因人为因素导致的遗漏或误解。未来，先进的智能语音识别技术结合视频会议技术，可以使办案人员远程提讯当事人，并对全过程对话自动识别生成笔录、多端同步查阅核实笔录内容，破除因地域限制而难以取证、效率低下、当事人参与诉讼成本高等问题，节省大量的时间和成本，实现讯问与询问的"便捷""实时"与"高效"。

办案人员在通过讯问或询问当事人详细了解案情的过程中，可能会受制于不熟悉案情或对相关罪名的犯罪构成理解不够透彻等问题，容易遗漏提问相关案情细节，导致办案人员可能需要制作多份笔录提问不同的问题，以一步步查清并还原案件的事实全貌。而借助人工智能大语言模型技术，在投喂学习大量法律知识和司法案例后，可实现围绕犯罪构成要件和类案常见的犯罪行为方式，给予提出针对性问题的建议，从而辅助办案人员在问话时找准方向，尽可能用最短的时间、最有效的审讯策略了解清楚案件的关键内容和细节，提高讯问、询问的整体质效。

此外，在讯问过程中，被讯问人可能会因为紧张、恐惧或其他心理因素而作出不实供述。在询问过程中,被害人和证人也可能因为个人偏见或记忆模糊而提供不准确的信息。通过引入人工智能的情感分析技术,能够分析讯问和询问过程中各方的情绪变化,辅助办案人员识别情境,为办案人员提供参考,进而采取更有针对性的讯问和询问策略,确保证据收集的准确性和公正性。例如,通过面部表情识别技术,系统可以捕捉被讯问人、被害人和证人的"微表情"变化,结合语调、语速等"微语言"特征,分析他们的情绪状态,这有助于办案人员更好地理解被讯问人、被害人和证人的心理状态,判断信息的真实性,从而在讯问、询问过程中调整策略,提高讯问、询问的效果。同时,系统提供的实时反馈和数据分析结果,可以帮助办案人员更好地理解和掌握案件情况。

三、智能化证据摘录审查

在刑事检察工作中,证据审查历来被视为诉讼活动的核心,直接关系到案件事实的认定和法律适用的准确性。传统中,这一过程高度依赖检察官的专业知识与经验判断,但是在面对海量、多源且异构的证据材料时,仅凭人力审查难免存在遗漏与偏差的风险。鉴于此,在现有的检察办案辅助系统中,证据审查辅助成为系统开发的重点之一,此类系统通过大数据、云计算、图像识别、自然语言处理等先进技术,实现了对证据的智能化摘录与审查分析,显著提高了证据审查的效率和准确性。

(一)证据信息提取与分类

在办理刑事案件的过程中,案卷材料往往繁杂且数量庞大,人工摘录不仅耗时耗力,还容易出现遗漏摘录关键证据、摘录顺序杂乱无章等问题。通过将卷宗材料要素化及标注,建立从材料输入到输出结果的精准映射机制,使系统能从大数据中学习证据的种类并构建相应的模型。一旦模型训练完成,即可针对新输入的数据自动进行分类以及预测可能输出的结果。办案人员上传电子卷宗后,系统运用自动化信息提取技术,如自然语言处理和光学字符识别技术,能够自动从案卷材料中提取证据的关键信息,如时间、地点、人物、事件、金额等,识别证据的类型,然后再根据训练的规则或算法,对提取的信息进行智能分类和制作索引。例如,可以将证据材料按照类型进行分类,如物证、书证、证人证言、电子数据等,对每一类证据再进一步按照实体性证据、程序性证据或时间顺序进行分类,并生成相应的证据索引目录,以便办案人员在需要查阅证据时,可以迅速定位到所需的证据材料。

2024年年初,广东省清远市人民检察院经过三个多月紧锣密鼓地开发、试用与持续优化,在两级院工作网内正式上线应用文书自动生成系统。该系统支持通过全国检察业务应用系统和本地上传两种选择模式导入案件的基本信息和电子卷宗,导入信息的同时自动进行光学字符识别并切割卷宗证据文书。该系统通过运用大语言模型训练技术,能够自动对录入的电子卷宗进行结构化处理并标注,精准提取证据要素,摘录证据并归纳分类。该系统将人工与自动标注模式相结合,在实现自动化数据标注后,所有机器标注结果均需经过程序人员的复核确认,以确保准确性,极大地减轻了办案人员的工作负担,显著提高了案件整体的处理效率。

(二)证据标准化审查

司法机关办案审查证据需要把握证据的合法性、客观性和关联性,这是衡量证据是否具有证据能力及证明力,能否作为定案根据的标准。运用大语言模型的深度学习能力,系统可以实现依据预设的证据标准,对已收集的证据进行标准化审查。在此基础上,系统通过自然语言处理技术,根据《刑事诉讼法》等法律法规对刑事证据审查与认定的相关规定,通过近义词关联,自动识别证据的来源、与待证事实相关的要素,快速判断证据的来源和证明的内容,辅助完成证据的合法性、客观性和关联性审查。在这一过程中,系统可以与预设的证据标准进行比对,自动检测出证明力不足、来源不明的瑕疵证据或非法证据,并提示办案人员进行人工核查,以便及时开展证据效力的核实、补正或排除工作。

贵州省、上海市、广东省广州市等地的司法机关以大数据技术为依托,通过人工智能深度研究,对刑事法律文书、典型案例、司法信息资源进行比对、分析,为常见多发案件制定了证据标准清单,将要素化、结构化的证据标准嵌入公检法三家机构的办案系统,形成"智能辅助办案系统"对证据进行辅助审查分析,旨在推动公检法三家机构的办案人员遵循统一的证据审查标准。在这个系统的倒逼下,侦查人员从接受案件开始就必须按照规定收集固定证据,确保侦查终结移送起诉的案件符合法律规定的标准和程序。同时,系统还具有证据校验、审查判断等功能,检察机关运用该系统,能及时发现、提示证据中的瑕疵和证据之间的矛盾,防止"一步错、步步错、错到底"的现象发生。①

(三)证据自动化分析

在办理证据数量庞杂、案情复杂的案件时,办案人员在分析证据时容易遗漏细节,甚至耗费了大量时间仍无法完全理清证据之间的关系,人工智能系统可以通过数据分析、知识推理等算法,处理复杂的文本数据材料,有效弥补人工分析证据的不足。如垂直大模型可以通过对法律领域的大量文档、判例、法规等进行深度训练,掌握在具体情境下精准处理和分析书证、电子数据等各类证据,并且捕捉其中细微的语义差异和潜在含义的能力,以此辅助检察官对某一类犯罪的构成要件与收集的证据进行关联分析、归纳总结,揭示不同证据之间的内在联系,检测证据之间是否存在逻辑冲突,在发现证据缺乏印证或证据存在矛盾之处时,及时提示办案人员通过补充侦查进一步完善证据以及核实案件事实,为证据分析提供新的思路和方法。

比如,检察官在办理团伙犯罪刑事案件中,对多名嫌疑人存在多份供述不一的情况,可运用垂直大模型构建的智能体对多份供述内容进行结构化处理,比对供述的不同之处,发现关键供述之间的矛盾之处,提示办案人员进一步核实或排除不实供述,有助于全面查清案件事实,为法律适用提供客观的事实基础。检察官还可以根据办案需要,随时针对案件事实的细节进行提问,而大模型则能迅速以自然语言形式反馈答案,并同步关联案件证据中的待证事实要素,助力检察官对案件进行多维度理解。

(四)证据要素图谱构建

大模型凭借其强大的数据处理能力和先进的实体关系分析技术,对

---

① 汤瑜:《上海刑事案件智能辅助办案系统实现信息共享》,载《民主与法制时报》2017年第101期。

输入的案件证据信息进行深入剖析,深挖案件背后的人物关系网、时间序列、物品的流转轨迹及其内在逻辑,提炼出具体要素并转化为可操作的数据信息。大模型可以根据具体案情,将案件中的主体、客体、关系、事件、资金流水等要素以数据列表、证据链、犯罪画像等可视化的证据图表方式清晰展示出来,构建出一幅详尽的案发全景图,为检察官提供决策参考。证据要素图谱不仅能够帮助办案人员直观地查看构成犯罪事实的证据是否确实、充分,还能辅助办案人员全面把握案件事实,获取遗漏的犯罪事实或犯罪嫌疑人线索,深挖上下游存在关联的犯罪嫌疑人,助力全链条打击犯罪行为、发现案件背后的深层次原因和社会治理痛点,助力全面履行检察法律监督职能。

比如,在办理一些复杂的金融、经济犯罪案件中,检察官需要审阅数以千计的银行交易记录、电子邮件、社交媒体消息和通话记录等电子数据。办案人员使用电子数据分析系统,将数据一键导入,系统可以自动采集和提取电子数据,识别数据的关键词并进行分类,如"转账""汇款""合同""协议"等,对资金流向、资金统计、资金对敲和资金特征等进行多维度分析,并通过可视化界面展示数据的分析结果,使办案人员能够直观地理解数据之间的关联,自动生成分析报告,辅助办案人员挖掘隐藏的关联关系和潜在的犯罪行为。在此基础上,检察官结合自身专业判断,对证据进行综合考量,作出归纳推理,最终形成对案件事实的认定,确保案件办理建立在扎实的证据基础之上。

(五)强化技术性证据专门审查

技术性证据专门审查是检察技术工作的重要组成部分,是检察机关发挥法律监督职能的重要途径之一,在刑事检察监督纠错中的作用不容置疑。但技术性证据专门审查因专业性强,对审查人员的专业门槛及从业经验要求较高,同时由于检察机关内部具有鉴定资质的技术人员相对紧缺,因此传统的直接人工审查方式,即将所有的技术性证据不经筛查,均由具有鉴定资质的检察技术人员进行审查,在一定程度上限制了技术性证据专门审查的广泛应用。

运用智能检索工具,可以有效提高法医类技术性证据专门审查的效能。以检察机关内部司法鉴定中心的强大技术资源为依托,由具备鉴定资质、拥有丰富一线鉴定和审查经验的法医,收集损伤、伤残和死因鉴定等常见法医类鉴定相关的国家标准、权威部门释义,并将典型的鉴定案例、审查纠错案例和鉴别筛选后的专家意见整理录入大数据知识库,在丰富本地数据库资源的同时,又可保障入库信息的准确性和相关性,避免了在互联网查找信息时,无法保障数据的准确性、数据繁杂的弊端。

在办案中遇到法医类鉴定技术问题时,案件承办人可第一时间利用本地数据库,结合案情通过人机互动对骨折部位、伤病类型等关键字词进行智能检索,即可获得直接、有效的相关鉴定条款、典型案例,帮助案件承办人对技术性证据的初步采信问题提供有效的参考。如果案件承办人仍有疑问,可再将复杂、疑难的案件送交检察技术部门进行法医审查,这样既能为业务部门提供及时的技术支持,又能集中技术部门优势资源办大案、办要案,有效提升技术性证据的审查效率,为诉讼提供可靠的专业技术保障。

四、法律检索与分析

在办理刑事案件的过程中,准确适用法律法规是确保刑事案件公正处理的关键。然而,随着我国法律体系的更新,法律法规日益庞杂,逐个进行法律法规的单一检索和人工分析的方式已难以满足新时代高效、精准化办案的需求。人工智能技术的引入,为办理刑事案件最迫切需要的智能检索法律、分析法律适用提供了全新的解决方案。

(一)法律法规检索

现行普及率较高的法律检索平台大多是通过识别用户输入的关键词,在关键词匹配的基础上调取法律数据库,进而精准推送相关的法律法规,但存在检索范围受限、检索功能不全面等问题。基于大语言模型构建的智能体,依托大数据收集、存储、处理技术,除了可以构建庞大的法律法规数据库,通过搜索算法从海量的法律法规数据库中实现法律法规的快速检索,还能通过自然语言处理技术解析人类语言,从而对用户的查询意图进行深度理解,更准确地捕捉案情描述中的关键信息,并据此调整检索策略,推送符合查询意图的相关法律法规,提高检索结果的准确性和相关性,方便办案人员掌握某一领域法律和司法解释的体系全貌。当办案人员输入脱密处理后的案情信息时,系统能够自动分析案情数据,并从数据库中筛选出与案情高度相关的法律法规条款,这种技术不仅限于简单的关键词匹配检索,还能识别同义词、近义词,以及根据用户提供的上下文语境中的法律关系,满足更为灵活、多元的法律检索需求,确保检索结果的全面性和精确性。

(二)辅助生成法律分析意见

运用大语言模型,可根据办案实际需要,构建某一专业领域的垂直大模型智能体,通过投喂智能体形成丰富的法律数据知识库,并输入配置要求和具体指令,训练其学习提升调用知识库的能力和输出知识的准确度。目前,市面上有许多内置了丰富的法律规则和撰写模板库、依据自然语言处理技术训练成熟的法律专业智能体,其能自动识别解析用户输入的案情信息和法律分析需求,通过自然语言生成技术,根据案情特点自动选择合适的模板并填充内容,自动撰写法律分析意见和报告。办案人员可以通过自然语言输入需要分析的法律问题,轻点回车即可精准快速搜索到相关的案例、学术观点,智能体根据搜索的结果自动生成法律分析意见。智能体能够根据常见的法律分析模板,辅助办案人员根据犯罪构成要件解剖案情,对行为人的法律定性、刑罚适用逐个进行分析,包括刑事责任年龄情况、累犯、主从犯、诉讼时效问题以及是否属于情节轻微、是否存在公益诉讼线索或行政处罚线索等,并能整合法律法规、案例判决及专家意见、不同学术流派的观点,确保分析意见的准确性和权威性。智能体按照办案人员输入的指令要求,输出法律法规推送和格式化的法律分析意见,为检察官处理案件提供多角度的思考方向和参考,为法律研究和办案实践提供有力支撑。

人工智能在检索法律法规的基础上,结合办案人员给出的具体案情信息,通过构建知识图谱,将法律条文、具体案例的关键要素等信息以图形化的方式展示出来,形成可视化的法律关系图谱。法律知识图谱的构建有助于办案人员直观地理解案件涉及的法律主体、客体以及它们之间的关系。同时,系统还能利用关系推理技术,自动分析案件中的法律关系链条,识别出潜在的法律风险和争议点。

五、类案检索与分析

"类案同办"是司法责任制改革背景下检察人员应遵循的必然准则,特别是在强化员额检察官独立办案与责任承担的情况下,高效检索类案,既可以解决法律适用难题,预警类案偏离风险,确保法律统一正确实施的标尺,通过类案检索与结果论证,回应刑罚合法性和正当性的质疑,又能保护检察人员免受不当外部压力,对司法体制改革具有正面推动作用。

(一)关键词匹配检索类案

机器学习算法使得智能类案检索系统能够从大量裁判案例中学习并提取出常见的争议焦点和适用的法律法规。当遇到新案件时,办案人员能够运用系统自动检索匹配相似案例并进行对比分析,从而获取有价值的参考意见。该系统能够构建存储海量刑事裁判案例的数据库,并利用智能搜索算法,实现快速、准确检索类案。这些案例数据库包含诉讼过程、案件事实、证据、控辩双方和法院的观点、裁判结果、法律依据等详细信息,系统通过关键词标注、主题分类等手段对裁判文书进行了结构化处理,便于系统实现高效检索。当办案人员输入案件特征或关键词时,系统能够迅速从数据库中筛选出与待处理案件相似的历史案例,为办案人员提供参考。

如广东省清远市检察机关正在使用的"智能类案检索系统",集成了先进的类案检索功能,检察官审查起诉的案件逢案必检,帮助快速收集、分析类案信息,更准确地判断案件性质和法律适用。办案人员运用该类案检索系统输入案件特征,如盗窃罪,通过输入盗窃金额、作案手段、犯罪嫌疑人身份等,系统利用深度学习自动分析这些特征,从数据库中筛选出多个相似案例,并按照指导性案例、典型案例、案例所属的检察机关层级从高到低为办案人员推荐相似度高、具备指导性、典型意义的参考案例,随后办案人员可以直接将推荐的类案一键添加至检索报告,最后直接生成具有自动统计数据和详细案例内容的类案检索报告,极大提高了检索效率和检索结果的可参考价值。

然而,随着新型、复杂案件的出现,通过关键词检索类案的系统仅将人工输入的关键词进行简单拆分,并不能有效识别关键词在法律领域中所表达的真实意思,自动替换为语义相近的同义词并作进一步检索,致使检索到的并非实质意义上的类案,可能仅仅是在裁判文书中出现了与检索的关键词相同的词句,也可能遗漏一些有参考价值的实质类案,用户仍需要耗费大量时间与精力逐一核验。由此可见,通过初级智能化的自然语言处理技术获得的类案检索结果的精深度并不理想。在此背景下,引入大模型进行智能化类案检索,其在有效规避手动检索方式存在的类案案件数据不全面、不准确等潜在缺陷的同时,还能极大地提高类案信息检索效率。[1]

(二)深度学习与识别类案

随着技术的发展进步,大语言模型能够自动识别新案件中的复杂模式,学习法律专家的思维模式,遵循类比推理的逻辑,通过训练神经网络模型,大语言模型能够从大量历史案例中学习案件之间的相似性和差异性,采用深度学习和知识元抽取等技术对案例数据进行抽取,对案件结构特征进行深度知识标引,将过往的案例转化为结构化的数据,妥善存档于案例数据库中,并按照办案的内在逻辑进行归纳与提炼,针对不同的案由开展权重和算法设计,实现类案参考体系和类案比对模型的构建。比如,河北检察知识服务类案系统可自动提取全国检察业务应用系统当前案件的电子卷宗和案卡信息,并对案情特征进行多元要素化解构,一键即可智能推送类案。

为满足多样化的类案检索需求,大语言模型智能体可以通过自然语言处理技术,自动识别和提取案件的法律关系、证据链等关键信息,自动分析待处理案件的特征,并将其与类案参考体系进行多维比对,输出最相似的历史案例。

如国内法律大语言模型"通义法睿""MetaLaw"等平台,办案人员使用法律大模型进行检索,只需输入案情概要,平台便能对案件文本进行深

---

[1] 参见丰怡凯:《人工智能辅助量刑场景下的程序正义反思与重塑》,载《现代法学》2023年第6期。

度解析,提取案件特征的关键词,通过算法模型与数据库中的案例进行匹配,迅速搜索案情高度类似的裁判案例,并依据类案判决的主流裁判观点,自动整合推送该案的处理意见和相关法律法规、司法解释,为检察人员的决策提供有力的法律依据和类案参考。相较于使用关键词检索类案的弱人工智能类案检索平台,引入大模型智能体进行类案检索,能有效规避手动输入关键词检索类案这一方式存在的数据不全面、不准确等缺陷,还能极大提高类案检索的效率和检索结果的精确度。每当出现新案件,大模型智能体便启用自然语言处理技术,综合考量文本中案情描述与法律概念的相似性,细致分析每个词项,以判断新案件与数据库中裁判文书的相似程度,不再局限于简单的关键词匹配,而是将高度相关、结构相近的案例筛选出来,形成按相似度排列的阶梯式类案集合。

(三) 智能分析类案

不同地区的司法机关对法律的适用可能存在偏差,为了确保类似案件在法律适用上的统一性和公正性,避免出现同案不同判的情况,检察人员在办理刑事案件的过程中需要对类案进行分析,总结类案的共性问题、裁判适用规则和法律适用难点,为正在办理的刑事案件的正确处理提供决策参考依据。在对类案进行深入剖析和研究的过程,也可以发现法律适用的问题与不足,为完善立法和司法解释提供实践依据,从而推动司法理念的更新和制度的完善。在初级阶段,类案分析更多依赖于人工对检索出的类案进行一一比对分析,而大数据分析技术愈发先进后,类案检索平台可以实现对检索到的类案进行深入剖析,自动提炼裁判要点或规则,对检索结果进行综合分析,总结类案的主要特点和趋势,将类案与待决案件进行对比,分析两者在事实、法律适用等方面的异同。

如"小包公"法律实证分析平台系统借助大数据、云计算、自然语言处理等技术,内置中国裁判文书网公布的裁判文书大数据库,同时支持导入司法机关自有的本地文书。办案人员通过该平台,输入关键词批量检索类案,该平台的自动识别功能支持办案人员根据自己的需求自由设定标签,对类案文本进行文本标注、数据抽取等工作,自动对比分析标注案例的案情、裁判结果等方面的信息,并直接生成可视化图表,图文并茂地展现检索结果,不仅可以为当前案件的处理提供参考,还能借此研究某类型犯罪的特征、案发原因、犯罪趋势以及社会治理问题,为开展犯罪调研、检察机关参与综合治理等工作提供精准、便捷的科技理论和实例支撑。

随着自然语言处理等人工智能技术的发展,大语言模型能够根据实际业务需求对司法大数据自动进行采集、整理、归类和分析。将法律大语言模型私有化部署,可以实现对包括内部非公开的不起诉案例库进行采集收纳,自主建设各类专题案例库,进一步丰富类案来源,帮助办案人员自动比对当前待处理案件与历史案例的异同点,清楚识别案件的独特性和复杂性。同时大语言模型还可以基于人机交互改进结果,兼容各类常见的文本格式,利用检索结果生成表格等多种数据展示形式,提高信息的可视化效果和可读性[1],使检察官在面对复杂案件时,通过询问更多细节、改进清晰度和反馈想法来优化检索,辅助其作出公正合理的处理,以此实现类案同判,降低冤假错案发生的可能性。

六、量刑辅助及认罪认罚

罪责刑相适应原则作为刑法的基石,倡导刑罚的轻重须与犯罪行为相匹配,确保罚当其罪、罪刑均衡。量刑作为定罪后的必经裁判阶段,不仅是对定罪是否合理的确认,也是一种以实质正义为导向的裁判活动。若无合理的量刑,即使定罪准确,也难以实现公众对刑法规范的认同。[2] 以往,量刑的预测性主要依赖于类案检索,然而,囿于检索方式的简单粗糙,以类案检索辅助量刑的模式难以满足量刑规范化改革对于预测精准度的要求。类案检索垂直大模型的引入,则填补了这一空白,它通过深度学习和分析类案裁判数据,不仅能够智能且科学地界定量刑标准,还能预测量刑结果,为实现量刑公正开辟新路径。

(一) 量刑辅助大模型

量刑辅助大模型是基于大数据分析、自然语言处理等技术,整合类似

---

[1] 参见邹劭坤、刘奕群:《通用人工智能模型在司法场景中的应用展望》,载《数字法治》2023年第4期。

[2] 参见冯文杰:《人工智能辅助量刑公正取向的双重构建》,载《华东理工大学学报(社会科学版)》2020年第6期。

案件的判决情况与构建量刑规范化指导意见所确认的规则数据,通过"规范计算+态势分析"的整体功能设计,深入剖析所有已决类案的量刑信息,捕捉量刑趋势,与当前案件进行细致比对,通过对案件特征、法律依据、量刑情节等因素的综合考量,推算出刑期的合理区间,从而实现对裁判结果的智能预测与评估。

如广东省清远市检察机关与技术公司共同构建的智能量刑辅助系统,该系统基于大模型运算技术,高效辅助办案人员生成精准、具体的量刑建议。在办理一宗故意伤害案中,办案人员输入故意伤害案由、案发原因、犯罪行为特征、被害人损伤程度、犯罪嫌疑人前科情况、赔偿谅解等影响量刑的情节,或者手动上传含有基本案情的审查报告、起诉书等法律文书,系统自动识别上述案情因素,按照不同量刑情节的法定加重、减轻或从轻幅度,经过算法运算得出可能的裁判结果范围。办案人员根据这一预测结果的计算过程,还能继续结合案件的实际情况在法定加重、减轻或从轻幅度内进行调整,重新计算得出更合理的预期量刑。当办案人员对量刑建议存在疑虑时,大模型可以同步推送关于当前案件量刑预测结果的法律依据,以及检索类案的数量、刑期分布、平均刑期、类案地区分布、类案裁判文书内容等可视化图表,图表数据支持反查数据源头,从而为分析预测结果提供科学合理的数据支撑。借助于法律大语言模型构建的垂直智能体,办案人员还可与模型智能体展开对话交互,探询案件的预期量刑、处理方式和更为优化的解决方案,共同探寻公平正义的最优路径。这种人机深度协作的模式,不仅促进了"同案同判"的一致性,同时也兼顾了个案差异的复杂性,实现了二者的巧妙平衡。

大模型技术的发展,使量刑辅助系统可以精准预测当前案件的裁判结果,快速给出具体的量刑建议,有助于办案人员更好地把握案件走向,为办案人员决策提供参考,在一定程度上可以限制裁量权的任意行使,减少人为因素对裁判结果的影响,确保案件处理的公正性。但同时也存在部分人认为量刑辅助系统会在实践中侵蚀、削弱法官的自由裁量权,导致法官机械裁量、量刑趋同而侵害辩方诉权的隐忧。[1] 为此,量刑辅

---

[1] 参见张博雯:《人工智能辅助刑事诉讼决策的正当性及风险消解——以量刑辅助系统为视角》,载《北京警察学院学报》2024 年第 6 期。

助系统作为辅助司法的工具,应当保证其算法的公平、公正、公开,从而实现程序与实体的双重正义。

(二)辅助认罪认罚

行为人是否深刻认识到自身行为的错误、是否具有真诚悔罪的行为表现是检察机关开展认罪认罚工作的前提。大语言模型可以通过设置"私人定制"智能体实现自然语言对话,运用计算机视觉和语音合成等技术,进行形象、声音、动作等模型训练,并外化为数字检察官形象,再根据输入的文本进行自动诵读,向犯罪嫌疑人或被告人详细告知和解析认罪认罚从宽制度。数字检察官还可以协助办案人员向犯罪嫌疑人、被告人释法说理,根据对方提出的问题,实时解答,以人机交互的方式引导帮助当事人理解认罪认罚从宽制度。在该过程中,智能体可以根据当事人或检察办案人员的需要,搜索类案和相关法律依据,结合案情展示类似案件的判决结果和量刑情况,为犯罪嫌疑人、被告人提供直观的量刑参考依据。通过对比类案的判决结果和量刑情节,帮助犯罪嫌疑人、被告人更好地理解自己的处境和可能面临的法律后果。同时智能体还能根据案件的具体情况预测合理的量刑范围,为犯罪嫌疑人、被告人提供明确的量刑预期,打消其对定罪量刑的疑虑,促使其认罪认罚。

广东省清远市检察机关在推进数字检察工作的过程中,积极引入智能类案检索系统和案例库等资源,针对"认罪认罚"流程构建智能体和数字检察官形象,为检察人员开展认罪认罚提供了强大的技术支持。例如,在办案过程中,检察人员利用智能体快速检索到多起类似案例并详细分析了这些案例的判决结果和量刑情节,通过对比分析和预测模型计算,系统为检察人员提出了精准的定罪量刑建议。同时还通过构建智能体与犯罪嫌疑人进行沟通与教育,向犯罪嫌疑人解释了案件事实、法律后果及认罪认罚的意义。在人工智能技术的辅助下,可以快速促成犯罪嫌疑人自愿认罪认罚并积极配合补充侦查取证工作,充分展示了人工智能在辅助认罪认罚中的重要作用。人工智能的智能沟通与教育、类案展示与量刑预测等功能在刑事检察工作中的应用,极大地提高了定罪、量刑建议的准确性和认罪认罚的积极性和整体效率。

(三) 法律风险分析预测

人工智能在根据案件情节计算预测量刑,辅助检察机关提出具体量刑建议的同时,亦可结合类案检索分析的功能,对检察机关拟作出的处理决定或量刑建议进行量刑偏离度预警。部分地区司法机关正在研发量刑偏离度预警系统,人工智能在该过程中通过检索生效裁判文书,找到与当前案件相似的案例,并将当前案例与生效裁判结果进行比较,分析当前案件的处理是否存在结果偏离,并形成偏离分析报告,为司法办案人员提供相应的量刑纠偏建议。检察人员在对案件作出终局处理或决定前,可以借助人工智能系统综合分析案情、法律法规及案例判决等多方面信息,评估不同处理方案的潜在风险和收益,并给出相应的建议和预警。例如,在办理存在争议的开设赌场罪或赌博罪案件时,系统可以根据案情描述自动生成包含事实认定、法律依据、定罪量刑及不同观点的解决方案等在内的综合法律分析意见,为办案人员提供法律适用、决策和风险评估参考。这种决策支持和风险评估功能有助于办案人员更加全面、客观地审视案件问题,制定更加科学合理的决策处理方案。

七、法律文书生成优化

法律文书质量是检察机关刑事办案质量的重要体现,其格式和内容都有一定的规范和要求,也是展现司法公正与专业素养的重要窗口。表述严谨、准确,逻辑清晰,法律适用得当的法律文书能够彰显法律的严肃性和规范性,人工智能以其高效且卓越的自然语言处理技术,辅助检察人员自动生成规范化的文书,从而减少文书的瑕疵和错误。

(一) 自动化生成法律文书

依托全国检察业务应用系统,自动生成法律文书的基本功能现已普及,但目前系统内自动生成的法律文书仅涵盖系统中录入的结构化数据内容,如案卡填录的当事人身份信息、侦查单位等相对固定的信息,是对录入信息的简单抓取,在事实描述、证据总结、法律适用的论述分析上仍需要由检察官主导并通过人工完成。然而,借助人工智能卓越的自然语言理解和生成能力,检察办案人员在履行批准逮捕、提起公诉、法律监督职能的过程中,可结合技术更先进、训练更成熟的大语言模型系统,根据预设的文书格式模板和表述规则,结合案件事实和法律依据,辅助自动生成合乎事实、规范的审查报告、起诉书、起诉意见书等法律文书。如广东省清远市检察机关部署的"刑事证据审查及文书生成智能系统",可根据案件的电子卷宗证据材料和文书范本,利用图文识别和自然语言处理等技术,基于智能提取的证据要素,依照法律法规实现定罪量刑判断,智能生成"三书一报告"(即起诉书、量刑建议书、认罪认罚具结书和审查报告),并可以一键下载及预览,办案人员只需对生成的文书进行简单修改和确认即可使用。自该应用正式上线以来,全市基层检察院对新受理的200余件醉酒危险驾驶案件和盗窃案件进行了应用,并对《最高人民法院、最高人民检察院、公安部、司法部关于办理醉酒危险驾驶刑事案件的意见》实施以来,受理的部分醉酒危险驾驶案件进行了试用,大大提高了文书的处理速度和证据审查的精准度,醉酒危险驾驶案件的办案时长由原来的最少半天时间缩短到一小时以内,实现了识别精准化、运行快捷化、操作简便化的预期目标,助力轻罪案件高效办结,极大提升了司法效率。

(二)智能优化与个性化定制

除了自动生成法律文书,利用大语言模型强大的自然语言处理技术和机器学习算法可以对生成的法律文书进行智能纠错和审核。大模型通过自动检测文书中可能存在的语法错误、拼写错误、格式错误,甚至是新旧法律法规适用错误等问题,结合案件的具体情况和法律适用,提供相应的修改建议,对文书的结构和内容进行优化调整。大模型还可以根据办案人员提出的更多具体需求和目标,如制发检察建议推动社会治理、总结工作经验、撰写典型案例、撰写调研报告等,对法律文书进行个性化定制生成和优化。大模型可以模拟人类的逻辑思考能力,根据办案人员发出的设定背景与目标、具体的生成和修改指令进行多模态交互,再以动态形式提出逻辑连贯的问题,理解人类的意图,对拟定稿文书的逻辑性和合理性进行审核,自动查询并调用各行业领域的专业知识,确保正确使用专业词汇,最终产出高质量的专业法律文书,提高文书的准确性和严谨性。大模型还可以根据办案人员不同的写作要求、写作风格和写作习惯,调整文书的措辞和表达方式,以贴合刑事检察工作文书制作多样化的需要。

八、社会危险性量化评估

社会危险性是决定捕与不捕的重要因素,也是最可变、最不可控的因素。在司法实践中,由于缺少客观可操作的标准,捕与不捕完全依赖承办人员的主观判断,一定程度上导致逮捕案件的质量不高[1],人工智能技术使社会危险性量化评估成为现实,将有效改善这一状况。

在社会危险性评估过程中,数据的收集与分析是基础,人工智能通过自然语言处理和光学字符识别技术,能够自动从法律文书、案件卷宗、监控视频等中提取关键信息,如犯罪嫌疑人、被告人的年龄、学历、户籍地、现居住地、工作简历等个人信息,以及犯罪事实、社会关系、前科记录等,这些信息为后续的评估工作提供了丰富的数据基础。人工智能技术能够构建精准的羁押必要性审查和人身危险性量化评估模型,再将该模型设置到人工智能系统中,人工智能基于学习模型计算规则,经过大量历史数据和算法分析训练,如决策树、神经网络、支持向量机等,根据办案人员输入的犯罪嫌疑人、被告人的涉案信息,运用多种算法自动计算并输出评估结果。

如山西省运城市人民检察院构建了由3个方面、60项指标、7个附注组成的"社会危险性量化指标体系",实现了以客观标准约束主观判断,以分值形式量化抽象社会危险的效果的社会危险性量化评估系统。[2] 在量化评估过程中,系统可以对犯罪嫌疑人的社会危险性进行多维度评估。评估指标可能包括犯罪性质、犯罪手段、犯罪动机、前科记录、家庭背景、经济状况、社会支持等多个方面,且每个评估指标可以被赋予不同的分值。人工智能系统通过综合分析这些评估因素,根据评估指标分值综合计算输出评估结果。此外,系统还能够预测犯罪嫌疑人、被告人未来可能

---

[1] 参见原琳:《构建非羁押诉讼工作体系 规范不捕裁量权行使》,载《中国检察官》2024年第12期。

[2] 参见原琳:《构建非羁押诉讼工作体系 规范不捕裁量权行使》,载《中国检察官》2024年第12期。

的行为模式和再犯风险,从而为检察官在审查逮捕工作中判断其是否具有人身危险性,以及开展羁押必要性审查工作中判断其是否需要继续羁押提供科学、客观的决策依据。

九、辅助出庭公诉

在刑事司法程序中,庭审在查明事实、认定证据、保护诉权、公正裁判中发挥着决定性作用[1],出庭公诉是检察官履行职责的重要环节,其成功与否直接关系到案件的公正审判和法律的正确实施。人工智能技术在辅助检察官强化庭审指控犯罪效果上大有可为,其能够全面提高出庭公诉的质量和效果。

(一)证据梳理分析

出庭公诉前,检察官需要花费大量时间全面复盘、梳理和分析案件的证据,确保指控犯罪事实的证据链具备完整性和充分性。人工智能通过自然语言处理、图像识别等技术,能够自动识别并提取案件中的文本、图片、视频等多种类型的证据材料,通过关键词匹配、语义分析,对证据证明的内容进行归纳和分类,同时还能对证据之间的关联性进行分析,帮助检察官快速构建证据链,确保清晰呈现案件事实。通过人工智能技术,可以实现对证据的智能检索与定位。检察官在开庭时,能够以语音指令或关键词搜索等方式,快速检索和定位到所需的证据材料,根据案件特点和庭审实际,围绕犯罪构成要件和争议焦点,合理安排示证顺序,并根据证据证明事实的具体情况,对存在争议、模糊不清的内容提前制定好当庭讯问、询问提纲,确保庭审中检察官的发问简洁清楚,以上技术应用在庭前准备工作中可明显提高庭审的效率。

(二)证据出示

目前,庭审过程中检察官常用的"宣读式"示证方式,因举证、质证不充分,已难以适应庭审实质化的要求。使用多媒体示证虽然可以在一定

---

[1] 参见肖杨钟:《论庭审实质化与证人出庭作证》,载《铁道警察学院学报》2021年第3期。

程度上改善这一问题,如制作 PPT,但因庭前准备工作量大,且展示的证据是经过选取编辑的,不是来自案卷中的原始证据,证据的直观性大打折扣。人工智能可以通过自然语言处理和知识图谱技术,自动提取案件中的法律关系、证据链等关键信息,进行结构化展示。该技术的应用,可以全面、直观地展示证据,同时也保留了证据的原貌。检察官在法庭上利用这一技术全面、客观地展示证据,使得举证、示证更加公开、透明,这不仅有利于检察官清晰地发表公诉意见,也有利于被告人更好地理解证据的出示情况,同时还有助于旁听人员接受法治宣传教育,使审判程序更加公开公正、指控更具说服力。在庭审中,检察官可以通过操控人工智能系统的编辑界面,将证据材料在主屏投影区直观地展示在法庭上。除了直观地展示证据原貌,运用人工智能技术,还能对录音、录像、制作的视频等视听资料证据进行智能识别,将语音转化为文字,自动形成字幕和标注、索引,方便后续展示和分析证据。在年代久远的故意杀人案、案发现场难以复原的重大责任安全事故等重大或疑难、复杂案件中,可以通过人工智能技术对案发现场进行三维实景扫描和重建,自动将文书生成视频,将文本资料快速转换为视频形式,模拟犯罪现场或事故过程,使诉讼参与人以"见证人"的角色"目睹"犯罪发生的整个过程。这种展示方式能够最大程度还原证据证明的事实原貌,增强庭审的直观性,提升庭审指控犯罪的效果。

(三)庭审策略优化

人工智能系统能够利用自然语言处理技术对被告人的辩护意见进行智能分析,制定公诉和答辩策略。系统可以自动提取辩护意见中的关键信息,如事实争议点、法律适用争议点等,并对其进行分类和归纳。广东省英德市人民检察院依托大语言模型构建的"智检答辩"智能体,其主要用于为检察官提供模拟庭审答辩、深度分析案件争议点及自动生成答辩提纲等辅助,并配置了思维导图助手、流程图助手、图表生成创建等插件用于展示和梳理证据和法律关系,通过对比辩护意见与案件证据、法律规定,还可以初步评估辩护意见,为检察官准备庭审讯问、询问、答辩等提供策略参考。检察官在办案过程中利用智能类案平台对案件深入剖析,通过当庭出示智能类案分析报告,结合生效类案的裁判结果对辩护意见进行说理答辩,为办案人员指控犯罪、回应辩护意见提供有力的数据支撑和帮助。人工智能系统还可以通过构建虚拟法庭、模拟对抗等场景,为检察官提供模拟庭审实战演练的平台,对庭审辩论、庭审中被告人翻供、证人翻证等情况,通过反复模拟和演练,由系统根据检察官的表现和策略选择,给出即时的反馈和建议,帮助检察官发现潜在的问题和不足,不断优化调整公诉策略,提高庭审应对能力。

第二节　在刑事诉讼法律监督中的应用场景

检察机关作为法律监督机关,其中一项重要职能就是对办案机关在刑事诉讼过程中出现的问题,通过纠正违法、抗诉等多种监督方式予以纠正,确保刑事案件的质效。过去检察机关查找监督线索主要是通过人工审查、评查案件纸质文书和对比法律规定,此类工作方式不仅费时费力,还会出现线索遗失或者发现不及时等情形。在总结归纳常见的监督规则的基础上,依照法律监督数字模型的运行逻辑,采用人工智能自动化挖掘监督线索、一体化开展监督工作可以显著提升法律监督质效。

一、刑事立案监督

检察机关通过运用大数据、自然语言处理、机器学习等先进技术,能够更高效地搜集与关联分析海量信息,精准发现、定位潜在的犯罪线索,提升检察机关刑事立案监督的效能。

(一)信息情报搜集

在信息化迅速发展的时代,犯罪嫌疑人在实施犯罪过程中的"吃、喝、住、行"往往会留下大量的电子数据痕迹。人工智能技术通过智能信息情报搜集系统,能够高效地从互联网、社交媒体、移动通信系统等多个渠道搜集与犯罪行为相关的数据。例如,在跨境赌博、电信网络诈骗等案件中,人工智能技术可以通过收集犯罪嫌疑人的涉案银行账户数据、通信记录、住宿记录等海量数据,分析犯罪嫌疑人的资金流动、通信出行情况,刻画出犯罪嫌疑人的活动轨迹和挖掘出其他关联行为人的信息。同时,人工智能技术可以将看似孤立的数据点串联起来深度关联分析,形成完整的犯罪链条。例如,在"两卡"(银行卡、电话卡)犯罪中,通过分析银行卡交易记录、手机通话记录等数据,可以揭示出犯罪团伙的组织架构、资金流转路径等关键信息,为全面打击团伙犯罪提供有力的监督立案线索。

如美亚柏科等公司开发的电子数据存证分析一体化应用,支持将案件中的电子证据数据统一上传至服务器保存,形成海量的专门数据库,通过区块链技术对电子数据进行高效采集、存储、传输、验证和共享,同时确保了数据的安全性、完整性和可追溯性,平台集成了多维智能分析和线索预警功能,支持接入取证数据、第三方数据、调证数据等,实现高效的数据接入、查询、存储和分析,通过智能分析和综合研判,提升了数据利用效率,不仅为办案人员提供了阅读、查询、审查电子证据的便捷平台,还可通过这些数据挖掘犯罪线索,开展立案监督工作,进一步拓展线索来源。

(二)智能化运行监督模型

运用大模型技术强大的自然语言生成及理解能力,检察人员可以快速有效地从海量信息中筛选出有价值的犯罪线索。首先,检察人员将数据碰撞的规则和监督依据通过数据关联表格预设内置到大语言平台上,再通过"投喂"输入表格对应类别的数据,大语言平台能够对与特定事件相关的各种信息进行智能化关联、碰撞,挖掘和整理出异常数据线索。如珠海市人民检察院通过运行"侦查机关刑拘未移诉案件两项监督"等模型,自动分析相关办案数据,发现异常线索再经过大语言平台智能分析后,可以直接呈现给办案人员,帮助他们把握立案监督的方向。

如广东省清远市检察机关在实践中把大数据法律监督模型的规则内置到"远图大模型",再将案件数据"投喂"到该模型应用平台上,使检察干警能够通过该模型提供的监督场景,深度挖掘监督点。同时,也可以通过联通自建的"小包公"法律实证分析平台,在可视化、问答式、自定义、拖拽式的简易操作界面中使用大语言平台提供的监督模型,极大地提高了检察机关通过建模从行政行为、民事行为数据中及时发现刑事立案监督线索的灵活性和互动性。

二、侦查活动监督

在实践中,虽然刑事侦查活动的方法、手段和需要监督的情形非常繁杂,但通过归纳梳理,仍可总结出多发、频发、高发的违法事项风险点,围绕违法风险点和侦查活动监督规则,将法律监督思维融入智能化公式计算,通过人工智能技术辅助审查案件侦查活动的细节,根据特定公式自动分析识别侦查活动中的违法行为,可以有效提升侦查活动监督线索的发现率,深化检察机关对执法和侦查活动的监督,切实提高刑事案件办案质量。

(一)自动审查与实时监控

在审查起诉阶段,人工智能系统可以辅助办案人员对侦查活动进行审查和监督。首先,对人工智能预设监督事项规则,如拘传证、逮捕证、笔录等法律文书填写不完整、不规范等格式化监督事项规则;拘传时间超过12小时、未在24小时内将被拘留人员送看守所、通知家属等与时间有关的监督事项规则等。在预设规则的前提下,系统可以运用自然语言处理和光学字符识别技术对侦查机关移送上传的电子案卷材料进行自动化识别与审查,利用人工智能数据采集、整理、分析等综合方面的优势,通过后台设计自动筛查公式,实现违法情形与案卡数据、文书内容的自动检索和有效比对,发现其中的问题和瑕疵,提示办案人员进一步核实、补充或开展监督,并自动进行监督方式的繁简分流,有效提高监督效率。人工智能系统还能够对侦查活动产生的数据进行深度分析,通过分析侦查机关的取证方式、证据收集情况、案件处理结果等要素,判断侦查活动是否符合法律规定和程序要求。人工智能系统在自动化审查过程中,可以实现对侦查活动的实时监控,对侦查过程中的关键节点进行预警。例如,系统可以对侦查机关的取证行为、强制措施执行情况等进行实时监控,一旦发现违法违规行为,立即向办案人员发出预警信号,提示其及时监督纠正。检察机关还能够根据辩护人对证据提出疑问或申请排除非法证据等需要,通过人工智能系统对案件证据卷宗进行回溯性定位审查,对侦查过程中的关键节点再次进行审查评估,确保侦查活动的合法性和规范性。

(二)跨部门数据整合与风险提示

借鉴公安机关的办案系统能够促进不同侦查机关之间的信息共享和协作,实现案件线索、证据材料等的快速传递和整合,检察机关可以通过与侦查机关构建跨部门协同办案平台,进行办案数据与侦查活动的实时传递共享,便于检察机关线上提前介入引导侦查和开展侦查活动监督,助力提升侦查效率,确保办案质量。如目前正在推广应用的广东省政法跨部门大数据办案平台,进一步加快了办案信息传输,有效提升了危险驾驶罪、盗窃罪等案件的办理质效。此外,系统也能对当前正在侦办的案件与同类案件进行横向比较,评估侦查活动的整体效果和质量,为下一步调整侦查行为方式提供数据分析参考。通过跨部门协同办案平台并运用人工智能技术,可建立类案监督事前提示功能,该平台系统可以总结记录多发、频发、高发的侦查活动违法事项,通过设置风险提示功能向侦查机关自动推送提示信息。侦查机关在侦查类案和处理类似问题时,检察机关可通过弹窗提示、文书标红等信息化手段有效进行违法行为风险提示,实现类案监督和事前提示有机融合。

三、刑事审判监督

传统的刑事审判监督模式是以人工审查为主的"点状"办案模式,易出现文书流转不及时、人工审查疏漏、个案审查难以形成监督合力等问题,影响办案质效。[①] 通过精密设计的大语言模型等人工智能系统,能够快速构建大数据类案研判数据库,合理运用大数据智能研判裁判结果,为刑事审判监督工作提供科学方法和海量数据支持,有力助推刑事审判监督高质量发展。

(一)审判监督数据分析

人工智能系统能够利用多种信息技术,与全国检察业务应用系统、

---

① 参见罗莎莎、黄艳洁、华雪松:《一秒就能对撞出几十条类案线索》,载《法治日报》2023年9月11日,第3版。

大数据监督平台、政法协同平台建设相融合,整合司法机关内部的案件数据库、外部公开的裁判文书等法律文书数据库资源。通过向系统投喂训练关于案件裁判文书的语言表述逻辑结构、刑事审判监督规则和常见监督点,按照监督规则的内容,设定数据要素抽取和数据碰撞运行的路径,人工智能可以根据监督规则的运行路径模拟检察官对刑事裁判文书开展数据要素自动化标注、抽取,对裁判的关键要素进行数据碰撞、分析,使其能够自动运用自然语言处理、大数据分析等技术对批量的裁判文书、审判活动进行深度挖掘和分析,识别审判活动中的规律、程序违法和审判结果存在的问题,从而在海量案件数据中挖掘出潜在的审判监督线索。

比如,陕西省宝鸡市人民检察院的审判监督智能辅助办案系统,紧盯内部"富矿",盘活全国检察业务应用系统内部数据,系统平台内置了多个审判监督模型,当案件判决生效后,将判决材料导入至系统平台上,平台可根据不同监督规则,归集、碰撞数据得出监督线索,并自动向监督主体推送、分配、反馈线索,及时帮助检察官快速发现问题。通过人工智能数据分析审判结果,检察官可以更有针对性地开展审判监督工作。人工智能还可以根据具体的监督点和法律监督依据,辅助检察官一键式生成刑事审判监督文书,并通过政法协同平台直接将监督文书线上送达法院,提升监督的精准性和时效性,确保每一起案件的裁判过程和结果的公平公正。

(二)裁判文书智能审查

检察官每办理一起刑事案件,均可以将判决文书上传至裁判文书智能审查系统,系统通过自动识别、提取文书中的案由、量刑情节等关键信息,对裁判文书进行格式和内容审查,将检察机关起诉认定的事实与法院判决认定的事实进行比对分析,标注案件诉判不一的内容,并将案件判决的内容与其他类似的裁判案例进行对比,分析当前案件认定的罪名、量刑情节、判决理由、法律适用等是否准确。通过与类似裁判案例进行对比分析,识别文书中是否存在逻辑错误、法律适用不当等问题,全面分析、评估其法律适用、事实认定等方面的准确性,判断裁判结果是否公正合理。对于可能存在错误或不合理的文书信息,及时推送并提醒检察官进行重点审查,减少法院裁判文书的错误和瑕疵。若发现当前案件在事实认定、法律适用等方面存在明显偏差时,系统会及时提示检察机关关注该案件,作为潜在的抗诉线索。裁判文书智能审查系统能够减少人工审查模式下因不同检察官监督水平存在差异可能出现的遗漏,提升审判监督质效。

比如,江苏省无锡市梁溪区人民检察院探索研发了集数据集纳、线索研判、类案监督于一体的刑事审判监督智能辅助办案系统,该系统可以通过个案解析梳理出类案规律,结合抗诉判例库,采集监督要点,将监督要点提炼为监督规则,并采用智能语义分析技术从刑事判决书中自动提取关键要素字段,形成案件要素矩阵,通过数据碰撞、对比,从海量数据中自动推送或筛选监督线索。① 利用该系统,检察官将办理的一起贩卖、运输毒品案判决书录入系统后,系统通过数据对比判断出判决书中含有"违法所得""违禁品"等涉案财物内容,但不含"追缴""没收"等处置的表述,系统即刻向检察官作出预警,检察官对线索进行研判审查后发现,涉案毒品仍被扣押在基层派出所,尚未依法处理,也未对违法所得以追缴,该院据此提出抗诉,得到法院采纳。②

(三)庭审智能监督

人工智能技术的语音识别与记录功能在庭审活动中的普及,能够实时捕捉并转换各方的发言内容,自动生成庭审笔录,人工智能通过实时记录庭审过程,识别并标记关键证据、控辩双方的争议焦点等,确保了庭审记录的准确性和完整性,通过实时监控、智能识别等手段,能够有效提升对庭审活动过程的监督能力。人工智能技术利用语音识别和自然语言处理等技术构建审判活动实时监控系统,该系统能够接入法院的庭审直播、录音录像等资源,对庭审过程进行实时监控。

如云从科技公司开发的视频大数据系统,可基于视频全解析、大数据分析、云计算等技术,结合业务需求,提供视频全解析、多维感知数据清洗汇聚、视图数据级联、视频研判于一体的视频大数据业务实战系统,通过

---

① 参见罗莎莎、黄艳洁、华雪松:《一秒就能对撞出几十条类案线索》,载《法治日报》2023年9月11日,第3版。

② 参见罗莎莎、黄艳洁、华雪松:《一秒就能对撞出几十条类案线索》,载《法治日报》2023年9月11日,第3版。

设定庭审标准化的流程目标,能够自动识别庭审中的违规行为,如法官违反程序、律师不当辩护等,并及时向检察机关发出预警信号。通过实现庭审智能实时监控,对庭审程序进行监督,确保了庭审活动过程的合法性和公正性。

第八章
人工智能在民事检察业务中的应用
Chapter
8

人民检察院依法对民事诉讼和执行活动实行法律监督,是中国特色社会主义检察制度的重要内容,也是我国司法制度的鲜明特色。民事检察是检察机关为保障民事法律统一正确实施而进行的法律监督,核心是对公权力的监督,即对法院审判权和执行权的监督。民事检察的监督范围涉及民事诉讼的全过程,从案件的受理、审理到裁判的执行,主要包括对民事审判的监督和对民事执行的监督两个方面,对民事审判的监督又包括三个方面,即对生效裁判的监督、对损害国家或者社会公共利益的调解书的监督、对审判监督程序以外的其他审判程序中审判人员违法行为的监督。[1]

随着大数据、人工智能、区块链等信息网络技术的发展与应用,我国各级检察机关正逐步将信息网络技术引入法律监督工作之中,实现了由被动化、碎片化、浅层化的传统法律监督模式向主动化、整体化、深层化的数字法律监督模式转型与变革。[2] 近年来,检察机关民事检察监督工作取得了长足进步,但同时存在监督宽度不够、监督力度不大、监督机制不完善以及监督成效不明显等问题。[3] 随着互联网、大数据、人工智能的飞速融合发展,人类逐步进入智能互联网时代,形成算法主导—数字生态、人机共处—智慧互动、双层空间—虚实同构的时代特征。[4] 人类社会已经进入以"物联网"为代表的第四次工业革命时代,许多物品都可以和网络相连接,其在使用中会产生海量数据的积累和流动,这就需要人工智能对海量数据进行分析。第四次工业革命的重要特征,就是人工智能的广泛使用。[5] 在民事检察领域,人工智能技术的应用可以显著提升办案质效。对于简单案件,人工智能技术的应用使得检察官能够从繁重的机械劳动中解放出来,实现高效率、低成本办案,如运用人工智能可以实现对案情、争

---

[1] 参见张雪樵、万春、王轶主编:《民事检察业务》,中国检察出版社 2022 年版,第 17 页。
[2] 参见贾宇:《论数字检察》,载《中国法学》2023 年第 1 期。
[3] 参见王焰明:《基层检察机关提升民事检察监督质效的探索》,载《中国检察官》2023 年第 3 期。
[4] 参见赵毅宇:《检察监督智能化的发展隐忧及应对逻辑》,载《法制与社会发展》2023 年第 2 期。
[5] 参见〔日〕福田雅树、林秀弥、成原慧:《AI 联结的社会:人工智能网络化时代的伦理与法律》,宋爱译,社会科学文献出版社 2020 年版,第 4 页。

议焦点的精准归纳,再借助法律咨询问答、文书自动生成等功能,在较短的时间内完成案件办理。对于复杂案件,人工智能技术通过深度学习和大数据分析,能够对海量的司法案例进行自动挖掘和预测,形成统一的智能化算法或参考指引。这种技术的应用,使得检察官在处理案件时可以参考数据驱动的决策,而非单纯依赖于自身的法学素养和经验判断,从而提升监督的客观性和准确性。

习近平总书记在对政法工作的重要指示中强调,"奋力推进政法工作现代化"。加快推进民事检察现代化,对实现检察现代化、政法工作现代化及至中国式现代化至关重要。在民事检察现代化的推进过程中,人工智能所带来的已不再是过去外在技术装备的更新换代,而是对检察监督运行的重塑式变革。近年来,检察机关按照民事检察的工作要求与业务需求,结合检察官的办案经验,在人工智能辅助民事检察业务方面进行了积极探索[1],取得了初步成效,检察监督实现了网络纵向贯通、应用横向联通,但在网络、平台、数据、应用、模型等方面距离"大融合"还有不小差距。[2] 在新时代背景下,如何把握数字发展规律,科学应用人工智能技术,为民事检察现代化的发展提质增效成为一道必答题。

第一节　人工智能在民事生效裁判监督中的应用

民事案件的类型广泛,覆盖了从婚姻家事到合同争议、无因管理以及不当得利等多个领域。这些案件与公民生活息息相关,并且都有可能成为检察机关监督的对象。随着经济社会的不断进步,诸如网络服务合同纠纷等新型案件也开始进入检察监督的视野。民事生效裁判监督案件的案由繁杂,找寻不同案件间的内在联系和规律性也相应增加了难度,难以实现标准化和归类,但人工智能的运用为案件办理提供了诸多便利。

---

[1] 参见滕艳军、袁园:《民事检察与现代科技深度融合发展探究》,载《人民检察》2021年第4期。

[2] 参见邱春艳:《深入贯彻习近平法治思想 以"数字革命"驱动新时代检察工作高质量发展》,载《检察日报》2022年6月30日,第1版。

一、案件事实认定

自然语言处理技术是人工智能领域的一个重要分支,其核心原理在于使计算机能够理解和处理人类自然语言。自然语言处理技术在民事案件事实归纳整理中的应用,涉及对法律文本的深度理解、信息提取、语义分析等复杂过程。

文本预处理是自然语言处理技术应用的第一步,包括去除无关字符、分词、词性标注等。在民事案件中,首先应将案件材料、裁判文书等文本分解为基本的语言单位(如单词或短语),并标记它们的词性(如名词、动词等),为后续分析打下基础。接着是进行实体识别,即识别文本中的关键实体,如当事人、地点、时间、法律条款等。这通常通过命名实体识别(NER)技术实现,该技术能够识别文本中具有特定意义的实体,并标注其类型。在识别出关键实体后,自然语言处理技术可以进一步分析这些实体之间的关系。例如,在案件事实描述中,识别出"原告"和"被告"两个实体后,自然语言处理技术可以分析它们之间的诉讼关系,如原告对被告的诉讼请求等。之后是进行语义分析,即理解文本的深层含义。自然语言处理技术不仅可以理解文本的字面意思,还可以理解蕴含其中的法律概念和逻辑关系。例如,理解"违约"一词在特定案件背景下的法律含义。再是进行信息抽取与总结,自然语言处理技术能够从大量文本中抽取关键信息和证据,形成清晰的事实归纳,并生成摘要。最后是构建知识图谱,将案件事实、法律条文、案例等知识以图形化的方式组织起来,便于检察人员全面理解和分析案件。

2024年以来,广东省清远市检察机关坚持以数字化、智能化重塑各项工作,依托开源大语言模型,积极构建检察智能体,持续推进"搭建语料库—培育智能体—构建大模型"的"三步走"人工智能检察"清远路径"。目前,全市两级院民事检察部门在COZE、智谱清言等平台构建了16个检察智能体。以广东省阳山县人民检察院在COZE平台创建的"民事检察官小助理"智能体为例,通过对其进行角色设定,即模拟一位经验丰富且专业的民事检察官,能够熟练处理各类复杂的民事检察案件,并为其建设精选的优质知识库,精选法律法规、典型案例、核心期刊论文等资料,同时添加多种插件和工作流,如"元典问达""类案检索""天眼查"等16个插件担当在线专业辅助,以及5个工作流作为固定的逻辑思维辅助,使智能体可以根据用户的不同问题以及具体案件,选择或自定义工作流程,更好地匹配干警需求。如一宗涉及大型建筑项目的合同纠纷案件,承包商A指控开发商B未能按照合同条款支付工程进度款,而开发商B则反诉承包商A延误进度且工程存在质量问题,案件涉及上百页的工程文件、合同条款、通信记录、财务报表和工程进度报告,案情较为复杂。智能体可以利用自然语言处理技术,快速阅读并筛选出与合同条款、支付记录、工程进度和质量标准相关的关键文档,提取出事实描述、法律争议点等信息,进行数据整理与初步分析;并且可以将案件事实、证据关系等信息通过图表、时间线等可视化工具展示出来,使复杂的信息更加直观,辅助检察官理解案情。

二、数据分析处理

数据是数字经济时代的"石油",人工智能则是数字经济时代的"马达",两者在数字检察中的地位和功能亦是如此。① 在数字检察中,作为法律监督对象的相关案件信息会以数字形式呈现,数字检察在运行中也会产生并积累海量数据,这就需要在数字检察中引入人工智能,利用人工智能对海量检察数据进行分析、处理。当下用于数字检察的人工智能,主要是学习型智能体,它们可以在未知的环境中运行,并变得比其最初输入信息可能允许的能力更强。② 在深入推进数字检察战略的过程中,强化人工智能技术的运用是实现民事检察业务现代化的必然要求。人工智能技术在处理和分析数据方面非常高效,可以自动从大量数据中提取关键信息,从而取代以前需要人工进行的烦琐工作。同时,人工智能可以从个案办理中发现规律、共性问题,总结归纳特征要素,对数据要素进行提取并和关键信息进行比对碰撞,挖掘类案监督线索。具体实现过程如下:一是

---

① 参见谢登科:《人工智能驱动数字检察的挑战与变革》,载《中国政法大学学报》2023年第6期。
② 参见[美]斯图尔特·罗素、彼得·诺维格:《人工智能现代方法》(第4版·上册),张博雅等译,人民邮电出版社2023年版,第47—49页。

进行数据提取,涉及从不同的数据源中提取所需的数据。这些数据源可能包括数据库、文件、在线资源等。在提取过程中,需要识别并访问这些数据源,并将数据读取到处理系统中。二是进行数据转换,包括统一数据格式、单位换算、编码转换、字段映射等。这一步骤确保了不同来源的数据在整合后能够保持一致性和可用性。三是数据加载,将转换后的数据加载至目标数据存储系统中,如数据库、数据仓库等。这一步骤需要考虑数据的存储结构、索引设置、性能优化等因素,以确保在目标系统中高效存储和访问数据。

如四川省万源市人民检察院打破通过传统手段对职业放贷人的发现力度不足,检察监督的案源少、难度大等困境,借用人工智能技术建立甄别疑似职业放贷人的法律监督模型。该模型应用人工智能(大语言模型 ChatGLM-6B)技术,通过对公开裁判文书大数据内容的挖掘,提取裁判文书中的关键要素,生成结构化数据,如针对民事判决书,提取案由、文号、文书内容(包含"原告姓名""原告住址""被告姓名""被告住址""借款金额""借款利率")、结案时间等内容。接着结合人民法院的归档案件、执行数据和税务局关于相关当事人的纳税数据,参照实务案件和本地借贷市场的规律,论证、设定疑似职业放贷人的识别条件,开发应用程序,按照当事人、案号、涉案金额、有无利息、有无纳税、执行到位金额等分别进行去重、统计,并按照"疑似职业放贷人民事检察监督线索""高频放贷人未纳税公益诉讼检察监督线索""职业放贷型非法经营罪刑事检察监督线索"设计管理界面。从民事、行政公益诉讼、刑事立案监督三方面强化检察监督对民间融资市场秩序的维护,防范职业放贷人利用诉讼程序将非法利益合法化,防止职业放贷人破坏金融市场秩序。

又如江苏省苏州市检察机关创建了包含数据中台、AI中台、开放平台、应用前台等在内的大数据法律监督技术架构体系,构建了债权转让虚假诉讼逃避执行大数据法律监督模型,利用人工智能技术创新数据赋能。一是"行为"提取,通过"债权转让"等关键词筛选出涉及债权转让行为的裁判文书,形成基础数据合集。运用"开放式信息抽取"人工智能技术,将隐藏在裁判文书主文中的"债权转让人""债权转让时间"等信息提取出来。二是"人物"关联,筛选出案件中提取的"债权转让人"形成"债权转让人"信息库,与"被执行人"信息关联,找到债权转让人同时也是被执行人的数据。三是"时间"碰撞,将提取到的"债权转让时间"与"被执行时间"碰撞,找到"债权转让时间"在"被执行时间"之后的线索。围绕"被执行时间"设置了失信被执行人时间、执行案件立案时间、执行依据裁判文书作出时间、执行依据裁判文书立案时间、执行案件立案前一年时间等5个时间节点,分别与"债权转让时间"碰撞,赋予不同的风险等级。

三、类案检索推送

法律适用的一致性要求相似案件应得到相似的处理。这不仅是对法官裁判的约束,也是对法律稳定性和可预测性的要求。类案不同判破坏了这种一致性,可能导致法律适用的随意性,增加司法决策的不确定性。同时,人权保障要求国家对所有公民的基本权利给予平等的尊重和保护,类案不同判的范围和标准差异越大,对公民人权的保障就越不利。因此,推行类案检索制度有利于促进类案同判,保证法律统一适用,维护司法公正。

人工智能技术通过其核心的算法和数据处理能力,利用机器学习自动挖掘和预测海量数据,可以形成统一的智能化算法或参考指引。在司法领域,生成式人工智能的应用场景非常广泛,特别是在类案检索推送中,通过对案例数据进行深入分析和处理,有助于实现司法案例的系统化分类和规范化构建。在杂乱无章的案例数据库中,如何通过人工智能提取案例中的有效数据,并建立各个案例之间构成要素的相似性或吻合度,关键在于发挥机器的深度学习能力。如果将司法案例转化为机器可以识别的数据,促进法律语言与机器语言的相互勾连,推动司法逻辑与技术逻辑的有机衔接,就能实现智能化的类案推送。人工神经网络方法的核心功能在于学习对象的图谱化,也就是建构数字化的知识图谱。[1] 将这种技术方法应用于司法裁判中,对大量具体个案中的构成要素进行知识积累和类型分析,就能够形成类案知识图谱。[2] 应用知识图谱技术,对海

---

[1] 参见高翔:《人工智能民事司法应用的法律知识图谱构建——以要件事实型民事裁判论为基础》,载《法制与社会发展》2018年第6期。

[2] 参见周维栋:《生成式人工智能类案裁判的标准及价值边界》,载《东方法学》2023年第3期。

量法律资源进行资源重组,构建以案由为中心"法条—案例—法理"精准关联的办案知识体系,提供多维度、多层次的知识指引,可以为检察官办理案件提供全面、权威、精准的智能化服务,提升检察官的业务能力。通过大数据与人工智能等前沿技术,自动提取在办案件的裁判要点,帮助检察官在数量庞大的案例数据中快速筛选类案,运用实证大数据和知识大数据为办案提供基于全样本的统计分析,提供覆盖案件定性、事实认定、争议焦点、适用法律、文书写作等各个流程的知识参考,全过程可实现"0输入",极大地缩短筛选信息、获取知识的时间,全面提升办案质效。

比如,广东省清远市人民检察院办理的保险合同纠纷领域的伍某交通事故损害赔偿申请监督案,甲运输公司应对谭某、伍某的死亡承担30%的赔偿责任。由于甲、乙两家运输公司签订的《安全互助服务协议》所约定的互助限额为50万元,能够足额赔偿损失,故法院判令甲运输公司无须再承担赔偿责任。实践中,各地法院在审理涉及安全互助服务的道路交通事故损害赔偿案件的过程中,对于安全互助服务的性质及其效力的认定不尽相同。不同的观点导致裁判的结果截然不同,全国多地存在"同案不同判"现象。检察人员利用"小包公"法律实证分析平台的案例检索功能,以"机动车交通事故责任纠纷"为案由,以"安全互助"为关键词,以"广东省"为地域条件,检索了近五年涉及安全互助服务的道路交通事故损害赔偿案件后,发现有7份判决书认为安全互助服务的性质属于商业第三者责任险,互助公司应当向交通事故受害人承担保险责任;另有8份判决书认为安全互助服务的性质不属于商业第三者责任险,其效力仅及于合同相对人之间。实际上,《保险法》第6条明确规定了保险业务的经营主体,而互助公司通常不具有保险业务经营资质,其提供的安全互助服务不属于商业保险,双方签订的合同仅具有一般合同的效力。具体至该案中,乙运输公司并不属于依法设立的保险公司或其他保险组织,不得经营保险业务。故甲、乙两家运输公司之间的安全互助服务的性质并非商业第三者责任险,相关协议原则上仅在合同当事人之间产生效力。原审法院判决直接由乙运输公司承担保险责任,存在事实认定不清、法律适用错误的情形,清远市人民检察院依法提出抗诉。之后法院启动再审程序,撤销原审判决,改判甲运输公司对谭某、伍某负赔偿责任,乙运输公司在互助限额内对该笔赔偿承担连带责任。该案的成功办理也助推了广东省保险行业协会发布风险提示,明确安全互助业务并非保险业务。[1]

四、文书智能生成

在检察系统的司法实践中,检察官面对的民事检察监督案件的复杂程度、难度各不相同。但不论是简单案件还是复杂案件,其法律程序是一样的,并且复杂案件的数量远低于简单案件的数量。虽然简单案件的案情、法律关系相对简单,但是法律程序并不会因此简化,大量简单案件同样需要适用完整的法律程序,这大大占用了检察官的办案时间和精力。运用人工智能技术辅助生成法律文书,具有重要的现实意义和应用价值。借助光学字符识别、自然语言处理等人工智能技术,对检察法律文书进行智能化分析、生成和优化,能够有效提高文书的质量,使文书更加规范、准确,同时还能在一定程度上减少业务人员的重复劳动,提升检察机关的工作效率和服务水平。如江苏耐力信息技术有限公司开发并拥有独立知识产权的"智得人工智能平台",实现了在光学字符识别、结构化提取和自然语言处理领域自主进行样本数据管理、标注,通过将法律文书的格式、内容(图片、文书、2.0 数据、法综数据、内部数据等其他业务数据)写作规则转化为计算机语言,可以根据输入的具体案件信息匹配相应的规则,生成法律文书。人工智能技术还能以其卓越的自然语言理解和生成能力,通过文书排版、文书纠错和文书生成三大功能学习应用检察工作的法律文书规则,不仅能与用户进行多模态交互,还能依据设定的背景与目标,动态提出逻辑连贯的问题,最终产出高度定制化的法律文书,适用于各类案件的具体情境。广东省清远市检察机关通过构建民事检察支持起诉智能体,为群众解答民事检察支持起诉的相关问题,并可以检索法律法规、搜集典型案例、协助撰写相关文书,极大地便利了弱势群体进行维权。如广东省连州市人民检察院在办理一宗涉抚养费追索的支持起诉案件的过程中,通过智能体进行法律咨询问答,明确了"夫妻双方在离婚协议中约定一方不承担抚养费的情况下,未成年子女向其主张抚养费,其不能仅以离婚协议的约定为由拒绝支付抚养费"的裁判观点,之后通过智能体的文书自动生成功能,初

---

[1] 参见陈岑、张琛主编:《数字检察进阶之路》,中国检察出版社 2024 年版,第 128—129 页。

步形成起诉状,极大地提高了办案效率。

五、辅助释法说理

检察机关受理的民事申诉案件中,确有错误、依法须以监督程序纠正的案件占少数,裁判正确或没有突出问题、需要做好释法说理、息诉罢访工作的案件占多数。但由于民事法律关系纷繁复杂、当事人缺乏法律专业知识、检察文书说理不充分等原因,在检察机关作出不支持监督申请决定书时,当事人往往难以信服。而人工智能技术可以提高释法说理水平,帮助检察官进行更加充分、清晰和有逻辑性的说理,从而帮助当事人更好地理解案件的法律依据和办理结果,实现息诉罢访的作用。如广东省清远市检察机关在办理一起涉劳动报酬纠纷民事案件的过程中,对申诉人作出不支持监督申请决定后,通过向智能体进行提问,使智能体从法律适用、类似案例、法理与情理的角度进行释法说理,智能体即刻进行精准回答,起到了良好的释法说理效果,使申诉人理解并接受案件的办理结果。

以下是智能体所生成的释法说理文案:"您好!我是检察院民事检察部门的检察官。关于您与乙公司的劳动争议纠纷一案,我非常理解您此刻的心情。您为了维护自己的合法权益,付出了很多努力。但是,从法律的角度来看,目前的判决结果是有依据的。首先,从法律条文方面来看。《劳动合同法》第46条规定,有下列情形之一的,用人单位应当向劳动者支付经济补偿:(一)劳动者依照本法第38条规定解除劳动合同的……在您的案件中,您主张系因被申请人未发放工资和未缴纳社保才申请离职,这种情况下,法院认定被申请人应向您支付经济补偿金是符合法律规定的。关于工资数额的计算标准问题。法院在认定过程中,综合考虑了多方面因素。对于2020年7月份之前的工资表,因为与通过银行转账的方式发放的工资数额一致,且签名人员与之前工资表一致且部分有公司公章确认,所以法院予以确认工资表中的工资数额。对于2020年8月份之后没有工资表确认的月份的工资,一审法院按照清远地区最低工资标准的80%计算,二审法院及再审法院也认为该认定并无不当。这是因为在公司经营状况不佳,且缺乏明确工资表确认的情况下,法院的这种认定方式是为了在保障您权益的同时,也考虑到实际情况的合理性。其次,从类似案例来看。在很多劳动争议案件中,如果用人单位出现经营困难等情况,且劳动者无法提供充分的工资发放依据,法院通常会根据实际情况,合理确定工资数额。就像在×××一案中,情况与您类似,法院也是在综合考虑各种因素后,作出了合理的判决。最后,从情理的角度来看。我也能理解您为公司付出了很多努力,希望得到应有的回报。但是,法律的判决是基于客观事实和法律规定作出的。法院在审理过程中,已经充分考虑了您的权益,作出了公正的判决。如果一味地追求自己期望的结果,而不考虑法律的规定和实际情况,可能会导致不公平的结果。希望您能够理性看待这个判决结果,接受法律的裁决。如果您还有其他疑问或者需要帮助,可以随时联系我,我会尽力为您提供法律帮助。"

第二节　人工智能在民事审判程序违法监督中的应用

民事审判程序违法监督是指在民事诉讼过程中,对受理、审查、结案等关键环节进行法律监督,以确保整个诉讼活动符合法律规定。该监督过程覆盖了从案件受理到最终结案的整个流程。与刑事诉讼中检察机关可以实时进行的监督不同,民事审判程序违法监督更多是在事后进行的程序监督。随着法院在线诉讼的不断发展,在不改变两造对抗的基本诉讼格局的前提下,检察机关完全可以根据案件需要,借助人工智能技术,依职权在诉讼程序进行过程中进入以数字载体呈现的诉讼程序空间,直观地进行诉中监督。

一、程序合规智能审查

程序合规智能审查是指利用人工智能技术对民事审判程序进行自动审查,确保其符合法律规定的流程和要求。这一过程涉及对案件处理的每一个环节以及与法律规定的程序要求进行比对,从而识别可能存在的程序性错误或不一致之处。例如,对案件是否在法定期限内办结、文书送达是否规范、庭审审理是否符合法律规定等方面,人工智能系统能够自动检测并提示可能的违规行为。这种智能审查系统不仅提高了审查的效率,还提高了审查的准确性,有助于确保审判程序的合法性和公正性。

人工智能可以基于自然语言处理、数据挖掘等技术,对裁判文书中的审判程序描述进行深入分析,辅助检察官发现审判程序中的瑕疵和问题。例如,通过分析裁判文书中的立案时间、审理时间、裁判时间等数据,人工智能可以判断是否存在超期审理、拖延裁判等违法现象。如广东省清远市清城区人民检察院利用人工智能技术,通过汇集辖区内采取小额诉讼程序审理的民事案件裁判文书,对文书内容进行提炼,标注出立案日期、判决日期、当事人信息、案号等数据,再自动将立案日期与判决日期进行相减,若大于 90 天,则为可疑的超期审判监督线索。之后再通过向法院调卷核查,确认确有违法情形后,运用类案检察建议的方式进行全面治理,督促法院规范小额诉讼审理程序,保障当事人的合法权益。针对法院违法适用公告送达、剥夺当事人辩论权的违法情形,广东省英德市人民检察院研发涉公告送达违法民事监督模型,运用人工智能技术对采用公告送达方式的公开裁判文书进行大数据内容挖掘,提取裁判文书中的关键要素,如案号、案件名称、审理程序、裁判日期等要素,形成结构化数据池,再筛选出审理程序为简易程序的数据,得出适用简易程序却采用了公告送达方式的违法案件线索。

二、违法行为智能预警

违法行为智能预警系统侧重于实时监控审判活动,及时预警可能的违法行为。这一系统能够分析法官的裁判行为,识别法官是否存在滥用自由裁量权、违反证据规则或其他不当行为。从司法实践看,对民事审判程序的违法监督大部分是事后监督,具有滞后性和不可逆转性。但数字化的虚拟场域程序空间极大拓展了传统诉讼的程序空间,在时间及空间等要素上均为民事诉讼检察机关的诉中监督提供了可能性。在线诉讼程序中,通过开放在线诉讼端口的方式,检察机关更容易获取需要进行民事检察监督的案件线索,同时更容易及时进行诉中的程序监督。因此,在不干扰审判机关正常办案活动的前提下,监督的时间节点应涵盖整个诉讼过程,做到事中事后监督兼顾。

在法院系统中,针对法官的审判活动进行监督的应用较多。例如,海南省第一中级人民法院打造的"法官负面行为预警系统",凭借其强大的监管功能斩获了"2021 政法智能化建设智慧法院优秀创新案例"。该系统根据法官办案的立案、分案、送达、庭审、宣判、执行到结案、归档等全过程节点建立关键监控规则,对法官在案件审理过程中出现的异常违规行为采用百分制扣分的方式进行结果展示。系统每日从法院其他业务管理系统抽取案件管理数据、根据系统预设监控规则、对法官在案件办理过程中出现的违规行为进行违规扣分,通过实现对法官的司法活动全程记录、负面行为自动留痕、违规操作主动预警,并将每一名法官的得分排名情况按照"绿色合格、黄色预警、红色异常"的不同级别进行直观展示,切实解决了法官的行为规范管理问题,不断提升与全面落实司法责任制相适应的监督制约水平,推动审判权力运行监督制约机制改革取得突破性进展。

但在检察系统中,针对民事审判程序违法监督的应用较少。对此,应全面加强在线诉讼检察监督的大数据平台建设。其一,在数据的集合环节,应探索建立自动化的数据收集平台。可以搭建地级市层面统一的检察机关和法院信息交互平台,借助自动传输技术实现平台端口的多方接入,促使检察机关能够及时获取法院所上传的在线诉讼的相关数据信息。另外,考虑到民事检察监督的启动离不开当事人所提供的线索,除了检察机关和法院之间的信息交互之外,也要借助互联网等公开渠道实现数据的充分汇集,为后续的挖掘与处理奠定基础。[①] 其二,在数据的挖掘环节,需要对大量的数据进行标注。数据标注的质量将直接影响检察监督模型的构建。因此,检察机关应当针对在线民事检察监督的不同事由,建立不同类型的标注方法,精准提炼出不同监督事由中法律文本等其他信息数据的标注特点,依托民事检察职能部门的专业力量组建大数据标注团队,如针对审判人员在庭审活动中接打电话等违规情形进行自动识别抓取,变传统的盯人盯案、人力监管为动态监测、智能监管,为检察机关进

---

① 参见舒瑶芝:《在线诉讼的民事检察监督:证成及制度化路径》,载《政治与法律》2024 年第 3 期。

行监督提供便利。① 建立专业的大数据标注团队,也可以对关涉国家利益、商业秘密以及个人隐私的数据形成有效保护,通过及时标注并适度脱敏处理的方式确保该类数据的安全。其三,在数据的共享环节,应重点完善数据的传输技术,在提升共享效率的同时对数据的共享行为进行常态化监控。当检察机关从信息共享平台下载检察监督的信息时,应确保传输流程的规范性,并借助区块链等技术强化对共享渠道的外部保护,以此保证相关数据的质量。②

第三节　人工智能在民事执行监督中的应用

检察机关的民事执行监督包括执行程序的合法性、执行行为的规范性、执行结果的公正性等方面,涵盖消极执行、超标的执行、违法处置被执行财产等具体情形。当前,检察机关的执行监督工作取得了一定的成效,对于促进法院依法执行、推动解决"执行难""执行乱"等问题发挥了重要作用。但由于民事执行信息联动机制不畅、执行人员专业素养不高、被执行人逃避执行的手段多样,加之检察机关的执行监督仍停留在表面化监督,监督效果有待提高,"执行难"问题依然存在。通过人工智能辅助民事执行监督工作,检察机关可以突破数据壁垒,智能挖掘执行违法线索,提高监督质效。

一、监督线索智能挖掘

当事人主动申请执行活动监督的情况较少,需要检察机关依职权主动挖掘案件线索,人工智能作为信息网络技术和数字经济发展的时代产物,其在数字检察中的应用,顺应了时代发展的潮流和趋势。

---

① 参见舒瑶芝:《在线诉讼的民事检察监督:证成及制度化路径》,载《政治与法律》2024年第3期。
② 参见舒瑶芝:《在线诉讼的民事检察监督:证成及制度化路径》,载《政治与法律》2024年第3期。

以广东省清远市清城区人民检察院创建的"小清小城"智能体为例,该智能体面向检察系统内部,旨在服务于法律监督模型的创建,为检察干警提供监督点思路启发。该智能体的配置信息包括:约 2000 字的提示词、15 万字的知识库、6 个示例问题。智能体提供了问题示范,可以帮助用户清楚了解该如何向人工智能提问,同时支持追问细节,在用户反复追问的情况下,回答质量可以较好地符合法律监督模型的格式内容,即包括法律监督点、数据来源、分析过程和法律依据四个关键内容。如广东省英德市人民检察院在构建"网络司法拍卖程序性违法监督模型"的过程中,通过向智能体进行反复提问,智能体能够回答模型构建的关键内容,帮助检察干警进行精准建模。最终,针对法院在网络司法拍卖过程中存在的公告内容不规范不完整、期限违法、税费承担方式违法等程序性问题成功构建法律监督模型,再通过智能体对网络司法拍卖数据中的关键信息进一步作结构化处理并设置规则进行筛选,分门别类地排查批量案件的程序性违法点,推送出公告内容不规范不完整、公告时间不足、税费承担方式违法等违法情形线索。通过制发检察建议等方式开展监督,针对公告内容不规范不完整等问题发出民事执行类案检察建议 10 份,涵盖 269 个案件,法院到期采纳率为 100%,推动人民法院规范执行行为、增强执行人员责任意识,切实维护执行秩序和法律权威。该模型现已上架全国检察机关大数据法律监督模型管理平台,并被广东省人民检察院在全省进行推广应用。

二、执行行为智能监控

通过建立智能审查系统,检察机关可以利用人工智能技术自动审查法院执行活动的合规性。该系统能够自动比对执行活动与法律规定,识别可能存在的程序性错误或不一致之处。例如,系统可以自动检测执行案件是否在法定时限内完成,执行措施是否得当,当事人权益是否得到妥善保护等。根据当前的技术手段,该系统的建立已具有可行性。在法院执行办案领域,科大讯飞依托星火法律大模型能力,深化执行集约改革,将执行事务全流程进行数智化改造,构建"7 类辅助事务集约化"+"核心事务智能化"的系统性解决方案,实现辅助事务智能化处理、核心事务实时预警提醒,全面提升执行办案效率,助力执行环节司法资源释放,辅助改善执行效果与质量。如安徽省合肥高新技术产业开发区人民法院通过运用执行辅助事务集约化方案产品,在执行查控冻结提效环节,对于当事人存款的冻结和财产线索输出从原来 8 天缩短到 3 天内完成,首执案件结案平均用时 42.29 天,结案数同比增长 131.2%;执行到位金额同比增长 314.9%,位居全市第一;终本合格率达到 100%。

为了提高执行行为智能监控的效果,检察机关需要构建适配执行活动的算法模型。通过机器学习等技术,对执行活动进行深入分析,从而提高检察机关发现和处理执行违法行为的能力。首先,数据收集与预处理是基础。检察机关需要收集大量的执行案件数据,包括执行案件的详细信息、执行活动的记录、法律法规的相关条款等。通过数据清洗、去重和格式化等预处理步骤,确保数据的质量和可用性,为后续的机器学习分析打下坚实基础。其次,特征提取是关键。检察机关需要从收集的数据中提取出对执行活动监督有意义的特征,如执行时间、执行措施的种类、执行金额、被执行人的财产状况等。这些特征将作为机器学习模型的输入,对模型的训练和预测结果至关重要。再次,进行模型训练与优化。检察机关可以采用监督学习、无监督学习或半监督学习等机器学习方法,训练出能够识别执行违法行为的算法模型。在模型训练过程中,检察机关需要不断地对模型进行优化,包括调整模型参数、改进特征工程、使用交叉验证等方法减少过拟合,提高模型的泛化能力。最后,训练好的模型可以部署到执行监督系统中,对执行活动进行实时监控。当系统检测到可能的违法行为时,会自动发出预警,提示检察机关进行进一步的调查和处理。以民事财产保全案件执行活动监督为例,提取与民事财产保全案件执行活动相关联的执保、执行、执恢、执异四类案件信息,通过碰撞比对金额、结案方式、办案期限、裁判结果和执行结果等数据,运用大数据与人工智能技术分析、筛选、提示异常案件线索,重点监督超标的、超范围保全问题,跟进监督保全措施转入执行查扣冻措施后的违法问题,对怠于履行协助执行义务、虚假诉讼、拒不执行判决裁定等线索,加强内部线索移送审查,推进民事、行政、刑事、公益诉讼检察融合监督。

第九章
人工智能在行政检察业务中的应用
Chapter
9

行政检察是人民检察院"四大检察"法律监督总体布局的重要组成部分,肩负着促进审判机关依法审判和推进行政机关依法履职的双重责任,承载着解决行政争议、保护行政相对人合法权益的使命。行政检察既包括传统的"诉讼内"监督,即对行政诉讼案件的受理、审理、裁判、执行的全过程监督,又包括行政违法行为监督、强制隔离戒毒监督、行政执法与刑事司法反向衔接等"诉讼外"监督,同时将行政争议实质性化解、促进社会治理等贯穿监督办案始终。行政检察部门秉持着"一手托两家"的理念,充分发挥着既监督人民法院公正司法,又促进行政机关依法行政[1]的职能。

首先,检察机关作为国家专门的法律监督机关和重要的司法机关,具有体制化的监督能力和经验,能够对行政机关进行直接、全面、贴身式监督,为推进全面依法治国贡献智慧和力量。其次,通过深化行政检察等法律监督实践,构建与行政机关之间的良性互动,对行政权力进行规范,满足人民群众新时代的新需求,让人民群众在每一个案件中感受到公平正义。最后,行政权力具有天然的扩张性,一旦突破监督制约的牢笼,将严重冲击社会秩序,极易损害公民和法人的权利、社会公共利益以及国家利益。[2] 而检察机关作为法律监督机关,是国家权力结构中重要的一环,承担着维护社会公共利益、国家利益的天然职责,由检察机关担任居中协调者的角色对行政机关进行法律监督,有利于行政机关提升合规意识,及时改进行为方式,提高行政行为的可预期性,防止行政权力的滥用。[3]

人工智能与行政检察的融合是响应国家数字化战略的必然要求。2023年,中共中央、国务院印发的《数字中国建设整体布局规划》明确指出,建设数字中国是数字时代推进中国式现代化的重要引擎,是构筑国家竞争新优势的有力支撑。这一规划不仅为我国数字化发展描绘了宏伟蓝图,也为包括行政检察在内的各个领域提供了明确的指导方向。在这样

---

[1] 参见张辉、章志远、张相军等:《行政违法行为检察监督的规范与推进》,载《人民检察》2024年第13期。

[2] 参见杨艳珍:《行政检察促进行政执法新路径探析——以K市行政检察监督为视角》,载《2021年贵州省检察理论研究年会论文集》。

[3] 参见贺卫:《新时代"做实行政检察"的实践探索》,载《检察日报》2019年8月20日,第3版。

的大背景下,行政检察部门必须紧跟时代步伐,深入理解和把握数字化时代的革命性变化,积极拥抱人工智能技术,以此推动行政检察工作的创新发展。行政检察部门应当积极探索人工智能技术的应用,将其作为提升法律监督质效的关键变量,以更好地服务于大局,实现为民司法的目标。同时,这也符合最高人民检察院对全国检察机关提出的要求,即要有大数据思维,用大数据提升检察工作质效,向大数据要战斗力和"内生动力"[1]。

人工智能与行政检察的融合是提升行政检察监督办案质效的重要手段。近年来,行政检察不断发展,但在司法实践中仍存在需要补足的短板,如:案件来源单一,监督重点难以把握;监督手段单一,监督效果难以保证;监督领域较为集中,常态化效应不明显;调查核实权的合法性不明等,实践中的运用不足导致了行政检察目前存在被动监督、碎片化监督、浅层次监督等问题。在这一背景下,人工智能与行政检察的融合意义重大,通过深化信息科技与法律监督的全域融合,形成一种穿透式、类案式、一体化的行政检察监督[2],通过人工智能技术强大的数据处理和分析能力,可以在短时间内完成对海量数据的筛选、分类和挖掘,为行政检察工作提供有力支持。同时,在案件办理过程中,人工智能可以辅助检察官进行证据分析和法律适用,提高办案质量和效率。人工智能可以在整体上推动法律监督体系和监督能力的质量变革、效率变革、动力变革。[3]

人工智能与行政检察的融合是参与社会治理的必要方式。行政权力作为国家治理的重要手段,具有广泛性、主动性和强制性等特点[4],涉及经济、教育、科技、文化、卫生、社会保障等各个领域,对社会治理具有全方位的影响。在行使过程中,任何行政权力滥用行为都可能导致公共利益受

---

[1] 参见邱春艳:《最高检:"数据革命"赋能法律监督更高层次发展》,载最高人民检察院网(网址:https://www.spp.gov.cn/dj/xwjj/202112/t20211229_540771.shtml),访问日期:2024年12月29日。
[2] 参见张迪:《数字行政检察:内涵、机理、隐忧及应对》,载《行政法学研究》2024年第3期。
[3] 参见张迪:《数字行政检察:内涵、机理、隐忧及应对》,载《行政法学研究》2024年第3期。
[4] 魏宏:《关于政府"依法行政"的认识和把握》,载《新城乡》2015年第8期。

损和社会秩序混乱。在行政权无处不在的社会,人工智能与行政检察的融合在监督行政权力、保障公民权益、推动法治进程等方面发挥着关键作用,人工智能通过数据分析和监测技术,能够实现对行政行为的大规模、实时监控,及时发现异常行为和潜在风险,为行政检察监督提供很好的切入口,为建立长效治理机制奠定基础。此外,人工智能在促进公众参与和反馈方面的作用不容小觑,通过收集和分析公众意见,其为行政检察提供了社会舆论的支持,增强了行政检察监督的社会认同度。人工智能与行政检察的融合,为社会治理提供了智能化、精细化的解决方案,是实现社会治理现代化的重要途径。

第一节　人工智能在行政诉讼监督中的应用场景

行政诉讼监督是检察机关维护司法公正和司法权威的重要手段,是行政检察工作的重心。强化行政诉讼监督是高质效推进新时代行政检察工作的基础和关键,主要包括对行政诉讼结果监督、行政审判程序监督、行政裁判结果执行监督等方面。行政检察的核心内容及相关经验表明,许多案件具有共性特点,可以借助人工智能对大数据进行分析、发现和研判。[1]

一、快速了解和掌握判决

法院的生效裁判文书是《行政诉讼法》明确规定的抗诉对象,因此深入理解法院所作出的生效判决和裁定是检察机关实施有效监督的前提和基础。而在行政生效裁判监督中,检察机关不仅要了解当事人的争议焦点,更要对被诉行政行为是否有法定履职权限、是否符合法定程序、认定的事实是否清楚确凿、适用法律是否正确等方面进行全面审查。因此,只有将法院所作出的生效判决、裁定吃透,才能为发现法院裁判文书乃至行

---

[1] 参见李傲、章玉洁:《论智慧检务在行政检察中的法治难题及其应对》,载《齐鲁学刊》,2020年第5期。

政诉讼活动中存在的问题打下坚实的基础。而人工智能具有语义识别、语音识别等强大功能,为检察工作中文字识别转录、人员身份识别、知识图谱构建等提供基础的智能化服务引擎,为检察办案提供辅助支持。

一是快速梳理裁判文书结构,迅速抓住案件的争议焦点。法律赋予检察机关最重要的监督手段就是对确有错误的法院生效裁判文书进行抗诉,而法院裁判文书中的"本院认为"部分就是一份裁判文书中的重中之重。人工智能利用其自然语言处理技术,通过深度学习和机器学习算法,能够快速解析法律文本的语义结构,利用词向量、句法分析、实体识别等技术从判决书中提取关键信息,并分析词语之间的深层次关系,进而自动归纳出案件的核心争议点。以某检察院办理的某科技有限公司不服行政生效判决申诉案为例,某科技有限公司因不服被告某市工商行政管理局作出的罚款决定,向人民法院提起行政诉讼。被告以原告涉嫌虚假宣传为由,对其处以50万元罚款。原告认为被告的处罚决定事实不清、证据不足,请求法院撤销处罚决定。最终法院驳回了该科技有限公司的诉讼请求,该科技有限公司不服向检察院申请监督。检察官将法院作出的该案生效判决文书上传至人工智能系统中,并作出指令要求其对该判决文书进行要素提取和归纳争议焦点。人工智能在接收到指令后利用实体识别技术,识别出文书中的关键实体,如当事人、法律条款等文本构建起案件事实的知识图谱,最终成功提取"案件名称:某科技有限公司诉某市工商行政管理局""案号:×行初字〔2024〕第×号""原告:某科技有限公司""被告:某市工商行政管理局""案件争议焦点:……"等案件基本信息,为案件处理提供结构化的数据,提高了检察官审查案件的效率。

二是充分理解法院生效裁判文书的裁判语言。法院在作出裁判文书时,通常遵循一定的格式和逻辑架构,包括案件背景、诉辩双方主张、法院查明的事实、法律适用、裁判理由和最终判决等部分。这种结构化的特点为人工智能在情感分析和文本分类方面的应用提供了便利。人工智能通过情感分析技术,可以对裁判文书中的语言进行情感倾向性判断,识别法官在撰写文书时的语气和情感色彩,如是否体现出公正、严谨、同情或警示等情绪。同时,文本分类技术则帮助人工智能将裁判文书中的内容按照法律观点和论证结构进行归类。这涉及对文书中的关键段落进行识别和标记,如事实认定部分、法律依据部分、裁判理由部分等,并通过对这些部分的语义内容进行分析,将裁判文书中的法律观点和论证方式划分为不同的类别。这样的分析不仅有助于检察官快速把握裁判文书的整体倾向和核心内容,还能够帮助检察官发现可能存在的逻辑漏洞或法律适用错误,从而更加全面和深入地审查生效判决。如法院在判决中使用频率较高的"并无不当"一词,该词包含含蓄肯定、模棱两可的意思,总体上是肯定和认可的态度。但这与行政审判强调的对被诉具体行政行为进行全面合法性审查的原则不符,此时可以利用人工智能对法院在判决中应用"并无不当"中未曾说明的内容进行判断和引申。首先,人工智能通过词义消歧技术,结合该表述前后文的具体内容以及对整篇裁判文书主题的理解来确定"并无不当"在特定语境中的准确含义。其次,人工智能会运用情感分析和文本分类技术识别裁判文书中对行政行为的描述,判断其中是否含有批评或暗示问题存在的语言模式。最后,通过关系抽取和因果推理算法,人工智能可以识别出判决书中描述的行政行为与法律规定之间的逻辑联系,从而推断出虽然使用了"并无不当"的字眼,但法院可能在其他部分暗示了行政行为存在的问题,如通过强调程序的瑕疵、事实认定的疑问或法律适用上的争议。这将帮助检察机关发现具体行政行为存在的问题,以发送检察建议促进依法行政,这也是行政检察部门融入社会治理的创新之举。

二、法律法规检索适用

《行政诉讼法》总则部分已明确规定,行政诉讼的主要目的是监督和维护行政机关依法行政。行政诉讼是法院对被诉具体行政行为的合法性进行审查,主要包括法定职责、事实认定、法定程序和法律依据等四个方面。因此,如果检察机关针对法院的生效裁判进行抗诉,就必须紧紧围绕法律规范,指出法院在合法性审查中存在的严重问题。

在法律检索方面,检察机关应全面收集并整理与所办理的行政申诉案件相关的全部法律依据,包括法院在生效裁判文书中所援引的所有法律规范以及虽然法院没有援引,但属于行政机关作出被诉具体行政行为时应当依据的各类法律法规和规范性文件。行政法律法规涉及的范围广,部门跨度大,如何精准找到所需适用的法律法规、部门规章,对于检察机关而言,也是一个难题。而人工智能利用知识图谱技术,将提取出的法律实体和关系构建为一个结构化的法律知识图谱,这个图谱不仅包含法律规范和案例判决,还包含法律规范之间的逻辑关系和层次结构。通过图谱的路径搜索和推理功能,人工智能可以找到与特定行政行为相关的所有法律规范,甚至包括具有隐含联系的法律规范。在实际应用中,人工智能的这种能力极大地提高了检察机关的工作效率。例如,面对一起涉及环境行政处罚的案件,人工智能可以迅速识别出与环境法规、行政处罚法、行政诉讼法等相关的一系列法律规范,并指出这些规范在先前案例判决中的具体应用。这样,检察官就能够直接聚焦于最密切相关的法律条文和判例,避免了在庞杂的法律文献中逐一检索的烦琐过程。如检察机关常用的北大法宝,北大法宝的法律法规检索原理主要依托于其先进的技术架构,通过专业的中文分词技术对采集的法律信息进行精确切分,建立以关键词为核心的倒排索引,使得用户输入的检索词能够快速匹配到相关的法律文档;同时,还运用布尔检索、模糊检索等算法处理复杂检索条件,并通过相关性排序算法优化结果展示,确保用户能够高效、准确地获取最密切相关的法律信息。

在法律适用方面,在审查人民法院适用法律是否存在问题的时候,由于法律条文往往具有一定的抽象性和模糊性,难以准确理解和解释法律规定的含义,尤其是在面对法律规定不明确或者相互冲突的情况时,如何正确把握立法原意和适用范围成为一大挑战。人工智能通过深度学习和推理引擎,能够模拟法官的思维逻辑,对行政诉讼案件中的事实与法律规范进行匹配分析。人工智能系统可以识别案件事实中的关键要素,结合法律规则分析推理的原理,自动推导出适用的法律条文和判例,并提供法律论证的初步框架。这种智能化的法律适用过程,不仅提高了法律分析的系统性,还有助于确保法律适用的统一性和准确性,特别是在处理复杂或新颖的行政诉讼案件时,人工智能的辅助作用尤为显著。

三、诉讼证据智能分类审查

案件事实的主要认定依据即在于各方当事人提交的证据材料。事实清楚与否取决于证据群的完整真实性,若证据链条的某一重要部分断裂缺失或存疑不清,必将使检察官陷入犹豫不定、进退两难的尴尬境地。[1]而通过人工智能进行证据分析是基于一套精密的逻辑和算法框架,能够实现对行政诉讼案件的智能分类和审查。

首先,人工智能系统通过自然语言处理技术对行政案件的卷宗进行深度学习,实现对证据材料的语义理解和要素提取。在此基础上,系统运用机器学习算法对证据进行分类,如将证据分为书证、物证、视听资料等,并根据证据的来源、形成时间、证明对象等特征进行标注。接着,人工智能通过建立证据相关性评估模型,分析各证据与案件待证事实之间的逻辑关系,如证据的证明力、可信度和完整性,进而对证据进行权重赋值。在此过程中,系统还会运用知识图谱技术构建证据关系网络,揭示证据之间的相互印证或矛盾之处,通过逻辑推理规则,如归纳推理、演绎推理等,对证据链的连贯性和闭合性进行检验。此外,人工智能还会对证据进行交叉验证,通过比对不同证据中的信息,识别证据间的差异性和一致性,以排除或确认证据的真实性。最后,人工智能系统将证据分析结果以可视化的形式呈现,辅助检察官快速把握证据全貌,作出准确的事实认定,从而提高行政诉讼案件审查的效率和公正性。在这一过程中,人工智能始终遵循法律规定和证据规则,确保分析结果的合法性和可靠性。如上海市开发的"206"系统,将法定的统一证据标准嵌入公检法三机关的数据化刑事办案系统中,力图从统一证据标准、制定证据规则、构建证据模型三方面入手,让机器学习人类的法律思维,从而实现证据标准的统一。[2]

四、司法类案检索推送

类案同判是人民群众对司法公正最朴素的价值追求,是现代法治社会应当恪守的一项基本原则,而类案检索制度设计的目的即是统一法律适用。但在具体案件的审查过程中,因各个法官的教育背景、个人经历以及所处的人文、社会环境不同,他们的审判理念和价值取向存在差异,从而出现在类

---

[1] 参见陈晓龙:《行政诉讼证据存疑案件的事实认定规则》,载至正研究微信公众号(网址:https://mp.weixin.qq.com/s/9NKGTDNv3uaCHKYdjwalEg),访问日期:2024年10月18日。

[2] 参见陈健:《上海检察机关打造"智慧沪检"》,载上海检察网(网址:https://www.sh.jcy.gov.cn/xwdt/jcxw/31619.jhtml),访问日期:2017年10月24日。

似案件中适用的法律不同,因此,检察官需通过司法类案检索,明确裁判规则,以规范法官的自由裁量权,促进裁判尺度和法律适用的统一。

检察机关在处理案件时,会根据案件的具体情况,输入案件关键词、法律规范、争议焦点等信息。人工智能系统接收到这些信息后,运用机器学习算法,如支持向量机、随机森林、梯度提升决策树(GBDT)等,对输入的信息进行特征提取和分类,确保推送的案例在法律逻辑上具有参考价值。同时,人工智能系统还会利用知识图谱技术,将法律规范、司法解释、案例要旨等知识节点相互关联,形成一个庞大的法律知识网络,以便在检索时能够快速定位相关法律依据和先例。在此基础上,人工智能系统通过相似度计算模型,如余弦相似度、欧氏距离、深度学习模型等,将检察官提交的案件与案例数据库中的案件进行比对,找出最相似的类案案例。利用人工智能进行司法类案检索推送已经在全国某些检察院有所应用,如"上海检察司法案例智能检索系统"[1],该系统由杨浦区人民检察院开发并运行,旨在提高办案人员在进行类案检索时的便利性和规范性。系统通过智能化的方式,将人工智能与检察案例工作深度融合,为办案人员提供精准的案例参考,帮助他们提高结案报告的质量。又如北京法院推出了"睿法官"智能辅助办案系统,该系统利用自然语言处理技术和机器学习算法,通过进行类案检索,为法官提供案件分析和裁判建议。通过分析大量的历史案件数据,帮助法官发现案件之间的相似性,从而提高审判效率。

五、法律文书智能自动生成

人工智能技术的实质是建立一种基于海量数据挖掘的认知范式,其数据具有绝对的前置性[2],通过算法从海量数据中搜索隐藏其间的信息,这使得人工智能具有一定的"思考"能力。随着技术的进步,现阶段的人工智能技术拥有深度学习能力,可以随着计算、挖掘次数的增多而不断

---

[1] 朱珠:《上海杨浦:构建检察案例强制检索系统》,载《检察日报》2023 年 11 月 10 日,第 5 版。

[2] 参见王禄生:《司法大数据与人工智能技术应用的风险及伦理规制》,载《法商研究》2019 年第 2 期。

自动调整算法的参数,使挖掘和预测结果更为准确。① 通过利用人工智能技术,结合司法实践中的监督需求,对行政诉讼案件进行深度分析,从而形成具有专业性、逻辑性的审查意见。首先,人工智能系统通过深度学习和文本分析技术对案件卷宗进行解析,识别案件的基本信息、诉讼请求、事实与理由等关键要素。随后,人工智能系统利用专业法律知识库和推理引擎,根据行政诉讼的相关法律法规、司法解释以及案例库中的判决,进行法律适用和逻辑推理,形成对案件的法律意见。在生成法律文书的过程中,人工智能采用模板化方法,将分析结果映射到预先设定的文书模板中,这些模板包含了行政诉讼文书的固定格式和必要条款。人工智能系统通过自然语言生成技术,将法律意见转换为正式的法律语言,并严格按照模板的结构填充内容,确保文书的规范性和准确性。此外,人工智能的输出控制机制确保了系统不会生成除法律文书以外的任何内容,这通过设定严格的输出边界和审查流程来实现。在整个过程中,系统的行为被限定在生成法律文书的范围内,不会进行任何超出预设功能的创造性工作或主观判断。最后,人工智能系统还会对生成的法律文书进行自动校验,包括语法检查、逻辑一致性审核和格式审查,以确保输出的法律文书既符合法律要求,又满足司法文书的严谨性标准。宁夏回族自治区银川市兴庆区人民法院在 2019 年启动了文书一键生成系统建设,该套系统主要适用于金融案件和盗窃案件,可以通过自动归纳案件事实和争议焦点完成文书撰写。截至目前,兴庆区人民法院已使用该系统审理 23 件案件,并全部实现裁判文书自动生成,平均每份裁判文书撰写时间不超过 3 分钟。

第二节 人工智能在行政违法行为监督中的应用场景

近年来,我国法治政府建设取得了举世瞩目的成就,同时也存在不少

---

① 参见魏琼、徐俊晖:《人工智能应用于行政处罚的风险治理》,载《河南财经政法大学学报》2020 年第 5 期。

短板。其中,行政执法领域的问题最为突出,执法不严、执法不公、选择性执法、逐利性执法、人情化执法等现象不仅损害了人民群众的切身利益,还败坏了党和政府的法治形象。与行政自制、司法倒逼等传统模式相比,行政违法检察监督开辟了行政权力监督的新方向,有助于进一步加快法治政府的建设进程。而最高人民检察院在总结地方实践经验的基础上,制定了《关于人民检察院在履行行政诉讼监督职责中开展行政违法行为监督工作的意见》,明确"在履行法律监督职责中发现"主要是在履行行政诉讼监督职责中发现,并规定"人民检察院行政检察部门在行政执法和刑事司法反向衔接工作中,发现行政主管机关违法行使职权或者不行使职权的"参照办理,从而框定了"履行法律监督职责"的范围,即"履行行政诉讼监督+行刑反向衔接"。在此背景下,行政检察应当更加充分发挥主观能动性,利用好人工智能的东风,推动行政违法行为监督走深走实。

一、精准识别行政违法行为

最高人民检察院在《关于人民检察院在履行行政诉讼监督职责中开展行政违法行为监督工作的意见》中,把行政违法行为监督的范围限定于"在办理行政诉讼案件当中发现",收窄监督的范围,使得检察机关对于行政违法监督案件线索的发现更为困难。人工智能的融入,尤其是通过机器学习算法的运用,为挖掘案件线索提供了革命性的解决方案。人工智能以其强大的数据处理能力、数据分析能力和数据挖掘技术,对海量行政案件数据进行深入分析,挖掘潜在的违法线索。例如,人工智能系统运用特征提取技术,从这些数据中识别出可能与违法行为相关的关键特征,如"超越职权""主要证据不足""适用法律、法规错误""违反法定程序""明显不当""不履行或怠于履行职权"等违法行使职权或者不行使职权的情形。在此基础上,人工智能采用机器学习算法,特别是监督学习中的分类算法,如支持向量机、决策树、随机森林或深度学习中的神经网络,对已标注的违法与合法行为案例进行训练,构建出能够识别违法行为的监督模型。通过不断学习,该监督模型能够理解行政机关在行使职权时可能出现的违法模式。再通过将行政诉讼案件中相关的行政行为利用人工智能的自然语言生成技术，提取出具体的行政行为信息，与异常的行政行为进行比对，就能迅速得出行政诉讼当中所关联的行政行为是否违法的案件线索。这种高效的信息筛选机制，极大地提升了检察人员在处理行政违法行为监督工作中的信息处理速度，使得原本需要花费大量时间和人力去逐一审查的案件线索，可以在短时间内得到快速识别和定位。如广东省连州市人民检察院办理的冒名婚姻登记行政违法行为监督案件，通过利用人工智能对婚姻登记信息、户籍信息、法院判决记录等数据进行清洗、匹配和分析，精准识别出了在一起离婚诉讼案件中存在的冒名进行婚姻登记的行为，但由于原告起诉确实超过起诉期限，无法通过法院再进行救济。基于此，检察机关利用人工智能精准识别该违法颁发结婚登记证明的行政违法行为，通过向民政机关发出检察建议，使得冒名进行婚姻登记的结婚证件得以撤销，维护了当事人的合法权益。

二、推动类案监督

由于依赖人工抽样和分析，传统的行政检察监督方法在处理大量案件时效率低下，难以从个案中发现普遍性问题，无法有效识别类案中的规律和趋势。在人工智能的背景下，检察机关通过采用数字化监督技术，全面处理与特定现象相关的数据集，摆脱了以往依赖随机抽样和分析的方法。大数据技术的应用，使得我们能够洞察样本之外的联系和模式。在行政违法行为类案监督的实践中，人工智能的应用展现出了其独特的优势，通过数据收集与预处理、类案识别与规律挖掘以及监督策略制定等环节，强化其类案监督功能，掌握比较每个个案当中法律要件、事实特征相似程度的能力，自动对司法数据库中的已决案件裁判文书及卷宗材料进行分析和监督，并根据监督情况对存在类案不同判等特殊情况的案件进行分析，进一步提高监督的准确性和有效性。[1] 这一过程涉及数据的收集、净化以及统计分析，并通过可视化手段展现分析结果。监督手段的革新，从单一案件的针对性监督转变为基于完整数据集的类案监督模式。

---

[1] 参见虞浔、魏健宇：《生成式人工智能赋能数字检察的路径、风险与纾解》，载《太原理工大学学报（社会科学版）》2024年第3期。

这种数字化的监督手段,促进了行政检察监督范式的转变,从传统的"等待案件发生、专注个案监督"转变为"利用数据驱动、实施类案监督",这不仅增强了行政检察的监督力度,也为社会管理创新提供了数据支持。如在执法实践中经常会出现的"小过重罚"现象,浙江省象山县人民检察院依托"浙检数据应用平台",构建督促行政执法机关纠正"小过重罚"大数据监督模型。该模型通过浙江省行政处罚结果信息公开网获取行政执法机关主动公开的处罚数据,并向同级法院调取行政机关申请强制执行的非诉执行数据,一并导入数据应用平台,形成基础数据库,再以"违法事项""罚款金额""处罚情节"等为关键词,对于完整的数据集进行分析归纳,最后利用人工智能推送出了"小案重罚""重复处罚""同案不同罚"等执法行政违法行为监督场景,并对此开展了类案监督,通过检察建议、情况反映等形式助推行政机关完善相关制度,推动行政处罚裁量规范统一。[①]

三、赋能参与社会治理

作为国家法律监督机关,行政检察工作自然应融入全面依法治国的战略布局,着眼于国家治理体系和治理能力现代化建设,推进法治国家、法治政府、法治社会一体建设,这是行政检察在新时代面临的新使命。在数字化的浪潮中,检察机关可以充分利用人工智能聚焦矛盾争议易发、多发的领域开展监督,积极回应群众需求,充分参与社会治理。首先,通过数据收集和预处理,确保数据的质量和可用性。其次,运用特征提取和模式识别技术,人工智能可以从海量数据中识别出潜在的违法和违规行为。再次,通过预测分析,人工智能为检察机关提供未来的监督趋势和可能的违法行为模式。最后,检察机关根据人工智能的分析结果,制定和调整监督策略,通过专项检查、案件审查、政策建议等手段,实现对行政行为的有效监督。如在就业领域,人工智能可以通过对劳动市场的大数据进行分析,识别就业歧视、拖欠工资、非法解雇等热点问题。人工智能通过特征提取技术,分析招聘广告、劳动合同、劳动仲裁等数据,发现可能存在的就

[①] 参见石雨昕:《突出加强涉企"小案重罚"等监督》,载《每日经济新闻》2024年7月9日,第1版。

业不平等现象。检察机关据此可以开展针对性的监督,比如,对招聘中的性别歧视、年龄歧视等问题进行专项检查,保障劳动者的合法权益。在社保领域,人工智能能够通过关联规则挖掘技术,分析社保基金管理中的异常行为,如骗保、套保等。通过对社保数据的深度学习,人工智能可以预测潜在的社保违规风险,为检察机关提供监督线索。行政检察部门可以根据人工智能的分析结果,加强对社保基金的监管,确保社保资金的安全和有效使用。在运输执法领域,人工智能可以分析运输行业的数据,如车辆行驶记录、货物装载情况、运输许可等,识别出超限超载、非法营运等违法行为。通过时间序列分析,人工智能可以发现运输执法中的薄弱环节,为检察机关提供监督方向。检察机关可以根据人工智能的分析,加强对运输行业的监管,维护运输市场的秩序。

另外,利用人工智能搭建一个检察机关、审判机关、行政机关共同参与的多元协同平台,通过设置"在线研讨""督办闭环"模块,推动检察机关深度参与社会治理。其中,"在线研讨"模块主要进行争议处理的相关单位责任人员的交流互动,运用点上信息推送,描绘事件经过,及时掌握当事人动态,明确主攻方向,分派各单位责任,并且实时互通工作进展情况,同步进行实地走访、交流座谈等线下工作。"督办闭环"模块在行政争议化解工作中,通过及时发现行政机关败诉未履行生效裁判或者存在行政违法行为的问题,在线发送检察建议、回复整改情况,使监督事项线上流转、过程留痕,实现监督闭环。[①]

第三节　人工智能在行刑反向衔接中的应用场景

党的二十届三中全会通过的《中共中央关于进一步全面深化改革、推进中国式现代化的决定》强调,完善行政处罚和刑事处罚双向衔接制度。

---

① 参见汤旭、石峰:《运用数字监督引领行政检察工作跨越式发展》,载检务科技新动态微信公众号(网址:https://mp.weixin.qq.com/s/e-JQ881J5fRJlJh6tnEBaw),访问日期:2024年9月14日。

大检察官研讨班强调,健全信息共享、案情通报、案件移送制度,规范办理行刑反向衔接案件,严格把握"可处罚性"原则。目前,充分运用现代信息技术、互联网、大数据、人工智能等各种智能科技手段保障行刑反向衔接工作的高效运行,需要打破部门之间的信息壁垒,实现网上衔接、网上推送、网上监督、网上反馈,形成衔接工作闭环,提高衔接工作的运行效率。[1]

一、打破数据壁垒,凝聚监督合力

目前行刑数据壁垒仍然明显,"数据孤岛"现象仍然存在,即便是公检法三机关之间、行政系统内不同行政机关之间的数据互联互通与共建共享也远未完全达成[2],对"不构成犯罪,但违反或可能违反行政法律规范"或"构成犯罪,同时需要加强行政监管"案件的反向移送壁垒重重,容易出现"不刑不罚""过罚不当"的现象。目前现有的"两法衔接"信息共享平台,正在逐步打通行政执法与刑事司法数据壁垒。但在实际使用"两法衔接"信息共享平台的过程中,仍然存在较大的数据壁垒,如:检察机关和行政机关的数据格式和标准不统一、行政机关的执法数据和检察机关的监督数据更新频率不一致、检察机关与行政机关对于数据的访问权限和共享范围存在争议。在人工智能迅速发展的背景下,更应该利用好人工智能强大的数据处理和分析能力,实现检察机关与行政机关双向衔接。对此,可以利用人工智能提取、转换、加载(ETL)技术,从检察机关、行政机关提取数据,从重点领域的信息共享平台整合工作着手,逐步推进全领域信息整合、规范信息录入,从而进一步打破检察机关与行政机关之间的数据壁垒。也可以利用人工智能的数据整合技术,自动识别和转换不同格式的数据,实现检察机关与行政机关数据的一致性。通过建立统一的数据接口和标准,人工智能系统能够将行政案件信息和刑事案件立案、侦查、起诉等环节的信息进行对接,形成一个完整的案件信息链。人工智能通过机器学习算法,可以对大量的行政案件进行智能分析,识别出潜在的

---

[1] 参见周秀银:《习近平法治思想下"两法衔接"体系构建研究》,载《政法学刊》2022年第6期。

[2] 参见邵俊:《数字检察中行刑衔接机制的优化路径》,载《华东政法大学学报》2023年第5期。

犯罪行为模式。在此基础上，定期对相关行政执法信息进行巡查，设置预警机制，对于符合犯罪特征的案件，自动提示检察机关进行审查，发现行政执法机关查处的案件，因涉嫌犯罪应当移送公安、司法机关立案侦查而没有移送的，依法监督行政执法机关移送案件。充分运用人工智能赋能信息共享平台的优势，深度挖掘行政执法机关的数据资源，调取运用有关数据，实现数据共享共用，形成行刑衔接合力，促进法治政府建设。

二、准确把握处罚必要性，提升审查精准度

当前，受法律供给不足、理论支撑薄弱、实践经验匮乏等因素的影响，检察机关在推行行刑反向衔接工作时会出现盲目反向移送、必要性审查不足、审查标准不统一、检察意见不规范等问题。而在人工智能迅速发展的大背景下，利用人工智能可以更好地帮助检察官准确把握行政处罚的必要性，从而提升检察意见的精准度。行政检察部门在依法规范推进行刑反向衔接工作中，可以利用人工智能更好地帮助检察官开展必要性审查，通过人工智能明确是否需要进行行政处罚。行刑反向衔接工作主要是解决对被不起诉人不刑不罚、应移未移、应罚未罚的问题。因此，在开展行刑反向衔接工作中，必须明确对不起诉案件中被不起诉人是否需要给予行政处罚，并非对所有的被不起诉人都需要进行行政处罚。但是在实际的案件办理过程中，检察人员对于是否必须进行行政处罚的基准把握不清，导致出现了许多"不刑不罚"的现象。而人工智能的数据挖掘、机器学习、自然语言处理和深度学习等技术，可以为检察人员在判断是否需要行政处罚时，提供很好的参考。例如，可以利用人工智能的自然语言处理技术，从不起诉决定书、刑事卷宗等文本中提取关键特征，如违法行为的性质、情节的严重性、被不起诉人的态度、社会影响等。另外，人工智能通过结合强大的数据资源池对被不起诉人的历史行为、个人背景、社会关系进行分析，进一步研判被不起诉人的再犯可能性。同时，人工智能还会考虑法律规定的行政处罚目的和原则、政策导向，以及社会公平正义的要求，分析在作出不起诉决定后，行政处罚是否有助于实现这些目标。根据上述分析可知，人工智能通过深度学习模型对案件的整体风险进行评估，利用反向传播算法在标注的大量类似案例上进行训练，通过分析历史

数据和案例,对进行行政处罚的必要性有了更加精准的把握。这种人工智能下行政处罚的必要性评估不仅考虑了静态的法律规定和案件事实,还融入了动态的社会影响和个人行为模式,从而为检察官进行行政处罚的必要性审查提供了一个多维、动态的风险视图,为司法实践和行政处罚提供了强有力的技术支持。

此外,在确定法定的处罚机关以及被不起诉行为是否超过处罚期限等问题上,人工智能也可以为检察官提供很好的帮助。针对如何确定法定的处罚机关的问题,人工智能通过自然语言处理技术解析案件文本,识别出涉及的违法行为类型。随后,利用其对法律条文强大的理解和推理能力,自动匹配相应的法定处罚机关;针对是否超过处罚期限的问题,人工智能系统可以设置时间序列分析模块,通过输入案件的发生时间、作出不起诉决定的时间等关键时间节点,自动计算是否已超过行政处罚的法定期限。系统还能够考虑不同法律规定的时效差异,以及可能出现的时效中断、中止等特殊情况,从而准确判断是否仍在处罚期限内,为检察机关判断是否超过行政处罚期限提供参考依据。

三、完善行刑衔接配套机制,推动社会治理

虽然《行政处罚法》《最高人民检察院关于推进行政执法与刑事司法衔接工作的规定》等法律和司法解释对于行刑正向衔接、反向衔接都作出了相关规定,但在案件移送、证据材料移交、案件处理信息反馈、定期通报制度建立等方面给司法实践留下了较大空间。[①] 而人工智能具有强大的数据归集和分析能力,通过在案件数据库中提取案件信息,包括案件类型、罪名、办理结果等,利用聚类分析、关联规则挖掘等算法,自动识别出案件类型和主要罪名,并归纳出层级分布特点,从而发现案件的整体趋势。另外,人工智能利用其自然语言处理技术对法律文本进行深入解析,识别并提取出与常见罪名相关的刑事和行政领域的法律规范。接着,通过构建知识图谱,将法律实体及其关系可视化,清晰地展示每个罪名对应的法律依据和行政处罚程序。在此基础上,系统运用规则学习和

---

① 参见张婷、秦雯:《行刑衔接中需加强行政违法行为监督》,载《检察日报》2023年11月1日,第7版。

推理算法,从历史案例中学习规则,识别出行政处罚程序的常见问题和行政执法中的常见错误。通过案例分析与模式识别,人工智能系统自动提取审查要点,并结合法律专家的知识构建专家系统,制定出详细的审查指引,提高行刑反向衔接案件办理的规范化水平。

　　同时,人工智能通过其强大的数据处理和分析能力,不仅能够揭示不起诉案件背后的社会根源,还能够为检察监督提供智能化支持,有效融入社会治理体系和治理能力现代化进程,实现法律效果和社会效果的有机统一。人工智能通过其数据挖掘、机器学习和社会网络分析等,能够有效地识别和预测案件中的规律性问题,从而辅助检察机关提出针对性的社会治理检察建议。通过运用因果推断和关联规则挖掘算法,探究非法捕捞水产品、盗窃、交通肇事、故意伤害等高发不起诉案件背后的社会根源,揭示执法中的共性问题和管理漏洞,在此基础上,检察机关可以结合"检察护企""检护民生"专项行动开展特色监督,有效融入社会治理体系和治理能力现代化进程。

第十章
人工智能在公益诉讼检察业务中的应用

Chapter

10

检察公益诉讼制度是新时代中国特色社会主义法治体系的重要组成部分。其职能定位主要体现在通过司法程序监督行政机关依法履职,维护国家利益和社会公共利益。自党的十八届四中全会提出"探索建立检察机关提起公益诉讼制度"以来,经历了"顶层设计、法律授权、试点先行、立法保障、全面推进"五个阶段,逐步形成了以《行政诉讼法》为核心的行政公益诉讼制度体系。随着《行政诉讼法》及相关司法解释的不断完善,公益诉讼的范围逐渐扩大,受案领域逐渐增多,使得检察机关在行政公益诉讼中的地位和作用得到了进一步强化。

当前,检察公益诉讼的法定办案领域已从最初的生态环境和资源保护、食品药品安全、国有财产保护、国有土地使用权出让 4 个领域,扩展到"4+11+N"的履职格局,包括安全生产、涉未成年人保护、个人信息保护等多个方面。全国人大常委会已将检察公益诉讼法列为立法规划项目,加快推进检察公益诉讼专门立法,以解决司法实践中遇到的相关难题,进一步推动公益诉讼制度的发展和完善。检察公益诉讼制度在维护公共利益、监督行政权力、促进法治建设等方面发挥了重要作用,并将在未来继续发挥更大的效能和影响力。

随着互联网、云计算和第五代移动通信技术的快速发展,各类数据爆炸式增长。据互联网数据中心(IDC)预计,全球 2024 年将生成 159.2ZB 的数据,中国占 24.2%,将生成 38.6ZB 的数据,未来 5 年 CAGR 达到 25.7%,仅次于北美地区。[①] 这一显著增长主要归因于人工智能技术的广泛应用和不断发展。检察机关公益诉讼传统办案模式在线索发现、调查取证、鉴定评估等方面存在诸多难题。在大数据爆发的背景下,检察机关应依托大数据、人工智能等现代信息技术,积极探索智慧公益诉讼办案新模式,以提升办案效率和质量。通过大数据法律监督平台的建立,检察机关实现了数据的集中收集、存储、分析处理,为公益诉讼案件线索的发现与研判提供了有力支持。此外,人工智能技术的引入,如智能线索挖掘、自主证据搜集、文书智能生成等应用场景的开发,不仅增强了调查取证能力,还能够推动检察公益诉讼工作的跨越式发展,实现检察业务与现代科

---

① 参见《IDC:中国数据智能市场生态图谱 V5.0 正式发布》,载 IDC 网(网址:https://www.idc.com/getdoc.jsp?containerId=prCHC52488124),访问日期:2024 年 10 月 9 日。

技的深度融合。这一举措符合新时代法律监督工作的新要求,也是推动公益诉讼检察工作高质量发展的必然选择。

第一节 智能驱动下的线索发掘

检察机关办理公益诉讼案件的前提在于线索发现。当前,检察机关获取公益诉讼线索的方式主要有三种:一是刑事办案部门移送的线索;二是在履行法律监督职责的过程中发现线索;三是通过群众的检举与控告获取线索。虽然《民事诉讼法》《行政诉讼法》等多部法律赋予检察机关提起公益诉讼的权利,但实际上检察机关仍是作为服务于维持法秩序这一公共目的的"诉讼程序上的技术性当事人"①。故而出现公益诉讼主体与权益主体分离的现状,导致公共利益若遭受行政行为侵犯,检察机关难以即时获悉的情况。② 自 2015 年启动公益诉讼试点项目以来,各地检察机关在推进公益诉讼工作的过程中,普遍遭遇了线索稀缺问题。在 2021 年党中央印发了《中共中央关于加强新时代检察机关法律监督工作的意见》后,检察机关开始进行数字化转型,办理公益诉讼案件的数量总体呈上升趋势,显示出检察机关在一定程度上解决了线索发现难的问题。但随着工作逐步深入,现有的工作方式也出现了瓶颈。

(1)办案人员发现案件线索的能力不足。公益损害行为作为侵蚀社会公共利益、破坏生态环境平衡及扰乱社会秩序的负面力量,其隐蔽性与多样性构成了当前公益保护领域面临的两大核心挑战。一是公益损害存在隐蔽性。以生态环境污染为例,许多污染物在排放初期难以察觉,如微量有毒化学物质,它们往往无色无味,却能在生物链中形成积累,长期以往影响生态系统健康。在 2021 年生态环境部公布的重点排污单位自动

---

① 王贵松:《信息公开行政诉讼的诉的利益》,载《比较法研究》2017 年第 2 期。
② 参见李成、赵维刚:《困境与突破:行政公益诉讼线索发现机制研究》,载《四川师范大学学报(社会科学版)》2018 年第 4 期。

监控弄虚作假查处典型案例中,多家企业为了规避监管,选择在夜间进行非法排放,同时有自动监测设备运维人员向排污单位传授篡改、伪造监测数据的方法,有排污单位负责人纵容、指使单位人员篡改、伪造监测数据,造成生态环境严重损害。[1] 这些企业往往利用高科技手段进行数据篡改或选择在监管薄弱时段进行,使得检察机关的调查取证工作面临巨大的技术挑战和时间压力。为了应对这类问题,各地检察机关不断提升自身调查取证的技术手段,运用无人机、遥感技术等先进设备进行监测和取证,但受限于公益损害多样性与办案人员专业能力上的欠缺,技术手段的提升未能解决发现隐蔽性极强的公益损害事实。

二是公益损害存在多样性。公益损害行为的多样性加上办案人员跨领域专业能力上的欠缺,造成检察机关对公益损害事实与行政行为违法性认识存在局限,进而导致行政公益诉讼案件线索发现视野的偏狭。《行政诉讼法》授权检察机关分别监督行政机关不作为或者违法行使职权的行为,但无论是检察机关发出的诉前建议,抑或是提起的行政公益诉讼,绝大部分均指向了行政不作为。检察机关对行政不作为的监督倾向不能简单地被认为是行政机关不作为的行为远远高于违法行使职权。恰恰相反,在行政诉讼审判实践中,法院宣告行政机关违法行使职权的情形远远多于行政不作为。[2] 据此,检察机关将监督重点放在行政不作为上,更多的可能是因为办案人员在面对复杂多样的公益损害问题时,在专业能力有限的情况下被迫选择违法表现较为简单的行政不作为来履行维护国家和社会公共利益职责。

(2)线索来源渠道单一。2023年全国检察机关办理的公益诉讼案件为117414件,其中传统法定领域的案件为117414件,占比61.8%;生态环境和资源保护领域的案件为83924件,占比44.2%(见表10-1)。[3] 而2023年,各级

---

[1] 参见《生态环境部公布重点排污单位自动监控弄虚作假查处典型案例》,载生态环境部网(网址:https://www.mee.gov.cn/ywgz/sthjzf/zfzdyxzcf/202112/t20211230_965741.shtml),访问日期:2024年10月9日。

[2] 参见李成、赵维刚:《困境与突破:行政公益诉讼线索发现机制研究》,载《四川师范大学学报(社会科学版)》2018年第4期。

[3] 参见最高人民检察院:《公益诉讼检察工作白皮书(2023)》,载最高人民检察院网(网址:https://www.spp.gov.cn/xwfbh/wsfbh/202403/t20240309_648329.shtml),访问日期:2024年10月9日。

法院受理的298711起行政一审诉讼案件中,城建类案件以49172起位居首位,资源类案件以38754起位居第二,公安及劳动和社会保障类案件分别以35541起、28882起位居第三和第四。[①] 由此看来,生态环境和资源保护领域也许并不是行政机关履职不当导致公共利益受到侵害的主要领域,可能存在大量被检察机关遗漏的行政机关侵害公共利益的情形。检察机关在获取案件线索时,可能过于依赖特定的举报渠道,如12345热线平台、各类新闻报刊等。这些渠道虽然在一定程度上能够为检察机关提供线索,但也存在局限性。例如,举报渠道可能受到举报人意愿、知晓程度等因素的影响,媒体报道则可能受到媒体关注度、报道角度等的限制。

表10-1　2023年全国检察机关立案办理公益诉讼案件的基本情况

领域类别	办案数量	占公益诉讼总数比例
总体办案情况	189885	—
传统法定领域	117414	61.80%
生态环境和资源保护	83924	44.20%
食品药品安全	23754	12.50%
国有土地使用权出让	1468	0.80%
国有财产保护	8268	4.40%
新增法定领域	50656	26.70%
其他新领域	21815	11.50%

此外,当前存在的一个显著问题是过分依赖行政机关以获取行政数据作为排查线索的主要途径。近年来,检察机关在努力拓宽线索来源、积极探索大数据法律监督的过程中,确实已经将传统的线索获取渠道扩展至向行政机关调取数据的层面。然而,随着监督工作的逐步深入,这种高度依赖于行政机关配合度的办案方式逐渐显现出其局限性。被监督对象的态度从最初的积极配合开始转变为消极抵触,他们常常以内部规定、数据安全或隐私保护为借口,拒绝向检察机关提供所需的行政数据。同时,值得注意的是,行政机关在数据传导过程中往往处于主导地位。这种

---

① 参见《2023年全国法院司法统计公报》,载最高人民法院公报网(网址：http：//gongbao.court.gov.cn/Details/a3e86176b272dc94a05d9cb012c2d5.html),访问日期：2024年10月9日。

主导地位使得他们有可能利用数据的筛选或包装手段,精心控制信息的数量和质量,对数据进行巧妙处理,从而达到一种难以被外部人员,甚至是监督主体所察觉的屏蔽效果。这种情况下,检察机关由于受制于技术手段的局限、数据孤岛的存在以及法律制度的空白,往往难以验证被监督对象所提供数据的真实性和完整性,进而影响了办案人员从中提取到有价值行政公益诉讼案件线索的能力,给公益诉讼工作的有效开展带来了不小的挑战。

（3）公众对公益诉讼的认知度和参与度不高。在司法实践中,一个不容忽视的现象是:检察机关通过检举控告途径获取的案件线索数量,显著低于刑事案件办理及检察机关日常履职中发现的线索。这一现状导致大量潜在的公共利益受损事件未能被及时纳入司法程序,严重制约了公益诉讼制度的社会影响力和法律价值的充分实现。

为应对这一挑战,最高人民检察院于 2022 年 7 月 19 日创新性地推出了"益心为公"检察云平台,旨在解决检举控告中涉及的公益损害问题。该平台在 2023 年内成功招募了 11 万多名志愿者,通过平台提交并推送高质量线索多达 1 万余条,结合 2017 年最高人民检察院公布的数据,案件线索与最终成案数之间大致存在着 100∶70 的比例关系[①],即每获得 10000 件案件线索,检察机关大约可以成功立案 7000 件。但即便如此,与 2023 年全国检察机关办理的 189885 件公益诉讼案件相比,即使"益心为公"平台高质量线索的转换率达到 100%,其成案贡献率也仅维持在 5.2% 的较低水平。公益诉讼案件的复杂性是制约公众参与的重要因素。这类案件往往涉及复杂的法律关系和专业知识,如环境污染、食品安全等领域的公益诉讼,不仅要求公众具备基本的法律知识,还需要对相关专业术语、检测标准等有一定了解。然而,现实中大多数公众缺乏这些专业知识,难以独立识别和判断公共利益受损的情况,从而限制了线索的发现和提供。

面对上述挑战,检察机关亟须寻求新的解决方案以提升公益诉讼案件线索的发现能力和效率。在此背景下,人工智能技术的应用被视为破

[①] 参见《检察机关提起公益诉讼制度全面铺开》,载最高人民检察院网(网址:https://www.spp.gov.cn/spp/zdgz/201802/t20180226_367851.shtml),访问日期:2024 年 10 月 9 日。

解当前难题的关键路径之一。通过构建专门的智能辅助系统,不仅能够帮助检察机关克服跨领域、跨行业专业知识的壁垒,还能有效拓宽线索来源渠道,提高线索的质量和转化率。

一、跨领域、跨行业监督要点智能检索

公益损害行为作为侵蚀社会公共利益、破坏生态环境平衡及扰乱社会秩序的负面力量,其隐蔽性与多样性构成了当前公益保护领域面临的两大核心挑战。其中,公益损害行为的多样性加上办案人员跨领域专业能力上的欠缺,造成检察机关对公益损害事实与行政行为违法性认识上的局限,进而导致行政公益诉讼案件线索发现视野的偏狭。为此,运用人工智能辅助办案人员快速了解跨领域、跨行业专业知识是人工智能赋能公益诉讼监督的关键。

针对公益诉讼检察领域,理想状态是单独构建对应领域的大模型,并将其嵌入体系化人工智能流程中,完善整个框架结构,如金融领域大模型 BloombergGPT,医疗领域大模型 Med-PaLM 2。但由于公益诉讼监督领域众多,从零开始构建大模型需要众多领域的特定数据和深入的专业知识指导模型的开发,且开发成本高,构建难度极大。因此,检察机关可以借助国内已有的通用大模型作为基座模型,运用"二次预训练""指令微调"以及"结合向量知识库"等方法,实现垂直领域大模型的快速构建。

构建检察公益诉讼垂直领域大模型,一是要明确大模型基座的选择。需要考虑其国产化及本地化需求,以确保数据安全和国家信息安全,并能够适应和满足检察公益诉讼的实际需求。[1] 如"文心一言""讯飞星火""腾讯混元"等诸多优秀大语言模型结合了监督微调、人类反馈的强化学习、提示学习等微调技术,通过结合检察公益诉讼领域的具体需求,对模型进行针对性的微调和优化,构建出一个既符合国家安全要求,又能满足检察公益诉讼实际需求的垂直领域大模型。二是数据收集与预处理。为了训练和优化智能体,需要构建一个全方位、多层次的数据体系,通过多渠道、多维度收集与检察公益诉讼紧密相关的数据。这些数据不仅应涵

---

[1] 参见张钦彤、王昱超、王鹤羲等:《大语言模型微调技术的研究综述》,载《计算机工程与应用》2024 年第 17 期。

盖各监督领域的法律法规、政策文件以及行业规范等资料,还应当适当收集专业领域的专家解读、学术论文等新型信息资源。三是进行指令微调优化(见表10-2)。微调的核心原因是赋予大模型更加定制化的功能。通用大模型虽然强大,但在特定领域可能表现不佳。通过提示词工程(Prompt Engineering)对模型进行微调可以更好地适应特定领域的需求和特征。因此,在设计提示词时,需紧密围绕办案人员迅速掌握"4+11+N"领域中的专业知识、法律条文内容,并有效识别监督点的实际需求,确保智能体能够快速响应并提供针对性的信息与建议。

表10-2 指令微调示例

类别	提示词设计策略	示例
领域识别提示词	设计如"请阐述【具体领域】在公益诉讼监督中的核心专业知识"等提示词,帮助智能体快速定位并提取相关领域知识。	"请阐述生态环境和资源保护在公益诉讼监督中的包括但不限于该领域的法律原则、政策导向。"
法律条文查询提示词	设计如"请列出【具体领域】相关的公益诉讼监督法律条文,并简要说明其适用情境"等提示词,使智能体能够快速检索并呈现相关法律条文。	"请列出生态环境和资源保护相关的公益诉讼监督法律条文,针对每个法律条文,请简要说明其适用情形。"
监督点寻找提示词	设计如"请分析【具体领域】中可能存在的公益诉讼监督点,并提供相应的法律依据"等提示词,要求智能体结合领域知识和法律条文内容进行深入分析与推理。	"请分析生态环境和资源保护中可能存在的公益诉讼监督点,针对每个监督点,请提供具体的法律依据,包括但不限于相关法律法规、司法解释、政策文件等。"
提升精准度与实用性	融入上下文信息	考虑案件的具体背景和实际情况,如"在一宗涉及【具体领域】的公益诉讼案件中,行政机关未履行具体职责,请分析这是否符合监督条件,请提供相关法律依据,以支持你的分析结论。"

(续表)

类别	提示词设计策略	示例
	融合专业术语与法律条文	在提示词中使用专业术语和明确法律条文,如"请解释具体法律条文在【具体领域】公益诉讼监督中的具体应用,指出可能的公益诉讼监督点。"
	设计引导式提问	设计引导式提问,逐步引导智能体给出更具体、更有用的答案。如"首先,请概述【具体领域】中常见的公益诉讼监督点;其次,请结合本案情况,分析可能存在的监督点及其法律依据;最后,请针对每个监督点,提供具体的法律条文或政策依据,以支持你的分析结论。"

四是调优与测试策略的优化。迭代测试是确保其功能完善与性能优化的关键环节。具体而言,应持续不断地向智能体输入多样化的提示词,这些提示词需覆盖公益诉讼业务的广泛场景,以确保测试的全面性。通过观察智能体对不同提示词的响应,可以评估其回答的准确性和全面性。在此基础上,根据测试结果对提示词进行精细调整,旨在优化智能体的回答,使其更加贴合实际业务需求。以"【国有财产】【水土保持补偿费】【监管职责】"关键词为例,智能体的理想回答应当能够迅速而准确地引用《水土保持法》第25条第1款等法律规定以及当地"三定方案",明确指出责任单位,如某水利局是水土保持工作的主管单位。这样的回答不仅要求模型具备扎实的法律基础知识,还需要其能够灵活地将法律条文应用于具体案例中。

如广东省英德市人民检察院创新性构建的"公益智辅"智能体,依托"Ernie-Bot 4.0大模型"作为基座大模型,将检察业务实际需求与人工智能技术深度融入。办案人员基于多年积累的公益诉讼专项监督工作经验,开展这一智能化辅助系统的开发工作。在数据收集与整合方面,办案人员广泛搜罗了来自国家法律法规数据库、中国人大网、国家林业和草原局政府网等多个法律法规资源库,累计汇聚超过3万部法律法规与行业规范,构建起一个全面、准确、及时更新的公益诉讼法律法规数据库,为精准匹配法律法规提供了坚实的基础。同时，为了进一步提升智能体的实用性和便捷性，技术人员通过多种技术手段对系统进行优化。运用 HTTP 链接的无缝对接，使得智能体能够即时访问最新发布的法律法规和司法解释；还集成了高效的文本处理和图像处理插件，使办案人员在处理复杂案件时，能够轻松上传相关文档或图片，快速获得智能体的辅助分析。此外，智能体的工作流设计充分考虑了实际办案流程的需求。通过编写逻辑清晰的工作流分支提示词，智能体能够根据办案人员输入的内容，识别案件类型与涉及领域，并自动推荐相应的法律法规、过往案例及专家意见，极大提升了办案效率和准确性。随着使用次数的增加和反馈的积累，智能体能够不断优化算法模型，提高法律法规匹配的精确度。广东省英德市人民检察院的"公益智辅"智能体，正逐步成为办案人员不可或缺的智能化助手，为办案人员探索公益诉讼"4+11+N"办案领域提供了有力的知识保障。

二、即时舆情监测与归集

舆论，被德国女社会学家伊丽莎白·内尔-纽曼形象地称为"社会的皮肤"，敏锐地映射出民众对各类社会现象的多样化看法与态度。在公益诉讼检察领域，舆论不仅是民众关切的集中体现，更是检察机关获取案件线索、回应社会期待的重要窗口。在实际工作中，由于舆论信息的海量性、复杂性和动态性，往往难以全面、准确地掌握舆论动态，从而发现潜在的公益诉讼监督线索。然而，随着人工智能技术的飞速发展，这一局面正逐步得到改善。

在探索人工智能在公益诉讼检察领域的应用时，关键在于如何利用其数据处理与分析能力，构建基于深度学习的文本分类模型。可以自动将涉及生态环境和资源保护、食品药品安全、国有财产保护等公益诉讼领域的舆论信息进行分类和标注，并结合地理位置、时间戳等元数据揭示潜在的社会问题和风险点，为检察机关提供有针对性的线索筛查结果。

以青岛崂山景区舆情监测为例，2019 年 4 月 6 日，有媒体报道称青岛崂山景区内存在大量违规建造的坟墓，部分村子内甚至存在非法买卖墓地的违法行为。舆论一经爆发，青岛崂山景区利用人工智能舆情监测系统，对新闻、微博、微信、论坛、博客、贴吧等多个渠道进行监测覆盖，通过设置提示词实现 24 小时全天候监测，利用自然语言处理技术对收集的数据进行情感分析、主题分类等,帮助景区快速掌握舆情信息。同时,平台提供直观的数据可视化界面,通过图表、仪表盘等形式展示舆情数据,使景区管理者快速理解和作出决策。在人工智能技术的帮助下,青岛崂山景区迅速进行了回应。4月6日下午13时,青岛市崂山区人民政府召开新闻发布会,对此事进行回应,表示将第一时间落实相关问题并积极整改,崂山区人民政府的及时回应有效引导了舆情走向,降低了负面影响。①

如果将这种人工智能舆情监测技术应用于公益诉讼线索发现方面,其效果同样显著。在检察公益诉讼中,关键词和敏感信息的识别至关重要。在"4+11+N"领域中,人工智能系统从新闻、社交媒体、政府公告等多种信息源中,精准识别出与生态环境破坏、食品药品安全、国有资产流失、土地非法转让等相关的关键词和敏感信息。例如,在食品药品安全领域,人工智能系统可以捕捉到关于滥用添加剂、假冒伪劣产品的微小线索,即便这些线索被隐藏在大量日常消费评论或行业报告中,也能被迅速识别并提取出来。同时,人工智能系统的情感分析功能可以洞察公众对特定事件或问题的情绪倾向,这对于发现潜在的公益诉讼线索至关重要。当公众对某一环境问题或食品安全事件表现出强烈的负面情绪时,人工智能系统可以即时捕捉到这种情绪变化,提示检察机关存在可能未被充分关注的公益损害。同时,基于历史数据的机器学习算法,人工智能还可以预测某些违法行为的未来趋势,如季节性污染高峰、特定节日期间的食品安全风险等,使检察机关提前布局,及时发现并锁定潜在的违法违规线索。

第二节 数据获取与解析

在大数据法律监督模式下,公益诉讼办案人员在日常办案过程中已

---

① 参见《舆情客户服务案例(一)》,载海鳗云微信公众号(网址:https://mp.weixin.qq.com/s/iiXFg_EbGuar7x909do6mw),访问日期:2024年10月17日。

从行政机关获取了海量信息数据,但在实际运用当中,这些数据并未充分发挥其应有的监督效能。经过长期的数据积累,虽汇集了某些领域全链条各部门的数据资源,但由于欠缺整体分析的方式及能力,办案人员难以开展更为深入、全面的分析工作,导致数据运用往往停留在针对单一监督点的特定类别数据碰撞的层面,仅通过简单的比对分析即告完成,之后该数据再次陷入"沉睡",其真正价值未能被充分挖掘和利用。

当前,常用的大数据法律监督平台的设计主要是基于结构化数据的处理逻辑,这就要求检察人员需要对数据进行预处理,将获取的数据尽数转换为格式统一的结构化数据,以便导入平台分析。但在实际工作中,涉公益的数据往往包含大量的半结构化或非结构化信息,如文档(工作报告)、图片(勘验图片)、视频(新媒体短视频)、矢量数据以及栅格数据等。这些非结构化数据不仅数量庞大,而且类型多样,蕴含着丰富的监督线索和证据信息。部分数据在当前的监督体系中无法被充分利用,从而造成了信息资源的极大浪费。

当前,公益诉讼检察还面临整体性数据分析能力不足的挑战。特别是在办理流域水生态环境、矿山安全生产等复杂工作专项中,往往涉及多部门监管,多种类型、海量规模的数据,如交易记录、监控视频、环境监测数据等,这些数据之间交织着复杂的关联性和潜在的规律。然而,目前的大数据法律监督平台对全链条、跨部门数据的综合汇聚与监督线索深度挖掘能力还有待提高。

一、图像数据自主采集

随着科技的飞速发展,"人工智能+无人机技术"这一创新技术组合改变了无人机进行任务工作中需要人工控制来实现的传统工作方式,为检察机关带来了前所未有的优势,提升了案件线索的发现和调查取证能力。

在现有应用场景中,无人机智能载荷、AI 机载单元或 AI 地面站的引入,与无人机飞控系统搭配工作,组成双大脑应用模式。无人机智能载荷,尤其是 AI 机载单元,与无人机飞控系统的紧密结合,极大地提升了自动化执行任务的能力,具备实时数据处理和分析的功能,能够根据预设的规则和算法自主作出决策,指导无人机进行下一步操作。无人机飞控系统作为数据采集与分析的重要系统,为 AI 机载单元提供了稳定、可靠的数据来源。在飞行过程中,无人机飞控系统能够保持相机的稳定,确保拍摄到的图像清晰、无抖动。这不仅提高了数据的质量,也为后续的分析和建模提供了坚实的基础。AI 地面站则实现了无人机与遥控机之间的通信,确保了整个作业过程的顺畅进行。通过地面站,操作人员可以实时监控无人机的状态,调整飞行路线和拍摄参数,从而实现对取证过程的精准控制。

在公益诉讼调查取证中,无人机能够克服地形和空间限制,通过远程拍摄、近距离取景等功能,快速、准确地收集大量高质量的数据。例如,在一些生态环境和资源保护案件中,由于涉案区域往往占地面积较大、现场环境复杂,传统的人工调查取证方式不仅耗时费力,而且难以全面、准确地掌握现场情况。而无人机则能够轻松飞越这些障碍,从空中俯瞰整个区域,对涉案现场进行全方位、多角度的航拍和录像,为检察机关提供直观、全面的证据支持。而人工智能的引入为无人机在公益诉讼调查取证中的应用注入了新的活力。人工智能算法使无人机能够自主运行,减少了对人工干预的依赖,实现了图像数据的自主采集和分析。在智能规划图像数据自主采集方面,人工智能与无人机的结合也展现出了巨大的潜力。通过预先设定的飞行路线和拍摄参数,无人机能够在无人操控的情况下自主完成图像数据的采集任务。人工智能算法可以根据现场情况实时调整飞行路线和拍摄角度,确保采集到的图像数据清晰、全面、无遗漏。后期,通过配合大疆智图等软件,对收集的 RGB 图像与无人机惯性测量单元(IMU)信息进行特征点匹配,进行三维建模,为案件办理提供直观、立体的证据支持,提升证据的说服力和可信度。

如以辽宁省海州露天矿区的环境治理与修复应用为例。海州露天煤矿,坐落于辽宁省阜新市城区南部,是新中国成立后首个现代化、机械化的露天煤矿,曾一度位居世界第二、亚洲最大的露天煤矿之列。然而,历经半个多世纪的大规模开采后,海州露天煤矿的生态环境遭受了严重破坏,形成了东西长 3.9 公里、南北宽 1.8 公里、深约 350 米的巨大矿坑,周边还存在近 20 平方公里的矸石山和工矿废弃地。矿区的生态环境退化、地质灾害频发,极端天气下矿坑水灾严重,对周边群众的生命财产安全构成了严重威胁。

在海州露天矿区的生态环境治理过程中,传统的人力巡查方式面临着诸多挑战。矿区总面积达 8 平方公里,道路崎岖难行,且矿坑内早晚雾气缭绕,施工区域烟尘过大,导致能见度极低,人工难以对关键区域进行快速清晰的巡查。此外,矿区地质灾害频发、残煤自燃等安全隐患也使得人工巡查的危险性极高。

为克服挑战,阜新市生态环境治理发展有限公司引入了大疆机场无人机值守设备,为生态环境重建项目提供了重要数据支撑。通过远程制定飞行计划、自动执行任务,大疆机场在矿区建模、矿区日常巡检、自燃点监测等场景中得到了广泛应用。一是重建矿区模型。大疆机场利用航线编辑器远程规划航线,无须人员抵达现场即可全自动化采集数据。通过大疆智图建模软件生成的三维模型,为矿区的进一步监控和分析提供了数字基础。在南帮中部项目,大疆机场每月进行一次土方量测量,通过精细化建模计算土方填充量,为土地治理提供了重要依据。二是边坡地质监测。基于前期的精细化实景模型,地质工程师分析查看边坡裂缝。大疆机场设置周期性带状航线采集数据建模,结合地面人工查看,两者相结合分析得出边坡裂缝趋势,实现了空地一体的全方位、全自动边坡地灾监测。三是监测残煤自燃。无人机自带红外热成像相机,能够穿透矿区现场的浓烟、大雾,实时对矿区燃点进行测温。利用热成像相机的温度报警功能,一旦发现高温区域立即报警,方便工作人员快速定位并采取灭火措施。四是远程监测矿区。利用无人机高空视角,实现 360 度无死角航拍,实时监测矿区是否有违规作业、偷排垃圾等现象。[1]

在该案例中,海州露天矿区管理者通过引入大疆机场无人机值守设备,通过"人工智能+无人机技术"的深度融合,实现矿区环境治理与修复的高度提升。一方面,无人机的应用不仅降低了人员现场作业的工作量与风险,还能融合人工智能技术强化环境监测、安全生产等方面数据的收集分析能力,极大地提高了工作效率。另一方面,这个案例也体现了技术创新在环境治理中的重要性,为公益诉讼检察监督提供了有益的借鉴和参考,能够更加科学、高效地推动调查取证工作向智能

---

[1] 参见《露天矿区中的大疆机场,如何助力环境治理与修复?》,载大疆行业应用网(网址:https://enterprise.dji.com/cn/news/detail/mine-governance),访问日期:2024 年 10 月 18 日。

化、精准化方向发展。

二、非结构化数据深度解析

随着人工智能技术的飞速发展,其在公益诉讼检察工作中的应用日益广泛。非结构化数据,如图片、表格、PPT等,在公益诉讼检察中扮演着重要角色。为了更有效地解析和利用这些非结构化数据,智能体模型的构建显得尤为重要。通过添加特定插件,智能体可以获得图片识别和处理、表格创建和完善数据库等能力,从而显著提升数据解析的深度和广度。

其中,现场勘查图片、证据照片等非结构化图片数据是常见的资料形式。为了深度解析这些图片数据,智能体模型中添加了图片识别和处理插件。该插件利用先进的计算机视觉技术,能够自动识别图片中的关键信息,如物体、场景、文字等,并对其进行分类、标注和提取。此外,插件还具备图像增强、去噪、修复等功能,确保图片信息的准确性和完整性。通过提高图片的识别和处理能力,智能体可以更加高效地解析和利用图片数据,为公益诉讼检察提供有力支持。

另外,检察机关在办案过程中经常需要整理和分析大量的数据,而表格是展示这些数据的重要形式。为了提升智能体在表格处理方面的能力,模型中添加了表格创建和完善插件功能。插件能够根据输入的数据自动生成规范的表格,并对其进行自动排版、格式调整等操作。此外,插件还具备数据筛选、排序、汇总等功能,能够帮助用户快速定位关键信息,提高数据分析的效率。通过表格创建和完善插件功能的增强,智能体可以更好地满足公益诉讼检察中对于数据整理和分析的需求。

例如,广东省清远市清新区人民检察院所研发的"公益小新"智能体。该智能体通过精心整合 imgUnderstand、JVectorMap 等尖端技术插件,实现了在图片识别、地理位置坐标解析以及表格数据处理等多个领域高效、精确和智能化的操作。在该院处理的一起关于水源保护的公益诉讼案件中,"公益小新"智能体面对一张包含水源保护地界牌与群众钓鱼场景的照片,凭借其先进的图片识别技术,捕捉到了照片中的关键元素,包括界牌上的文字描述、钓鱼者的具体位置等关键信息。通过其地理位置识别技术，精确提取了钓鱼者的具体位置与水源保护地界牌的经纬度坐标。这一功能为检察官提供了更加科学的评估手段，使他们能够准确地判断钓鱼行为是否位于水源保护地的禁钓范围内，从而有效提升了案件调查取证的精确度和公信力。在案件调查取证阶段，办案人员通过上传调查数据，智能体可以自动对数据进行整理、分类与汇总，生成符合规范要求且易于理解的表格文件。这些表格详细记录了调查过程中的关键数据和信息，为后续的案件汇报、法律文书的撰写以及展示工作提供了有力的数据支撑和证据材料。同时，"公益小新"智能体还具备出色的智能分析能力。在案件办理过程中，办案人员通过向智能体输入相关法律法规及清远市饮用水水源地名录等信息，智能体便可以分析判断多张图片所展示的场景是否在水源保护地范围内，为案件的定性提供了有力的技术支撑。

又如，广东省清远市连南瑶族自治县的古村落面临自然侵蚀、人为破坏以及不当开发等多重威胁。风雨侵蚀、地质灾害等自然因素对建筑安全构成了持续挑战；而人为破坏则体现在不合理的建设开发、非法拆除古建筑以及随意改变村落风貌等方面。此外，部分古村落因缺乏有效的管理和保护措施，正逐渐被遗忘甚至荒废。面对上述问题，广东省连南瑶族自治县人民检察院积极开展行动，不仅立即督促连南瑶族传统古村落的行政公益诉讼案件，并在 2024 年针对古村落保护与发展不协调、监管职责不清等问题，制发了社会治理类检察建议，推动《连南瑶族自治县古排保护利用条例》的出台。为了更好地守护这片独特的文化遗产，传承和弘扬民族文化，连南瑶族自治县人民检察院结合实际情况，创新性地创建了"古村守望"智能体项目。该项目旨在通过现代科技手段为古村落保护注入新的活力，实现全方位、智能化的保护机制。"古村守望"智能体的主要配置内容包括：掌握传统古村落的数量与位置信息、风景图片等基础资料；联系片区内的专职网格管理员以确保及时响应；提供专业的古村落保护咨询；熟悉最高人民检察院关于传统古村落保护的相关案例；解答有关古村落保护法律法规的问题。其功能定位涵盖了线索举报、法治宣传与教育以及古村落文化传播三个方面。在线索举报方面，在线举报功能强化了公众参与度，拓宽了检察监督范围；在法治宣传与教育方面，通过推送相关法律知识和典型案例，提高了村民、游客及社会各界的文化遗产保护意识;在古村落文化传播方面,通过图文并茂的形式展示了连南瑶族古村落的独特魅力,促进了当地文化旅游产业的发展。

自投入运行以来,"古村守望"智能体在提升检察公益诉讼效能、保护传统文化方面取得了显著成效。例如,在处理污水处理设施存在的问题上,智能体迅速响应群众举报,采用无人机技术加现场走访的方式进行全面核查,并促成了相关整改工作。同时,它还辅助生成了多篇检察建议书和调研报告,进一步巩固了古村落的保护成果。不仅如此,智能体的应用还激发了公众对于文化遗产保护的热情,形成了良好的社会风尚。

通过以上两个例子可以看出,智能体模型的构建通过添加插件的方式,可以显著提升智能体在非结构化数据深度解析方面的能力。这些插件的应用不仅提高了数据处理的效率和准确性,还为公益诉讼检察工作提供了更加全面、专业的支持。

第三节 文书智能化处理

在公益诉讼检察业务中,自动化文书生成与撰写是人工智能技术的重要应用之一。传统方式下,检察官在撰写公益诉讼文书时需要投入大量的时间和精力,查阅法律法规、分析案件事实、整理证据材料,这一过程不仅效率低下,还容易因人为因素导致错误或遗漏。此外,不同检察官对于法律文书的理解存在差异,撰写风格也不同,使得难以保证文书的规范性和专业性。

随着人工智能技术的发展,特别是自然语言处理和生成式人工智能技术的突破,为自动化文书生成与撰写提供了新的解决方案。一是自然语言处理技术是人工智能领域的一项关键技术,它使计算机能够理解和处理人类自然语言。在法律文书撰写中,自然语言处理技术通过文本解析、语义理解、信息抽取等手段,对法律法规、案例、证据材料等文本数据进行深度处理。例如,通过实体识别技术,自然语言处理技术可以从文本中精准提取出案件的关键信息,如被告的信息、犯罪事实、证据细节等。这些信息为法律文书的撰写提供了精确的数据支撑,减少了人为因素导致的错误和遗漏。二是生成式人工智能技术,如 ChatGPT 等大型语言模型,具有强大的文本生成能力。这些模型通过对海量法律文书的学习和训练,掌握了法律文书的撰写规律和特点,能够根据案件事实和法律要点自动生成符合规范要求的法律文书。在公益诉讼检察业务中,生成式人工智能技术可以应用于起诉书、答辩状、法律意见书等多种文书的撰写。其撰写的文书不仅语言流畅、逻辑清晰,而且能够准确反映案件事实和法律依据,提高了文书的专业性和说服力。三是深度学习和机器学习算法是支撑生成式人工智能技术的核心。在法律文书撰写中,这些算法通过对大量法律文书的学习和分析,不断优化模型参数和生成策略,提高文书的生成质量和效率。例如,通过深度学习算法,模型可以识别不同案件类型的撰写特点和要求,并根据案件性质自动调整文书的语气、表述方式和篇幅。同时,机器学习算法还能够根据用户的反馈和评估结果,不断优化模型的生成能力,使其更加符合实际需求。四是数据驱动模型优化是提高生成式人工智能技术性能的重要手段。在法律文书撰写中,系统可以通过收集和分析用户反馈、法律文书评估结果等数据,识别模型在生成过程中的问题和不足,并据此调整和优化模型参数和算法。例如,针对模型在生成过程中可能出现的逻辑错误、表述不清等问题,系统可以通过增加训练数据、调整模型结构等方式进行改进。这种数据驱动的优化方法使得模型能够不断适应新的司法需求和法律法规变化,提高文书的针对性和实用性。

近年来,法检两家机构在人工智能文书自动生成技术的应用上取得了实质性的进展,这些应用显著提高了办案效率与质量。如湖北省宜昌市伍家岗区人民法院研发的类型化判决书生成器,是法院系统人工智能应用的一个亮点。该系统基于 Python 技术,通过构建类型化模板和要素式表格,实现了案件要素信息的快速采集与智能化处理。在立案阶段,法院引导当事人填写案件信息要素表,并利用数字法院系统对起诉材料中的要素信息进行智能化提取和回填。在审判阶段,系统能够智能归纳争议焦点,自动生成庭审笔录模板,帮助法官高效组织庭审。最终,系统能够一键生成格式统一、详略得当的裁判文书初稿,客观部分的内容完整率达到了 90% 左右。自 2022 年以来,湖北省宜昌市伍家岗区人民法院已利用该系统一键生成了 2752 份要素式裁判文书,金融借款合同纠纷、物业纠纷、涉房地产纠纷等主要类案的平均审理时长缩短至27.12 天,有效释放了司法资源,提升了审判效率。① 在公益诉讼中,同样面临着大量案件的快速处理需求,通过构建类似的智能化系统,可以实现对公益诉讼案件信息的快速提取、智能分析和文书自动生成,从而提高办案效率,确保法律文书的准确性和规范性。

在检察系统,广东省阳山县人民检察院通过运用某法律 AI 系统,实现了轻罪案件办理的高质效。该系统包括刑事证据及文书智能生成系统和智能量刑辅助系统两大模块。在办理邓某某危险驾驶案时,检察官通过录入犯罪嫌疑人信息、犯罪事实、证据材料等关键信息,系统能够自动生成审查报告、起诉书等法律文书,并提供精准的量刑建议及详细的量刑分析。这极大地减轻了检察官的办案负担,确保了法律文书的规范性和量刑建议的合理性。同时,系统还支持类案检索功能,帮助检察官快速获取相关案例资料,为案件办理提供了有力支持。截至目前,阳山县人民检察院已利用该系统成功办理了 37 件案件,其中轻罪案件占比极高,有效提升了办案质量和效率。② 这一模式同样适用于检察公益诉讼业务中的自动化文书生成。在公益诉讼中,通过构建类似的智能系统,可以实现对案件材料的自动化处理,快速生成起诉状、调查报告等法律文书,减轻检察官的工作负担,提高办案质量和效率。

第四节　普法教育与智能调解

一、构建智能化法律咨询服务平台

在传统的公益诉讼检察业务中,法律咨询服务面临着一系列挑战。

---

① 参见《"微创新"案例展播⑥ | 研发类型化判决书生成器》,载湖北省高级人民法院网(网址:https://www.hbfy.gov.cn/DocManage/ViewDoc? docId = 83f2127e - 45c9 - 45b3 - 875f-31dc47070e4e),访问日期:2024 年 10 月 19 日。

② 参见《"数"故事 | "AI+检察"助力轻罪办理开启高质效通道》,载数字检察方法论微信公众号(网址:https://mp.weixin.qq.com/s/bMy8tjH9lkPnj9wZmlCxZQ),访问日期:2024 年 10 月 19 日。

首先,法律行业普遍面临着纸质化程度较高、文件管理复杂的问题,这不仅增加了检索和管理的难度,也限制了法律服务的效率。其次,法律知识的分散和缺乏统一的知识管理系统,使得律师和法律顾问在提供咨询服务时难以迅速获取准确和全面的法律信息。最后,传统法律服务高度依赖于人工,这导致服务成本高、效率低,难以满足大批量和多样化的法律咨询需求。特别是在公益诉讼领域,案件往往涉及复杂的社会问题和广泛的利益相关者,对法律咨询服务的专业性和效率提出了更高的要求。

人工智能技术的快速发展为解决传统法律咨询服务中的诸多难题提供了全新的可能性和解决方案。在智能化法律咨询服务平台的构建过程中,人工智能技术无疑发挥着举足轻重的作用。大数据和云计算技术的运用,使得海量法律数据的收集、存储和分析变得切实可行。这些技术为法律咨询服务提供了强大的数据支持,使得系统能够迅速处理和检索相关信息,大大提高了法律咨询服务的效率和准确性。具体来讲,通过大数据技术,平台可以实时抓取、整合和分析各类法律数据,包括法律法规、司法解释、案例判决等,为用户提供全面、准确的法律信息。自然语言处理技术的突破,使得计算机能够理解人类语言,从而实现自动化的文本分析和法律信息提取。这意味着,用户可以通过自然语言的方式与平台进行交互,无须掌握特定的法律术语或格式,极大地降低了使用门槛。自然语言处理技术可以自动解析用户咨询的问题,提取关键信息,并快速给出相应的法律建议或解决方案。机器学习算法的应用,使得系统可以通过对大量法律数据进行训练,不断优化模型的预测能力和准确性。这意味着随着数据的不断积累和模型的持续优化,智能化法律咨询服务平台将可以更加准确地理解用户的需求,提供更加个性化的法律咨询服务。同时,机器学习算法还可以根据用户的反馈和行为数据,不断优化平台的服务质量和用户体验。深度学习等算法的引入,进一步提升了模型处理复杂法律问题的能力。深度学习算法能够模拟人脑的学习过程,通过多层神经网络对法律数据进行深度挖掘和分析,从而发现潜在的法律规律和模式。这使得智能法律服务更加高效和精准,能够为用户提供更加全面、深入的法律建议和解决方案。

智能化法律咨询服务平台在实际应用中展现出了巨大的潜力。首先,智能化法律咨询服务平台可以通过自动化和智能化的方式提供初步的法律建议或指引,减轻律师和法律顾问的工作负担。例如,通过集成先进的人工智能和自然语言处理技术,系统能够理解和解析复杂的法律问题,迅速检索相关法律法规、案例和先例,并给出即时的解答。其次,智能化法律咨询服务平台还可以实现自动化文档处理功能,如对合同、协议、诉状等法律文件的自动生成和审查,进一步提高工作效率。最后,智能化法律咨询服务平台还可以根据用户的特定需求和历史互动提供个性化服务,如推荐最适合的服务选项、定制的法律资讯等。在公益诉讼检察业务中,智能化法律咨询服务平台还可以利用大数据技术和机器学习算法,分析法律趋势、预测案件结果以及可能的法律风险,为检察官和律师提供更加全面和深入的法律支持。

如清远市两级检察院的12309服务AI智能体。清远市两级检察院为提升检察服务效率与质量,积极响应数字化转型号召,在官方微信公众号上相继推出了12309服务AI智能体,构建了"智清检"12309服务AI智能体矩阵,覆盖了信访咨询、法律法规查询、案例参考等多个服务领域。用户只需通过微信公众号,即可与AI智能体进行实时对话,输入信访相关的咨询事项或法律疑问。智能体能够迅速理解用户意图,基于庞大的法律知识库和智能分析算法,提供准确、全面的咨询解答。无论是关于诉讼程序、权利义务,还是具体案例的查询,用户都能得到即时反馈,极大地方便了群众,提高了检察服务的便捷性和可及性。[1]

又如,山东省淄博市沂源县人民检察院的"未成年人AI智保平台"。该平台利用人工智能大模型技术,为未成年人及家长、教师等群体提供精准、高效的法律咨询服务,从而加强未成年人法治教育,预防违法犯罪行为。该平台集成了先进的人工智能技术和海量的法律知识库,能够24小时不间断地受理各类法律问题咨询。无论是关于未成年人权益保护、法律责任界定方面,还是关于具体案例的分析,平台都能进行智能分析、精

---

[1] 参见《AI检察 | 构建"智清检"12309服务AI智能体矩阵,打造数字检察新体验!》,载清远检察微信公众号(网址:https://mp.weixin.qq.com/s/ILpbuFuIBz7ey9ekjvT1gw),访问日期:2024年10月19日。

准解答。在试运行两周内,平台已接收并处理相关法律咨询 100 余条,不仅有效解答了用户的疑惑,还通过生动的案例和详尽的法律解释,增强了公众的法治意识,取得了显著的普法效果。①

二、构建民事公益诉讼智能调解平台

民事公益诉讼作为守护社会公共利益的利器,其重要性不言而喻。然而,在传统的调解实践中,这一机制却遭遇了重重挑战。首要问题在于调解工作的繁重与低效,信息闭塞与沟通障碍如同绊脚石,使得调解双方难以达成共识,影响了调解效果。其次,调解标准的参差不齐与流程的各行其是,导致了调解质量因调解员而异,难以保证统一性和公正性。更为棘手的是,公益诉讼案件在取证与证据固定上面临的困境,不仅增加了案件处理的难度,也限制了公益诉讼的有效提起。部分行政单位对检察机关的监督工作持抵触态度,不积极配合取证,这无疑为监督工作平添了阻力。此外,损害鉴定与赔偿数额的确定因其高度的专业性,极易陷入困境。最后,鉴定人员与涉案机构可能存在行业关联,使得鉴定意见的客观性与公正性受到质疑。加之鉴定程序的烦琐、周期的漫长、成本的高昂以及鉴定费用承担主体的不明确,这些因素共同构成了案件处理的重大障碍。

人工智能可以显著提升调解工作的效率与效果。通过构建智能化的调解平台,利用自然语言处理和大数据分析技术,可以实现对调解双方信息的快速整合与精准匹配,打破信息闭塞与沟通障碍,促进双方更有效地达成共识。同时,智能化的调解平台还可以根据历史调解案例和法律法规,为调解员提供标准化的调解流程和参考建议,确保调解质量的一致性和公正性。

在取证与证据固定方面,人工智能同样能够发挥重要作用。通过图像识别、语音识别等先进技术,可以实现对案件现场的高效、准确记录,为公益诉讼的提起提供有力支持。此外,智能化的证据管理系统还

---

① 参见《沂源检察:智慧陪伴"未"你护航 倾心打造"AI+检察"深度融合新模式》,载淄博检察微信公众号(网址:https://mp.weixin.qq.com/s/GS2AF6g9rP5y-yYGkvxnMw),访问日期:2024 年 10 月 19 日。

能够对收集的证据进行自动分类、存储和分析,提高证据处理的效率和准确性。

对于损害鉴定与确定赔偿数额的问题,人工智能也可以提供有力帮助。通过构建专业的鉴定模型和数据库,可以实现对损害程度的自动化评估和赔偿数额的精准计算。同时,智能化的鉴定系统还可以对鉴定过程进行全程记录和监督,确保鉴定意见的客观性和公正性。此外,通过优化鉴定流程、缩短鉴定周期、降低鉴定成本以及明确鉴定费用的承担主体等方式,人工智能还可以有效降低案件处理的难度和成本。

如重庆市巴南区人民法院的"智慧调解系统",集成了人工智能类脑算法模型、区块链、知识图谱、语音识别、法律专业领域语义识别、大数据智能化分析等多项先进技术。在重庆市巴南区人民法院的实践中,该系统已经成功调解了多起民事纠纷。例如,一起交通事故赔偿纠纷就通过智慧调解系统得到了高效解决。调解员运用智慧调解系统,通过智能语音和智能识别技术,迅速完成了案件信息的采集工作。系统不仅快速捕捉了双方当事人的陈述,还准确识别了相关的证据材料。在此基础上,系统一键生成了具有个案指导性的法律意见书,为调解员提供了专业的法律支持。原被告双方对系统生成的法律意见书均表示无异议。在调解员的引导下,双方顺利达成了调解协议,被告当事人当场支付了赔偿金。原告代理人某律师表示,通过诉前调解,伤者从立案到拿到赔偿款的时间大大缩短,仅需两三个月,相较于预期的六至八个月,效率显著提升。[1]

智慧调解系统在民事调解中的成功应用,为检察公益诉讼民事调解提供了有益的借鉴。一是智慧调解系统通过人工智能技术实现了案件信息的快速采集和分析,大大提高了调解效率。在检察公益诉讼中,往往涉及大量的证据材料和复杂的法律关系,利用智慧调解系统可以迅速理清案件事实,为调解工作提供有力支持。二是智慧调解系统的一键生成法律意见书功能,为调解员提供了专业的法律指导。在检察公益诉讼中,调解员需要准确把握法律条款和司法解释,以确保调解结果的合法性和公

---

[1] 参见《重庆:AI 系统"上岗"诉前调解 当场调解纠纷》,载中新网(网址:https://www.chinanews.com.cn/sh/shipin/cns/2022/07-13/news931924.shtml),访问日期:2024 年 10 月 19 日。

正性。智慧调解系统的法律意见书可以为调解员提供权威的法律依据，帮助其作出正确的调解决策。三是智慧调解系统的透明化和高效化，有助于提升检察公益诉讼民事调解的公信力和社会认可度。通过公示各方的发言和调解过程，可以增加调解工作的透明度，让当事人和公众更加信任调解结果。同时，高效化的调解过程也可以节省当事人的时间和精力，提高其对调解工作的满意度。

第十一章
人工智能在刑事执行检察业务中的应用

Chapter
11

第十一章 人工智能在刑事执行检察业务中的应用

在当今法治社会建设中,确保刑罚的公正执行和有效监督是检察机关的重要职责。刑事执行检察,作为一个近年来重要性逐渐凸显的概念,其历史根源可追溯至清朝末年,彼时检察官已肩负起监督指挥判决执行的法定职责。[1] 历经一个多世纪法律制度的不断革新,现行的《刑事诉讼法》《人民检察院组织法》及《社区矫正法》等相关法律法规,均对刑事执行检察制度作出了明确详尽的规定,彰显了我国法治社会建设中刑事执行检察制度的日益成熟与规范。[2]

刑事执行检察需要对人民法院、监狱及其主管机关、公安机关、看守所、社区矫正机构、强制医疗执行场所的对象等进行监督[3],监督对象的种类繁多复杂,监督任务艰巨。传统上,这些工作主要依赖于人工审核,但面对大量复杂案件时人工审核逐渐显得力不从心。随着犯罪率的上升和新型犯罪形态的不断涌现,刑事执行检察部门需要处理的案件数量激增,案件类型也日益复杂。而目前刑事执行检察人员正面临着老龄化严重、人员力量不足、专业化缺失等问题,在这一背景下,部分检察人员面对纷繁复杂的检察监督业务表现出积极性不足、监督保守被动,这导致检察机关在人力、物力等资源上捉襟见肘,难以对每一起案件都进行全面、深入的审查和监督。积极引入人工智能技术,可以为刑事执行检察工作提供新的契机。人工智能不仅能够大幅提升工作效率,还可以增强监督的精准性和公正性,为刑事执行检察工作注入新的活力。加快人工智能技术在刑事执行检察领域的推广应用,已成为推动刑事执行检察工作高质量发展的关键举措。

2014年,全国检察业务应用系统1.0版本顺利完成部署并正式启动运行,此举标志着我国检察机关正式迈入检察信息化建设的初级阶段。次年12月,虽然刑事执行检察子系统得以全面推广并上线应用,但刑事执行检察业务的信息化建设进程却明显滞后于检察信息技术整体的快速发展趋势。直到2021年11月,全国检察业务应用系统2.0开始运行,

---

[1] 参见袁其国主编:《刑事执行检察业务培训教程》,中国检察出版社2015年版,第3页。

[2] 参见侯亚辉:《刑事执行检察职能定位和权力边界研究》,载《中国刑事法杂志》2022年第1期。

[3] 参见杨春雷、万春主编:《刑事执行检察业务》,中国检察出版社2021年版,第7页。

一改信息化建设滞后于检察信息技术发展的步伐,刑事执行检察子系统的信息化建设进一步优化。[①] 本次系统的升级,不仅在功能上进行了优化和完善,而且提高了系统的稳定性和安全性。通过信息化手段,实现了刑事执行检察工作的流程再造和质量提升,弥补了之前存在的差距。全国检察业务应用系统2.0的成功上线,为引入人工智能等前沿技术提供了更为坚实的现实基础与切实可行性,这为刑事执行检察工作的智能化、高效化发展注入新的动力与活力,将进一步推动我国检察事业向更高水平迈进。

第一节　智能新模式助力社区矫正案件审核评估

一、精准研判案件情况,针对性开展审核评估

在社区矫正工作中,对社区矫正对象开展审核评估的精准度对于确保司法公正与法律执行的有效性至关重要。传统的审核评估通常依赖于检察人员的经验和法律知识,案件多的地方存在着信息量大、数据处理复杂的挑战。随着人工智能技术的引入,检察机关得以借助智能分析工具,从案件的大量数据中挖掘关键信息,从而大幅提升审核评估的精准度。以山东省威海市文登区人民检察院的实践为例,其引入了一套基于大数据和自然语言处理技术的社区矫正监管类监督应用,通过从司法行政机关社区矫正信息管理系统后台数据中直接批量抓取出未按规定进行信息化核查、越界、矫正期满未及时解矫、解矫未解除定位等监督信息,并利用该应用对案件进行分析,为检察人员提供了科学、系统的评估支撑。[②] 这种智能应用不仅简化了传统审查流程,还提高了对社区矫正对象评估的精准性和效率,真正实现了智慧检察在刑事执行社区矫正工作中的落地应用。

[①] 参见陈岑、张琛主编:《数字检察进阶之路》,中国检察出版社2024年版,第93页。
[②] 参见山东省威海市文登区人民检察院:《社区矫正监管类监督应用》,载《2024政法智能化建设创新经验汇编(智慧检务)》,法制日报社2024年版,第323页。

传统上,社区矫正案件的审核评估主要依赖于人工,不仅耗时费力,还容易受到人为因素的影响。而智能体新模式的引入,通过结合大数据、人工智能等技术,为社区矫正案件审核评估提供了全新的解决方案。以广东省清远市人民检察院为例,刑事执行社区矫正智能体可以通过机器学习算法和语义分析技术,对案件数据进行评估。该智能体能够自动识别案件中的关键要素,并将其与法律条文进行比对,迅速提取案件中可能存在的问题和风险点。例如,在处理一起涉及社区矫正对象请假就医的案件时,智能体通过分析社区矫正对象的请假时间和病历记录等,精准定位了案件中的疑点。这些疑点包括社区矫正对象后补请假手续及谎填请假时间等情况,为检察官审查案件提供了有力的参考,并为社区矫正对象的审查评估提供了数据支撑。这种基于数据和算法的智能审查,大大减少了人工审核过程中可能出现的误差和遗漏,使得案件审查更加客观、公正。

刑事执行社区矫正智能体在案件审查中的应用,不仅限于个案信息的筛选和疑点的挖掘,还能对社区矫正对象的发展趋势进行预测。通过对社区矫正对象个人行为的研判,可以识别出该社区矫正对象以后可能存在的问题,并据此为检察官提供策略性建议。例如,广东省连山壮族瑶族自治县人民检察院在查看社区矫正案件档案的过程中,发现一名社区矫正对象在短短两个月期间有12次未及时接听工作人员的电话,智能体通过分析社区矫正对象的行为,预测其后续可能会存在脱管行为。检察官根据智能体的预测,提前与公安机关进行沟通,通过公安机关的人脸识别系统,最终识别出该社区矫正对象确实存在脱管行为,为此改变了对该社区矫正对象的评估。这种预测功能的加入,使得检察机关可以做好充分准备,有效减少了在后续流程中的不确定性。

人工智能模型应用在社区矫正案件审核评估中具有显著优势。以安徽省淮南市谢家集区人民检察院为例,其在对社区矫正对象的签到情况和轨迹信息进行日常巡查时,通过现场随机核验在矫对象的签到及行动轨迹,发现杨公司法所一名刚入矫的对象在未获请假批准的情况下不假外出,脱离监管。针对该情况,谢家集区人民检察院通过对在矫对象的动态数据进行评估,并在大数据的助力下,精准锁定许某某等4人存在违法外出的情形。最终,谢家集区人民检察院向司法局制发检察建议,建议进一步强化对社区矫正对象的监督管理。人工智能模型应用有效提高了社区矫正监管的精准度,避免了以往因人员不足导致的监管盲区。[1] 该检察院在借助人工智能模型应用辅助办案时,能够更加准确地把握法律适用方向,避免因人工判断失误带来的法律风险。

二、数据动态评估,推动社区矫正人员规范化管理

社区矫正作为我国刑事处罚执行方式中独特的种类,从 2003 年进行试点至今已有 20 余年,相较于监狱内服刑的执行方式,社区矫正更加侧重于对服刑人员进行教育改造。然而,如何确保这些社区矫正对象在社会中合规行事,始终是检察机关应关注的核心问题。为此,广州语义科技有限公司通过集成运用自动语音识别(ASR)、自然语言处理、大模型智能体等先进技术,研发出社区矫正智能电话报告与辅助监管系统,该系统包含随机电话核查、声纹比对验证、在线语音访谈、监督提醒报告等功能,可以有效解决目前社区矫正工作中存在的电话报告记录效率低、社区矫正对象身份核实难、报告内容分析难、日常监管工作量大等实际困难,实现由机器替代人力、智能增强效能的目标,从而对社区矫正对象进行远程、实时、动态的监管,提升社区矫正工作的智能化和精细化程度。与此同时,该公司还研发了社区矫正智能当面报告系统,通过使用会话洞察与情绪分析、风险登记标注与写作信息录入等功能,帮助检察官动态评估社区矫正对象的心理状况和改造进程,及时发现潜在的风险,推动社区矫正人员规范化管理。[2]

在实际操作中,对社区矫正对象的监督管理应通过对监管场所中涉及的多种因素进行数据收集与动态分析,为案件评估审查提供详尽的信息支持。福建南威软件有限公司就检察官如何对社区矫正对象的数据进行动态评估作了研究,并创建非羁押人员监督平台,结合大数据分析、电子地图、AI 智能行为分析等技术,利用电子终端设备(电子手环)、非羁码

---

[1] 参见连晶晶、刘婧文:《数字检察赋能刑事执行检察新思考》,载《2024 政法智能化建设创新经验汇编(智慧检务)》,法制日报社 2024 年版,第 528 页。

[2] 参见吴晓获:《广东省社区矫正自助排查监管教育科技产品应用前瞻》,载《中国公共法律服务》2024 年第 1 期。

（手机软件）与智能羁押管控平台，实现对社区矫正对象的统一管理和实时监控，使监管工作向规范化、合理化、人性化、智能化和效率化的方向发展。①

传统的社区矫正监督方式依赖于人力查看档案，效率较低且易出现疏漏。通过现代化的技术手段，对辖区内所有社区矫正的请假情况进行统一管理和实时监测，可以实现对每一个社区矫正对象的全覆盖式追踪。例如，内蒙古自治区呼伦贝尔市鄂温克族自治旗人民检察院通过调取在矫人员的明细、签到及请销假情况，与从公安机关处查询到的活动轨迹进行分析对比，发现社区矫正对象梁某存在未履行请假手续私自非必要越界外出的情况，并据此创建了社区矫正对象违规外出刑事执行检察监督模型，动态实时监督社区矫正对象是否存在脱管等情形。这种全方位的动态监督模式，极大地提升了刑事执行工作的整体效率，使检察机关能够更加迅速、准确地作出判断和应对。② 通过实时动态监督，不仅提高了社区矫正的透明度，还在很大程度上增强了刑事执行工作的公信力。

在社区矫正人员的规范化管理工作中，信息技术和人工智能与相关部门也有多方面的结合，如广州市司法局创建的智慧矫正平台③，是司法局打造的连接检察机关与社区矫正对象的桥梁。通过该系统可以实时掌握社区矫正对象的行踪，检察院在开展社区矫正检察工作时，可以直接从平台中查看数据，动态评估社区矫正对象的情况，在推动社区矫正人员的规范化管理中发挥了重要作用。通过引入智慧矫正平台等智能化手段，检察院能够更高效地对社区矫正对象的行为进行动态分析与评估，实现从"人盯人"到"网管人"的转变。④

---

① 参见《南威非羁押人员数字监管平台以数字技术辅助办案，破解非羁押人员监管难题》，载南威软件官微微信公众号（网址：https://mp.weixin.qq.com/s/VlPYFwGkhSWPW0feAsYc4Q），访问日期：2024 年 11 月 14 日。
② 参见马欣：《数字赋能社区矫正检察纠正不假外出》，载《2024 政法智能化建设创新经验汇编（智慧检务）》，法制日报社 2024 年版，第 594 页。
③ 参见《广州市"智慧矫正"平台正式启用》，载智汇社矫微信公众号（网址：https://mp.weixin.qq.com/s/c1i3JvX49tYAtu6mn6hzMQ），访问日期：2024 年 11 月 14 日。
④ 参见《从"人盯人"到"网管人"！科技赋能打造"智慧矫正"兴化样板》，载江苏政法微信公众号（网址：https://mp.weixin.qq.com/s/_dWiEZMDzF3GbxBltPVzIA），访问日期：2024 年 11 月 14 日。

在广东省清远市人民检察院的实践中,其通过创建社区矫正大数据法律监督模型,动态追踪社区矫正对象,深度解析社区矫正对象在矫期间的违法行为,如通过数据的动态评估发现缺少社区矫正对象钟某某在矫期间的数据,经核查发现其在矫期间因寻衅滋事被公安局行政拘留15日且脱离监管,但公安局未将上述情况告知司法局。通过运用大数据法律监督模型进行分析,筛查出公安机关实施刑事拘留等强制措施后未依法告知社区矫正机构的线索5条,发现社区矫正对象在矫期间涉嫌犯新罪的线索3条,发现社区矫正对象在判决宣告以前还有其他罪没有判决的线索2条,发现社区矫正对象被行政拘留的线索2条。调查核实后依法向公安机关、社区矫正机构发出监督意见。① 通过引入动态监控手段,运用智能技术手段实现对社区矫正对象的实时追踪,以保证社区矫正对象在矫期间遵守法律规定,推动对社区矫正人员的规范化管理。这一创新模式不仅提高了审核评估的效率和质量,还为社区矫正工作的规范化、科学化发展提供了有力支持。

第二节　全量全过程同步审查监督监狱减假暂案件

一、提前预判潜在风险,推进监督窗口向前移

监狱"减假暂"案件的审查监督是确保刑罚执行公正、维护司法公信力的重要环节。监狱提请减刑、假释罪犯的数据信息量大,法律条文复杂繁多,传统的人工审查监督方式往往面临着效率低下、信息不全、监督滞后等问题,提前预判潜在风险逐渐成为规避风险的关键。通过对罪犯日常行为模式的深入分析,检察机关能够更早地发现潜在的违规行为,并在问题恶化前采取有效干预措施。广东省清远市人民检察院在这方面积累了丰富的实践经验,并创建了提请减刑类案监督模型,利用多层次的数据分析和智能技术手段,不断提升罪犯行为监管的科学性和有效性,排查出

---

① 参见陈岑、张琛主编:《数字检察进阶之路》,中国检察出版社2024年版,第99页。

罪犯首次减刑不符合减刑起始时间条件的线索15条；排查出罪犯被处罚后，在限制期内仍报请减刑、假释的线索3条，不仅提前预判了提请减刑案件潜在的风险，还为构建更加严密的检察监督体系提供了坚实的基础。①

在预判风险的过程中，异常行为的识别是预防违规风险的重要步骤。杭州海康威视公司基于监狱现有视频监控系统的建设现状，围绕检察院的监管监督需求，创建了检察院监管执法智能监督系统，实现了实时对看守所的全部监控视频画面进行人工智能分析，将特殊时间（如放风时间、开饭时间）、特殊动作（如异常抖动、聚集打斗）和讯问室长时间提审等异常情况进行警示推送，提醒检察官关注，便于检察官及时发现并介入被监管人员非正常死亡、刑讯逼供、打架闹监等事件，最大限度保证被监管人员的生命安全，维护监管场所的秩序稳定，同时通过对罪犯的行为进行预判，提升了检察院的驻监检察效能。此外，河南省兰考县人民检察院结合先进的机器学习算法，对人员的行为模式建立了监管执法智能监督系统，一旦监督系统检测到行为模式发生显著变化，如突然增加的异常逗留、人员聚集等，监督系统收到相关行为预警后由检察官通过抓拍图片、视频等对预警进行深入调查，并根据风险行为整理汇总，确保刑事执行工作的有效性。②

风险行为预判的核心在于通过大数据技术对罪犯的活动进行全面监测和精确评估。在日常工作中利用智能分析系统，可对罪犯的行踪轨迹、亲情交流及谈话内容进行多维度分析。广州语义科技有限公司通过结合尖端的自动语音识别和自然语言处理技术，研发出监狱亲情电话智能分析系统，具备对罪犯的情绪识别、潜在警情预警、谈话内容摘要及罪犯行为特征画像等功能，帮助检察官及时准确把握罪犯的心理动态，缩短与罪犯的心理距离，提前预判罪犯可能存在的风险点。③

行为分析是对潜在风险的前瞻性预警工具。在日常工作中，检察官

---

① 参见陈岑、张琛主编：《数字检察进阶之路》，中国检察出版社2024年版，第112页。
② 参见杭州海康威视数字技术股份有限公司：《检察院监管执法智能监督系统解决方案》，载《2024政法智能化建设创新经验汇编（智慧检务）》，法制日报社2024年版，第386页。
③ 参见吴晓荻：《广东省社区矫正自助排查监管教育科技产品应用前瞻》，载《中国公共法律服务》2024年第1期。

可充分利用行为分析技术,对罪犯可能出现的违规风险提前进行预判,并提前制定预防措施。例如,广东省清远市人民检察院创建了驻清监狱智能体,针对具备高风险因素的罪犯,如过去有暴力倾向行为等,利用智能体进行行为分析,并根据分析的情况提前预判可能出现的结果,增加监管频次和强度。这样的预防性措施,不仅降低了罪犯在监狱中再犯罪的可能性,也提升了检察院的综合管理能力。这种提前预判风险技术,使得检察机关在应对潜在风险时更加从容不迫,进一步提高了监督的效率和准确性。

二、数字化融入式精准监督,刑罚执行同步审查

在办理监狱"减假暂"案件中,进行刑罚执行同步审查时能否精准找到监督点,直接影响到刑事执行案件的办理与进展。通过数字化融入式精准监督,找到刑事执行监督点,检察机关可以更加全面、深入地理解案件中的复杂因素,提前预测可能面临的挑战与风险,从而制定更加科学合理的办案策略,进行案件的同步审查。以吉林省吉林市城西地区人民检察院为例,该院办理监狱减刑案件时结合了多维度的数据分析和全面的信息整合,创建了减刑案件原审裁判文书审查模型,为案件审查的精准与高效性提供了有力支持。在监区为某位罪犯提请减刑时,城西地区人民检察院利用模型对800余份提请减刑人员原审判决内涉及的各类因素进行精准的研判,梳理出错判、漏判的原审法律文书17份,由此对原审判决予以纠正,并建议执行机关撤回相应的减刑提请,为后续的法律处理打下坚实基础。①

事实上,数字化在同步案件审查中的作用是多方面的,不仅帮助检察机关对"减假暂"案件开展实质化的同步审查,还为实现精准同步监督、类案监督提供了可靠的数字支持。以黑龙江省佳木斯市合江地区人民检察院为例,该院运用大数据融入办案,创建了大数据赋能刑罚变更执行法律监督模型,通过抓取监狱日常监管执法信息、派驻检察室日常监督信息,对罪犯的信息数据进行整合、筛查、比对,挖掘出减刑、假释存在的违

---

① 参见吉林省吉林市城西地区人民检察院:《减刑案件原审裁判文书审查模型》,载《2024政法智能化建设创新经验汇编(智慧检务)》,法制日报社2024年版,第170页。

法问题,进而实现精准监督,极大地提升了刑事执行工作的效率与公正性。①

在实际操作中,数据融合系统通过对案件中涉及的多种因素进行数据收集与综合分析,为案件同步审查提供了详尽的信息支持。例如,江苏省镇江市人民检察院将专门建设的数据中心作为系统运行底座,利用互联网、人工智能、大数据、云计算和区块链等新一代信息技术,建立了刑罚执行一体化"一案三体"检执融合数智系统,将刑事执行工作按工作流程、工作要领、工作节点、工作步骤、工作内容进行全面规范,确保了检察机关在应对复杂案件时,能够做到全面掌握,实现审查方式从经验审查向数字化审查的转变,助力提升刑罚执行的规范化水平。②

内蒙古自治区呼伦贝尔市人民检察院运用人工智能嵌入新时期刑事执行检察的创新实践,为全国各地检察机关提供了宝贵的经验与示范,也为建设更加透明、公正、高效的智慧检察体系奠定了坚实的基础。呼伦贝尔市人民检察院利用大数据分析、人工智能的人像识别、行为分析、视频分析等技术,建设刑事执行智能图像审查大数据平台,对监管场所已经建设的网络资源进行智能审查,智能辨别各类违法违规行为,及时发现监督线索并自动记录和违规报警,辅助检察官开展智能精准监督,切实提升刑事执行检察监督工作质效,从而进一步规范监管场所的执法活动,促进监管场所公正执法,保障服刑人员的合法权益。通过人工智能数字化融入式精准监督,使得智能系统能够在检察院的监狱"减假暂"案件业务场景中得到充分应用,成为检察工作的得力助手。③

在监狱"减假暂"案件同步审查过程中,江苏省如皋市人民检察院特别注重创新办案模式,其为维护监管场所秩序稳定,精准发现违法违规行

---

① 参见刘建平、李峥:《依托大数据赋能刑罚变更执行法律监督以"减假暂"建模为视角探析实践应用路径》,载《2024 政法智能化建设创新经验汇编(智慧检务)》,法制日报社 2024 年版,第 504 页。
② 参见张东生、焦惟奇、李凤奎:《刑罚执行一体化"一案三体"检执融合数智系统应用探究》,载《2024 政法智能化建设创新经验汇编(智慧检务)》,法制日报社 2024 年版,第 543 页。
③ 参见《内蒙古检察机关 4 项成果获奖! 2022 政法智能化建设创新案例和论文征集宣传活动结果揭晓》,载内蒙古自治区人民检察院网(网址:http://www.nm.jcy.gov.cn/xwzx/mjyw/202212/t20221216_3924194.shtml),访问日期:2024 年 11 月 14 日。

为,研发了刑事执行检察鹰眼监督模型并投入使用。刑事执行检察鹰眼监督模型依托视频结构化、AI识别和抽帧压缩(即以100倍速将监控视频资料抽帧压缩,保证不丢失一秒监控视频画面,并可将审查效率提升100倍)三项关键技术,利用数据碰撞实现人工智能和人工审查相结合,有效解决了监管场所普遍存在的监控录像多、检察人员少、数据利用难等问题,打造了全过程可监督、全节点可查询、全链条可溯源的刑事执行数智检察新模式。[1]

第三节 智能解答提供高效便捷检察法律咨询服务

一、线上线下齐答疑,畅通检察法律咨询渠道

随着法治化进程的不断推进,公众对法律咨询的需求日益增长。检察院开启线上线下相结合的答疑模式,能够畅通检察法律咨询渠道,为群众提供全天候、无接触的刑事执行法律咨询服务,确保群众能够及时、便捷地获取专业的法律服务。以广东省清远市人民检察院为例,其设立相应的接待室、宣传点,为群众提供了面对面的咨询平台。同时,通过创建刑事执行驻看守所智能体,学习大量刑事执行检察法律法规、司法案例和驻看守所数据,逐步形成精确回答不同问题的能力。在面对群众的咨询时,智能体不仅可以识别问题的法律属性,精准回答刑事执行检察的相关问题,还可以将不属于刑事执行检察管辖的问题及时介绍到其他相关部门,从而避免群众在法律咨询的过程中因信息不对称而产生困惑。再如连南瑶族自治县人民检察院创建的"社矫小助手"、佛冈县人民检察院创建的"执检智卫"、连州市人民检察院创建的"连检刑执小助手",以及清新区人民检察院创建的"社矫收监新智智能体",均能为社区矫正人员、社会人士、检察人员提供法律咨询服

---

[1] 参见葛林卫、朱志军、戴莉莉:《"鹰眼"确保每一秒监控都在眼前》,载数字检察微信公众号(网址:https://mp.weixin.qq.com/s/A7_zV7etaSgqKnQxnQwEMw),访问日期:2024年11月14日。

务,具有一定的普法教育功能。检察院利用互联网的便捷性和实体大厅的直观性,为群众提供了更加全面、立体的法律服务,畅通了检察法律咨询的渠道。

在检察机关提供法律咨询服务的工作中,如何提升群众的体验感一直是重要的课题。随着信息技术的不断发展,线上答疑系统逐渐被引入刑事执行检察工作中,进一步优化服务流程、提升服务质量。线上答疑系统通过运用大数据分析和人工智能技术,为群众提供了更加精准、便捷的答疑服务。这种智能化手段不仅有效提升了检察法律咨询服务工作的效率,还改善了群众的体验感,使得答疑过程更加人性化和高效化。而线上+线下的答疑方式,有效提升了刑事执行检察工作的社会认知度和影响力,增强了群众对法治建设的信心。比如,山东省滨州市人民检察院以群众需求为导向,依托12309检察服务大厅,通过现场接待、网站、热线电话等线上线下渠道,提供法律咨询等服务,为群众答疑解惑,解决了群众诉求,有效拉近了检察机关和群众的距离,提升了检察工作的公信力和亲和力。这种智能化的答疑方式大幅提升了检察服务的效率,降低了群众在检察机关与法律服务之间的沟通成本,真正实现了"让数据多跑路,让群众少跑腿"的服务目标。[①]

在检察法律咨询的实际工作中,检察机关也特别注重群众的服务体验。传统的咨询过程往往存在等待时间长、咨询渠道单一等问题,这使得群众的满意度较低。通过线上答疑系统,群众可以通过触摸屏、语音互动等方式直接与系统交流,无须长时间等待便能获得即时的解答,不仅简化了咨询过程,还增强了群众的参与感和对法律流程的理解。而开启线上线下答疑模式,更加能够零距离听民声、解民忧,即时为群众提供专业的法律咨询,同时能拉近检察机关和人民群众的距离。以河北省保定市人民检察院为例,其除了解答来访群众的问题,还在微信公众号提供智能答疑,并带领业务部门检察官走进保定广播电台"纠风热线"直播间,现场接听群众热线、倾听群众诉求,解答法律问题,不仅提高了检察院答疑工作

[①] 参见《滨城区检察院12309检察服务中心建成一年成效报告》,载滨州市人民检察院微信公众号(网址:https://mp.weixin.qq.com/s/38z6oobh4oyc_ltMGi3R7A),访问日期:2024年11月14日。

的效率,也提升了群众对检察机关的信任感和满意度。该检察院自提供线上线下回答群众咨询服务以来,畅通了检察法律咨询的渠道,解决了群众在实际生活中的问题,进一步扩大了刑事执行检察工作在群众中的影响,获得了广大群众对检察工作的理解和支持,对进一步推进刑事执行检察工作起到了积极的促进作用。①

二、提供一站式智能解答,推动答疑工作全覆盖

传统的检察法律咨询服务往往依赖人工现场解答,不仅耗时费力,而且受专业知识水平和经验限制,难以满足日益增长的社会需求。随着人工智能技术的飞速发展,检察机关开始在检察法律问答中引入人工智能技术,开启一站式解答模式,以提升法律服务的响应速度与准确性。在这一过程中,北京市门头沟区人民检察院创建智能体助手,率先将智能问答与自然语言处理技术融入检察答疑解惑的过程中。通过这一技术革新,成功地将普通的问答环节升级为智能化、一站式的法律咨询平台,为提升司法公正与服务群众水平开创了全新路径。该检察院联合清华大学智能法治研究院水木智法团队共同打造了"智检速答 AI 助手",通过投喂 200 万+部法律法规、2000+册法律书籍和开源数据集、1.5 亿+份裁判文书,在字词的基础上进行专业训练,采用查询重写、多路召回、粗排引擎、精排引擎等技术提升法律问题解答的精准性,只需在对话框中输入想要咨询的刑事执行法律问题,即可得到包含分析过程、法律依据、总体意见在内的详细回答,以其高效、便捷、准确的特点,成为提升服务质量、增强公众满意度的重要工具,推动答疑工作全覆盖。② 北京市门头沟区人民检察院通过"智检速答 AI 助手"的智能技术手段,确保了每位群众都能得到最及时、最贴心的法律解答服务。这种服务模式使群众在遇到法律问题时可以拥有更高的信任感和满意度,同时也增强了检察机关在民众心中的公信力。

---

① 参见《保定:检察官架起与人民群众"连心桥"走进直播间"热线"答疑解惑》,载保定检察微信公众号(网址:https://mp.weixin.qq.com/s/nGlA3P7OtWssxmn0GgpXXw),访问日期:2024 年 11 月 14 日。

② 参见《门头沟检察院:"智检速答 AI 助手"上线啦!》,载京检在线微信公众号(网址:https://mp.weixin.qq.com/s/3ZbzhEVHWks1YPjr2DHmuQ),访问日期:2024 年 11 月 14 日。

在法治社会建设的进程中,确保公众能够及时、准确地获得法律咨询服务,是提升司法公信力、促进社会和谐稳定的重要一环。随着人工智能技术的不断进步,一站式智能答疑系统在刑事执行检察工作中的应用前景越来越广阔。在内蒙古自治区阿荣旗人民检察院的实例中,其将法律服务与信息技术相融合,通过引入智能普法平台"法律百晓生",收集了全国 73808 部法律法规,以及刑事犯罪、刑事执行案件等法院判决书,并可自助计算诉讼费用等 18 大类的法律相关费用,提供法律诉讼文书等 37 个大类、上百种常用文书模板,利用人工智能技术,向公众提供一站式解答服务,实现法律答疑服务的即时性和个性化。① 这一智能普法平台的应用,使得群众无须跑到检察院就可以通过远程方式获得准确的法律咨询,大幅减少了不必要的现场咨询需求。这些智能体具备全天候 24 小时在线服务的能力,可以在无须人工参与的情况下,通过文字和语音与群众实时互动,解答各种复杂的法律问题。这种智能化手段不仅提高了检察机关的工作效率,也极大地提升了群众的满意度。通过智能即时解答系统,检察机关可以"让数据多跑路,让群众少跑腿",有效地减轻了检察机关的负担。这种创新实践,使得检察机关在处理群众来访时更加高效、便捷,实现了社会资源的最优配置。

随着信息技术的不断发展和创新,智能解答在检察工作中的应用将越来越广泛,而一站式智能解答平台的构建与推广,是推动答疑检察工作全覆盖、提升司法服务效能的重要举措。例如,江苏省苏州市人民检察院将智慧检务建设与检察诉讼服务深度融合,创建了苏州检察诉讼服务平台,该平台系全天候、零等待、非接触的检察自助服务信息化产品,设有律师服务、法治营商、司法救助、案件信息查询、法律文书公开、法律法规、法律文书模板、12309 苏检云平台等服务窗口,办案人员、诉讼参与人、人民群众均可以在此得到一站式智能解答服务,为公众提供了一个便捷、高效、全面的法律咨询与答疑服务窗口。② 无论是群众在刑事案件中的疑问,或是在寻求司法救助过程中的困惑,抑或社区矫正对象对自己行为是

---

① 参见《阿检郎:"新闻+服务"的检察实践》,载内蒙古检察微信公众号(网址:https://mp.weixin.qq.com/s/DGcSJM5IwCXk-Cy02mo9jg),访问日期:2024 年 11 月 14 日。
② 参见《上线!苏州检察诉讼服务平台!》,载苏州检察发布微信公众号(网址:https://mp.weixin.qq.com/s/7RaMcXptl1thTiaiXjHJ8w),访问日期:2024 年 11 月 14 日。

否合法的询问,平台都能自动识别问题的性质,并引导群众获得相应的法律支持。这种全方位、多层次的检察诉讼服务平台,使得群众可以在任何时候、任何地点获得解答,真正做到以民为本、司法为民。

第四节　依托智能平台实现检察文书随案同步生成

一、自动生成智能文书,简化文书撰写流程

在刑事执行检察工作中,文书撰写是一个至关重要的环节。文书不仅是案件处理过程中的法定记录,也是司法公正的体现。然而,传统的文书撰写过程常常耗时较长,且容易因人为疏漏而影响办案效率。为了解决这一问题,广东省清远市人民检察院借助现代技术,创建了刑事执行条线的智能体,智能体已经被广泛应用于刑事执行案件的处理过程中,可以精准定位法条、辅助刑事执行检察人员进行案件分析等,同时可以查询法律法规、撰写文书。这种自动化流程不仅减少了检察官在文书撰写上的时间投入,还大幅降低了人为错误的发生概率,大大提升了文书撰写的规范性,为刑事执行流程的高效管理奠定了坚实基础。

在传统文书的生成过程中,案件办理引用的法律法规通常需要经验丰富的工作人员对大量信息进行仔细核对和分析。引入智能化系统后,审查报告的法律法规引用工作发生了革命性的变化。大数据和人工智能技术使得系统能够对海量数据进行高效处理,通过模式识别、语义分析等技术手段,将案件中的信息与数据库中的标准化受理清单进行比对,从而自动得出初步的法律法规引用结果。这种智能化手段的核心优势在于其高效性和一致性,系统能够在短时间内完成对案件材料的分类和筛选,无须人工干预即可初步生成一份审查报告文书。例如,广东省清远市人民检察院与华南理工大学软件学院智能算法研究中心合作,研发了检察系统案件办理审查报告自动生成系统。只需将卷宗材料扫描至系统,系统会自动识别卷宗材料,包括书证、证人证言、电子数据等多种证据类别,并根据识别出来的文字材料进行归纳整理,再进行三段论式分

析，从而自动生成一份完整的案件审查报告。同时，智能系统通过自我学习和数据积累，能够不断提高分析的精准度，降低误判和漏判的概率。这一创新在优化案件办理流程方面发挥了重要作用，使文书撰写的精准性和效率都得到了显著提升。

智能文书自动生成系统的核心功能在于通过标准化模板和智能算法，实现案件文书的快速撰写。在广东省连山壮族瑶族自治县人民检察院，智能文书自动生成系统同样展现出其强大的实用性和灵活性。该检察院根据当地案件的实际需求，对智能体的模板库进行了定制化调整，以适应不同类型案件的多样化要求。例如，对于涉及已受过二次警告的社区矫正人员，智能体会自动生成更为详尽的方案，这不仅使案件管理更加有条不紊，还帮助检察官在决策过程中明确案件的处理方向。通过这种针对性极强的智能文书自动生成系统，连山壮族瑶族自治县人民检察院显著提高了刑事执行过程中的工作效率，使检察机关能够在处理复杂案件时更加从容应对，减少了因文书问题带来的不必要延误。

智能文书自动生成系统在刑事执行中的应用，不仅仅是提升了文书撰写的速度，更重要的是保证了文书的质量。广东省清远市人民检察院在智能系统中引入了法律法规库和案例数据库，使文书内容能够严格依照最新的法律条款进行撰写和更新。如广东省英德市人民检察院创建了社区矫正检察智辅智能体，通过撰写社区矫正检察监督意见书等相关社区矫正法律文书，帮助检察官一键生成社区矫正检察监督文书，提升工作效率，精准合规检察。这种智能化手段大大提升了文书撰写的规范性，为刑事执行流程的高效管理奠定了坚实基础。

智能文书自动生成系统的优势还在于其对检察官的支持和赋能。智能文书自动生成系统不仅可以帮助年轻检察官快速熟悉案件的处理流程，还可以为资深检察官就复杂案件的文书撰写提供参考和指导。这种技术手段的引入，使得不同经验水平的检察官都能在同一平台上获得最优质的法律支持，从而使刑事执行工作更加高效统一。例如，广东省清远市清城区人民检察院创建的清城执检助手，可以整合最新的刑事执行管理规定和法律法规，根据知识库及互联网内容，生成相关调研报告、文章。又如，黑龙江省哈尔滨市南岗区人民检察院以革新司法文书的撰写方式作为智慧检务突破口,研发了法树之光司法文书撰写助手①,实现司法文书的智能、快速、高效撰写。这些智能体的应用,不仅减少了人工操作中的重复劳动,还使部门干警可以在统一的框架下协同工作,提高了文书制作的效率。

智能文书自动生成系统的引入,不仅显著简化了刑事执行检察文书撰写的流程,还大大提升了文书的质量和规范性,这一系统在提高办案效率、规范司法流程和增强文书质量等方面展示了巨大的潜力。例如,广东省阳山县人民检察院创建阳山刑执助手智能体,能够根据要求撰写文书及案例,同时文书生成的模板和内容可以随着案件类型和法律环境的变化而不断更新和完善,确保始终与最新的司法实践保持同步。这种不断进化的技术能力,不仅推动了刑事执行检察工作的现代化进程,也为智慧检察体系的建设提供了创新的技术路径。

二、模板化生成法律文书,提升处理效率

在司法工作中,为了应对案件数量的持续增长和案件类型的多样化,检察院、法院均引入了模板化的处理方式。这种方式不仅显著提升了案件处理的效率,还在一定程度上规范了司法流程,降低了人为误差的发生概率。

文书模板化处理的核心在于通过预先设定的标准化文书模板,对案件处理流程进行结构化梳理。这些模板是根据不同类型的案件而被精心设计的,涵盖了法律条文、办案程序、审查要点等多方面的内容。在浙江省台州市路桥区人民法院,经过优化的执行管理系统被广泛应用于执行案件中,无论是拘留通知书还是审批表,法院的工作人员都能在短时间内生成符合规定的法律文书。这不仅使法官能够专注于案件的实质审查,还大大缩短了文书起草的时间。该系统以浙江省高级人民法院执行管理系统的基础模板为依托,按照最高人民法院的文书格式要求,对执行办案过程中的 25 种执行文书样式进行设计。以代码形式将系统中被执

---

① 参见《助力司法文书撰写效率提升几十倍!南岗区检察院自主研发应用软件"法树之光"(一)》,载哈尔滨检察微信公众号(网址:https://mp.weixin.qq.com/s/lmpBdKw_WOdU795UElFJ0g),访问日期:2024 年 11 月 14 日。

行人的基本信息、惩戒措施种类等内容,通过自动链接,导入相应的文书中。承办人只要在相应的具体案件栏中点击文书模板,即可一键自动生成所需的各类执行文书,无须任何改动。[①] 这种高效的处理方式,使得路桥区人民法院在案件的处理速度和质量方面均取得了显著提升。

文书模板化处理系统的核心在于其法律法规数据库和自然语言微调处理技术。通过结合大数据分析和法律知识图谱构建,系统能够在极短的时间内将每个案件所需生成的文书诉求信息与法律条文进行比对和解析。这种智能匹配能力不仅依赖于大量的法律数据积累,还需要先进的语义分析算法技术,以确保系统能够正确理解不同案件的核心内容和上下文语境,从而批量生成不同文书。在实践中,这种技术手段大大增强了司法机关办理案件的效率。例如,山西省太原市晋源区人民法院为解决撰写文书中存在较多"复制—粘贴—复制—粘贴"的重复性劳动,结合当地实际需求,研发了文书自动生成器,并运用到执行系列案件的文书制作中,制作575份执行裁定书仅花20分钟,制作2008份案件卷皮只需50分钟,既提升了速度,也为跨界式创新提供了一个新的范例。[②] 通过这种方式,晋源区人民法院能够在繁杂的案件处理中始终保持高效、准确的司法水准,为司法机关的公信力建设注入了新的动力。

文书模板化处理系统的优势不仅在于提升了案件处理速度,还在于优化了工作流程,使案件办理更加科学化和系统化。为提升简单案件的工作效率,广西壮族自治区南宁市青秀区人民法院在高级人民法院的指导下研发了一键批量生成法律文书程序,该小程序涵盖文书一键生成、自动生成审判笔录模板及结案文书批量上传等功能,仅用10余秒时间就能批量生成数百份相应文书并完成电子签章、打印,极大地节省了系列案件的文书制作时间,为快速完成审判辅助事项提供了有力的技术保障。同时,该程序可应用在立案、保全、审判、执行等环节程序性文书的制作使用

[①] 参见苏小明、梅文剑:《厉害了,路法执行团队! 20多种执行文书全智能生成! 半个小时的工作只需2分钟!》,载路桥区人民法院微信公众号(网址:https://mp.weixin.qq.com/s/PPa0P5A1OX2eJF8AnCVteg),访问日期:2024年11月14日。

[②] 《"文书快手"来了! 系列案文书"一键生成"》,载太原中院微信公众号(网址:https://mp.weixin.qq.com/s/qedkEaT-qv19g3BYFd3N_w),访问日期:2024年11月14日。

中,极大地提升了法院的审判质效。[1]

法意科技对模板化生成法律文书进行了个性化定制,研发了法院文书智能制作系统[2],辅助法官智能生成案件的各类格式文书和复杂文书,进一步促进智能文书制作的规范化和科学化,提高办案质量,提升办案效率。该系统支持文书批量生成、编辑及核稿、审签、用印等业务流程的办理,智能合成规范文书,紧密结合法院的规范样式和法律的专业要求,从源头上提升裁判文书的制作质量与效率。这种个性化定制系统,使得法院能够在繁重的工作量中保持高效运作,实现办案质量和速度的同步提升。法院文书智能制作系统在司法工作中的应用,不仅可以提高案件办理的效率,还可以规范办案流程管理,真正实现以创新促效率的目标。

第五节　搭建综合管理平台,一键优化整合数据资源

一、打造服务型管理平台,实现数据信息化管理

在信息化时代,数据已成为驱动刑事执行检察工作创新发展的重要引擎。构建检察服务型管理平台,实现数据信息化管理,对于提升检察工作的智能化、精准化水平具有重要意义。通过数据信息化管理技术,检察机关能够从大量数据中提取出有价值的信息,并将这些信息转化为实际的管理监督依据。例如,广东省清远市人民检察院的通用大模型存在专业领域针对性和精准度不足的问题,因此需要完成刑事执行检察知识专业化"微调",建构刑事执行检察领域的垂直大模型。通过建设高质量语料库、构建基于检察官反馈的强化学习机制、构建同大模型相适配的法律

---

[1] 参见《青秀区法院:法律文书批量生成工具助力案件速裁快审》,载青秀法院微信公众号(网址:https://mp.weixin.qq.com/s/5HcxJmejnkGNxu4aLTPPDQ),访问日期:2024年11月14日。

[2] 参见《法院文书智能制作系统,智能合成规范文书,让司法文书质量更上一层楼》,载法意科技微信公众号(网址:https://mp.weixin.qq.com/s/6G1_P7jYDq9s2x185ubXpg),访问日期:2024年11月14日。

监督新形态、多渠道培养和引进复合型人才,以及加强对大模型的理论研究与知识普及,在工作网上构建出一个刑事执行检察领域的垂直远图大模型,在刑事执行监督中积极运用数据系统管理技术,不仅提高了案件的办理效率,还在提升办案精准度和监督力度方面取得了显著成效。

数据系统管理技术在案件办理中的应用,使得检察机关能够对大量案件数据进行全面整合和分析,提炼出关键趋势和问题。这些数据包括案件类型、处理进度等多维度信息,数据挖掘技术通过对这些数据的深度分析,能够识别出刑事执行过程中出现的常见问题和薄弱环节。例如,在四川省内江市资中县人民检察院的实践中,通过对看守所实施监控全覆盖、全时段监督、自动储存视频等智能化手段,对看守所在押人员的日常行为、看守所干警的执法行为数据进行整合,启动"智治+"监督新模式,将数据储存后进行信息化管理,实现了在押人员信息管理平台互联互通、信息共享,经过数据分析、比对,可以快速定位看守所在执法过程中存在的违法行为,进一步提升驻所检察监督效能。①

数据系统管理技术在刑事执行监督中的应用,不仅为个案处理提供了支持,还为类案处理和管理创新奠定了基础。在海南省海口市龙华区人民检察院,数据信息化管理被广泛应用于刑事执行监督的各个方面,针对管制、缓刑交付监督难的问题,该检察院设计研发管制、缓刑交付执行法律监督模型,以数字检察赋能法律监督,将数据资源作为发现监督线索的重要渠道,充分整合数据资源,深度挖掘检察数据价值,精准挖掘法律监督线索,向相关单位发出纠正违法案件3件。② 从线索来源到案件监督,海南省海口市龙华区人民检察院依赖于数据信息化管理分析,实现了大数据和法律监督的深度融合。这种基于数据挖掘的创新监督模式,不仅提升了案件处理的规范性和透明度,还推动了刑事执行管理从经验型向科学型的转变。

---

① 参见四川省资中县人民检察院:《驻所检察"智治+"模式》,载《2024政法智能化建设创新经验汇编(智慧检务)》,法制日报社2024年版,第222页。
② 参见海南省海口市龙华区人民检察院:《管制、缓刑交付执行法律监督模型案例》,载《2024政法智能化建设创新经验汇编(智慧检务)》,法制日报社2024年版,第311页。

二、一键匹配数据资源，提高数据利用效率

刑事执行检察的数据资源涵盖案件信息、法律文书、证据材料、统计分析等多个方面，是检察机关履行职责、开展业务的重要基础。然而，在传统模式下，这些数据往往分散存储于各个业务系统中，缺乏统一的标准和接口，导致数据共享难、利用率低。实现一键匹配检察数据资源，可以打破信息孤岛，实现数据的互联互通和高效利用，为检察工作提供更加全面、准确、及时的数据支持。黑龙江省牡丹江市阳明区人民检察院为破解传统社区矫正脱管监督效率低、盲点多、时效差之困境，自行研发社区矫正监督大数据模型，通过调取社区矫正对象的矫正档案、信息台账、请销假台账、训诫警告台账等，与交通轨迹、出行信息、异地违章记录等数据进行一键匹配，进行研判统计分析，发现脱管问题线索 5 件，并制发了相应的书面纠正违法通知书。[①] 通过大数据系统的使用，检察院打破信息孤岛、提升案件办理效率，为人民群众提供更加优质高效的检察服务。

随着技术的不断进步和应用的深入拓展，一键匹配数据资源在检察监督的过程中发挥着重要作用。在刑事执行监督工作中，数据资源的一键匹配应用结合数据整合分析，更是极大地提升了监督的质效。在江苏省南京市人民检察院，数据资源整合的一键匹配同样取得了显著成效，尤其是在非羁押智能监管中展现出了强大的能力，运用大数据、云计算、人工智能等技术手段，将公检法业务流、技术流、数据流充分融合，实现对被采取取保候审、监视居住等刑事强制措施的人员进行管控。通过智能手机或电子腕表实时采集被监控对象包括实时定位等的相关数据，并通过数据的自动比对、匹配，及时发现其违反规定的风险行为，作出智能化自动预警。[②] 借助数据自动比对智能系统，南京市人民检察院能够对刑事执行案件的每个环节进行精确分析，减少重复操作和资源浪费的现象，大幅提高了案件的处理速度和质量，确保了刑事执行检察工作的高

---

① 参见黑龙江省牡丹江市阳明区人民检察院：《大数据筑牢监管防线——社区矫正大数据模型的应用》，载《2024 政法智能化建设创新经验汇编（智慧检务）》，法制日报社 2024 年版，第357 页。

② 参见江苏省南京市人民检察院：《非羁押智能监管》，载《2024 政法智能化建设创新经验汇编（智慧检务）》，法制日报社 2024 年版，第 363 页。

效性和精准度。

人工智能赋能下的数据资源自动匹配,使得刑事执行监督工作从传统的被动应对转变为主动优化。数据资源自动比对分析能够深入挖掘案件数据中的复杂关系和潜在规律,为检察机关提供了更加科学、精准的决策依据。在贵州省贵阳市息烽县人民检察院的实际应用中,其为破解传统监督线索依靠人力排查、效率低的问题,将数字检察融入社区矫正检察监督工作,创建社区矫正脱漏管监督模型,通过搭建集成多源数据的资源库,实现多元检索和融合分析,将交通肇事罪和危险驾驶罪犯罪嫌疑人的信息与交通管理平台吊销驾驶证的数据一键匹配,连接数据共享端点,办理社区矫正对象脱管案件2件,创新了社区矫正检察监督模式。[①] 这种模型数据一键匹配提升了案件办理的灵活性和精确度,通过不断积累和分析数据,可以优化资源配置,推动刑事执行管理的现代化和智能化。

[①] 参见刘真志、张秋实:《数字赋能社区矫正法律监督的检察实践》,载《2024政法智能化建设创新经验汇编(智慧检务)》,法制日报社2024年版,第754页。

第十二章
人工智能在未成年人检察业务中的应用

Chapter

12

未成年人检察是检察机关十大业务中不可或缺的重要组成部分,主要负责办理未成年人犯罪和侵害未成年人案件的审查逮捕、审查起诉和诉讼监督工作,同时还承担着未成年人司法保护和犯罪预防,以及涉及未成年人的民事、行政、公益诉讼、刑事执行检察监督等职能。简单来说,未成年人检察部门统一归口处理所有与未成年人相关的案件和法律事务,全面保护未成年人的合法权益。

未成年人检察是一项复杂且重要的任务,未成年人因年龄、心智等方面的特殊性,往往容易成为犯罪行为的受害者,也可能因缺乏判断力而走上违法犯罪的道路。检察机关通过依法对涉及未成年人的犯罪行为进行查处,保护未成年人免受不法侵害,维护其合法权益;同时,又不仅仅局限于案件办理,还致力于教育感化挽救涉罪的未成年人,保护救助未成年被害人,帮扶救助困境弱势儿童,从源头上预防和减少未成年人犯罪的发生。

近年来,随着经济社会的快速发展,未成年人司法保护面临新的复杂形势。未成年人犯罪低龄化、暴力倾向明显,家庭监护缺失问题突出,部分涉未成年人案件转向网络,办案难度加大;校园欺凌、性侵未成年人等问题屡禁不绝,未成年人安全管理、法治教育、性教育和自护教育任重道远。加强和改进未成年人检察工作、促进未成年人健康成长迫在眉睫。

为了应对这些挑战,党和国家高度重视未成年人检察工作,并作出了一系列专项工作部署。党的十八大以来,党对妇女儿童工作的领导全面加强,妇女儿童权益保障法治体系不断健全完善,妇女儿童发展环境持续优化提升,妇女儿童领域的国际话语权和影响力明显增强,妇女儿童事业与经济社会发展同步推进,中国特色社会主义妇女儿童发展道路越走越宽广。习近平总书记对妇女儿童工作作出重要指示,希望广大妇女儿童工作者坚守初心使命,弘扬奋斗精神,带着真心真情,付出更大努力,为促进广大妇女走在时代前列、广大儿童茁壮成长,推动妇女儿童事业高质量发展作出新的更大贡献。检察机关积极响应,坚持以习近平新时代中国特色社会主义思想为指导,深入贯彻习近平法治思想,全面贯彻党的二十大精神,坚持"高质效办好每一个案件",以"零容忍"态度惩治侵害未成年人犯罪,对涉罪未成年人"宽容不纵容",深化刑事、民事、行政、公益诉讼四大检察综合履职,强化未成年人全面综合司法保护。

在此背景下,人工智能技术的引入为未成年人检察工作提供了新的思路和工具。人工智能技术的优势在于其强大的数据处理和分析能力,通过深度学习、大数据分析等技术,人工智能可以实现对未成年人犯罪数据的高效整合、准确分析,为检察机关提供科学的数据支持和决策依据。例如,利用大数据分析技术结合地图可视化,可以构建智能化的未成年人保护预警模型,实时监控并分析各类案件数据,精准识别潜在风险,为相关部门提供及时的预警和干预措施。同时,人工智能技术还可以应用于涉罪未成年人的帮教工作,帮助检察机关构建智能化的帮教考察系统,实现对涉罪未成年人的个性化、科学化帮教,提高帮教工作的针对性和有效性,并在涉未成年人公益诉讼中扮演重要角色,通过智能监测与预警,及时发现并干预侵害未成年人权益的行为。此外,人工智能在为未成年人提供便捷的法律咨询服务方面也有广阔前景,利用智能机器人、在线平台等工具,能够实现 24 小时不间断的普法教育,增强未成年人的法律意识和自我保护能力。

未成年人检察工作是国家治理体系和治理能力的重要体现,是保障未成年人健康成长的关键环节。通过运用人工智能推进未成年人检察工作,有助于为未成年人创造一个更加安全、健康、和谐的成长环境,为社会的和谐稳定奠定坚实基础。

第一节　智能辅助精准帮教

未成年人处于特殊成长阶段,其生理和心理发育相对不成熟,认知能力和意志力相对薄弱,容易受外界因素影响,不良的环境会诱导未成年人犯罪,而良好的环境则有利于重塑未成年人健康的心理和人格。根据《未成年人保护法》第 113 条规定,对违法犯罪的未成年人,实行教育、感化、挽救的方针,坚持教育为主、惩罚为辅的原则。精准帮教正是贯彻这一法律精神与原则的具体体现,它强调通过教育和引导,帮助涉罪未成年人认识到自己的错误,从而改过自新,预防再次犯罪,重新融入社会。精准帮教的核心在于"精准",即根据每个未成年犯罪人员的具体情况制定个性化的帮教方案,在这个过程中,人工智能以其强大的数据分析、心理评估、智能化管理以及教育资源整合能力,为未成年人的教育矫治提供了有力支持。

一、社会调查

检察机关对罪错未成年人开展社会调查是一项复杂而细致的工作,社会调查的结果将作为检察机关处理案件和制定帮教措施的重要依据。但目前各地司法机关对于社会调查基本上属于单打独斗的情况,社会调查员来源不一,素质参差不齐,缺乏统一的社会调查机构及专门的社会调查员,导致社会调查工作缺乏统一的标准和规范,影响调查结果的准确性和权威性。同时,基层检察院往往面临案多人少的困境,难以抽调足够的人力开展社会调查工作,即使能够安排人员进行调查,也可能因为缺乏专业知识和技能而影响调查质量,使得一些社会调查工作浮于表面,未能深入了解未成年犯罪嫌疑人的实际情况和犯罪原因。

检察机关可以利用人工智能技术,快速整合来自不同渠道的信息和社会各方面的资源,如公安机关、学校、社区、心理咨询师等,高效利用资源对罪错未成年人的成长经历、家庭背景、犯罪动机等进行全面分析,在提高调查效率的同时确保数据的准确性和完整性。通过人工智能的自动化处理功能,迅速筛选出关键信息,减少人工筛选的时间和错误率。同时,基于人工智能的分析能力,检察机关还可以构建风险评估模型,对罪错未成年人的再犯风险、心理健康问题等进行精准评估,结合人工智能的分析结果针对不同罪错未成年人的特点制定个性化的帮教方案,并实时追踪帮教过程,对帮教效果进行动态评估,及时调整帮教策略,确保帮教工作的持续性和有效性。如上海市浦东新区人民检察院创建的"公安机关落实涉罪未成年人社会调查监督模型",通过数据碰撞比对,发现公安机关若存在未开展社会调查或者未随案移送社会调查报告和相关材料等情况,通过"紫丁香"未成年人综合保护协作与监督办公室与公安机关加强沟通,督促严格执行未成年人特殊制度,深化未成年人司法保护,助推未成年人特殊诉讼权益保护落到实处。

二、心理干预

在传统的工作框架下,检察机关针对罪错未成年人的心理干预面临着一系列挑战,首要难题在于专业心理咨询师的匮乏,心理干预服务难以广泛覆盖,缺乏持续性和系统性的心理支持,使得干预效果难以持久。对此问题,全国人大代表、中国兵器江南工业集团有限公司数控加工中心操作工彭小彦十分支持检察机关与相关医院、机构合作,为被害人提供心理康复治疗,认为检察机关主动为妇女儿童等遭受侵害的特殊群体提供心理治疗,这样的探索彰显了司法温度。① 人工智能的发展为这一探索提供了技术支撑,人工智能可通过深度学习、数据分析、自然语言处理、情感识别等功能,有效辅助司法机关对未成年被害人进行心理健康评估和心理辅导,提高了评估的精准度和干预的时效性,促进了司法人文关怀和心理健康服务的普及。通过预设模型嵌入人工智能,以问答的形式,能够高效分析大量语言和行为数据,识别出未成年被害人可能存在的心理问题。人工智能结合图像处理和计算机视觉技术,能够识别被测者的面部表情、肢体动作等细微变化,进而分析出被测者的情绪状态,如焦虑、抑郁等,实现自动测评当事人的心理健康状况、实时解答心理困扰,并提供个性化的心理调节疗愈方法建议,如认知行为疗法、放松训练等。通过智能对话和互动,人工智能可以模拟心理咨询师的角色,为未成年被害人提供实时、便捷的心理疏导和支持。检察机关利用人工智能技术可以为未成年被害人构建心理健康档案,记录评估结果和干预过程,同时通过智能推送功能,定期向未成年被害人发送心理健康知识、放松技巧等内容,帮助他们逐步走出心理阴影和障碍。但人工智能无法做到与人类感受共情,在深入沟通引导方面仍需要加强人类与人工智能的协调联动作用,弥补人工智能在"情感认同""情绪共鸣"等感性认识上的不足,提升人民群众对司法办案的满意度。

以北京市海淀区人民检察院的实践为例,其利用人工智能技术创建了"智航"未成年人保护AI智能体,通过输入未成年人保护的相关素材,对智能体进行算法训练、数据分析,并对未成年人保护相关问题的解答内容进行优化。这一创新举措不仅提升了未成年人保护工作的质效,还为罪错未成年人的心理干预提供了有力的技术支持。通过"智航"未成年人保护AI智能体,检察机关能够更加精准地识别罪错未成年人的心理需求,制定个性化的心理干预方案,并通过搭建虚拟心理干预场景和智能对话系统,为他们提供全方位的

---

① 参见谷芳卿:《彭小彦代表:为被害人提供心理康复治疗彰显司法温度》,载最高人民检察院网(网址:https://www.spp.gov.cn/spp/zdgz/202403/t20240306_647587.shtml),访问日期:2024年10月20日。

心理支持和情感抚慰。

三、督促监护

为解决帮教期内检察机关无法及时掌握罪错未成年人的动态信息,使得监督管理存在一定滞后性的问题,浙江省慈溪市人民检察院联合慈溪市团市委共同开发青爱的小孩·花季关护——涉罪未成年人精准帮教平台,将专业结对帮教、线上教育以及手环监测相结合,达到精准帮教的目标。一是借助平台的场所检测、预警处置、预警对象综合分析等功能,防止被附条件不起诉的未成年人进入不适宜场所。慈溪市人民检察院试行安排被附条件不起诉的未成年人在帮教期内佩戴智能手表,后台实时掌握其信息变更和行为情况,实现全程管理。被附条件不起诉的未成年人在帮教期内一旦进入酒吧、歌舞厅等禁止场所,平台就会实时预警,提醒帮教组及时采取训诫、督促监护、行为矫正等措施。二是借助平台的法治之窗、积分管理等模块,对被附条件不起诉的未成年人进行线上教育。慈溪市人民检察院及时更新法治之窗的内容,要求被附条件不起诉的未成年人在帮教期内通过该栏目进行法治学习,结合专职社工定期上门帮教,借助平台积分管理模块,督促未成年人完成平台内学习、活动心得及照片上传任务,同时结合线下帮教提升不起诉的帮教效果。通过该涉罪未成年人精准帮教平台构建预警、帮扶、管理、反馈的管理闭环,检察机关实现将附条件不起诉帮教工作流程系统化、数字化、规范化。

四、家庭教育指导

在传统的家庭教育指导模式下,检察机关往往面临资源有限、干预手段单一等挑战,对于罪错未成年人及其家庭,如何提供及时、有效且个性化的指导,成了一个亟待解决的问题。对此,人工智能技术在未成年人保护领域的应用正逐渐展现出其独特的价值和潜力,其能够实现数据的实时收集和分析,为检察机关提供精准的家庭教育指导依据,并模拟专家的角色,为家长提供24小时在线的咨询和指导,解决家庭教育中的困惑和问题。

上文提及的青爱的小孩·花季关护——涉罪未成年人精准帮教平台,正是检察机关结合涉罪未成年人父母及其他监护人因监护缺失、监护不当等问题所开发的典范实例之一。一方面,该平台可以双向提供家庭教育指导,检察官深入开展社会调查后,分析被附条件不起诉的未成年人与其监护人的亲子关系、相处模式等,并为被附条件不起诉的未成年人及其监护人单独制定学习任务清单,要求被附条件不起诉的未成年人及其监护人利用平台内线上学习、亲职教育两个板块完成亲子共学任务,双向开展教育。另一方面,该平台还可以动态跟踪家庭教育指导进程。结合涉案未成年人犯罪或者被犯罪侵害的原因、后果以及监护人履职情况等,检察官协同专职社工要求被附条件不起诉的未成年人在平台内定期更新家庭生活实际、思想动态并上传亲子活动照片,专职社工定期上门帮教了解家庭生活情况。

河南省南阳市镇平县人民检察院在面对罪错未成年人家庭教育指导的挑战时,创新性地引入了人工智能技术。该院联合公安、法院、司法局、教育局、妇联、共青团等单位,研发了涉罪错未成年人 App。该软件设置有涉罪错未成年人的基本情况、处理状态、帮教管理情况三大模块,能够实时记录和分析罪错未成年人的家庭背景、心理特征、教育环境等关键信息。通过大数据分析,检察机关能够精准识别每个家庭的教育需求和问题所在,从而为家长提供个性化的家庭教育指导方案。

五、附条件不起诉监督考察

检察机关的附条件不起诉监督考察工作是针对涉嫌轻罪且确有悔罪表现的未成年人而设立的一项特殊保护机制,它不仅为偶尔失足且罪行较轻的未成年人提供了一个改过自新、尽快回归社会的机会,还体现了刑事诉讼对违法犯罪的未成年人实行"教育、感化、挽救"的方针,帮助未成年犯罪嫌疑人认识到自己的错误,重新融入社会,有助于维护家庭和睦与社会稳定。

人工智能可以通过数据分析、自动化处理等技术手段,提高监督考察工作的效率。例如,利用智能数据可视化系统对监督考察过程中的数据进行实时监控和直观展示,使检察机关、未成年犯罪嫌疑人及其监护人等各方能够清晰了解监督考察情况,一旦发现违规行为,立即进行预警和推送,使检察机关能够迅速作出反应。同时,利用智能数据分析系统对未成年犯罪嫌疑人的行为数据进行分析,评估其再犯可能性,为检察机关的决策提供科学依据。

第二节 智能辅助保护救助

一、一站式取证

在办理未成年人案件时,一站式取证要求公安机关、技术鉴定、检察机关等部门同步到场,一次性开展询问调查、检验鉴定等工作,注重对未成年人的心理关爱和隐私保护,避免二次伤害。人工智能的引入可以大大提高这一过程的效率与精准度:一是通过智能语音识别技术,人工智能可以实时转写询问调查过程中的对话内容,减少人工记录的时间与错误。二是通过智能分析技术,人工智能可以自动识别并模糊处理询问调查中的敏感信息,从而有效保护其隐私。人工智能还可以辅助进行心理评估与干预。例如,利用智能情绪识别技术,可以对未成年人在询问调查过程中的情绪变化进行实时监测,一旦发现异常情绪反应,立即提醒调查人员调整询问策略,避免对未成年人造成心理创伤。

二、支持起诉

检察机关在审查起诉被害人是未成年人的案件中,传统工作模式面临诸多困境。一方面,未成年人的心理与生理特性决定了他们在作证过程中容易受到外界因素的影响,导致证言不稳定、不连贯,甚至可能出现记忆混淆或遗忘关键细节的情况。另一方面,传统工作模式下的证据收集与审查过程烦琐且耗时,容易延误案件的办理进度,影响司法效率。此外,由于未成年人案件往往涉及复杂的社会关系和心理因素,传统工作模式在评估案件风险、制定帮教措施等方面也存在一定的局限性。

人工智能技术的引入,为检察机关在审查起诉被害人是未成年人的案件中提供了有力的支持。首先,人工智能可以通过智能语音识别和智能情绪识别技术,对未成年人的证言进行实时转写与情绪分析,提高证言的稳定性和准确性。其次,利用大数据分析技术,人工智能可以对案件中的关键证据进行快速整理与分析,发现潜在的矛盾点和关键线索,为案件的审查与判决提供有力支持。最后,人工智能还可以辅助检察机关进行案件的风险评估,为制定个性化的帮教措施提供科学依据。

在实际应用中,人工智能已经展现出其巨大的潜力。四川省成都市武侯区人民检察院所开发的未检办案辅助分析平台采用 ETL 数据处理工具 Kettle 实现结构化数据的抽取、清洗、汇聚,采用光学字符识别技术、自然语言处理技术实现非结构化数据的自动提取,采用数据挖掘的分类与预测等技术实现建模,采用联机分析处理(OLAP)技术实现对未成年人检察业务的多维分析,采用 Echarts、Gis 等实现办案、预防数据的前端可视化,形成集数据采集、融合、分析、预测为一体的数据分析平台,改变传统的人工统计方式,通过对各维度数据的梳理分类,对未成年人犯罪以及侵害未成年人的犯罪态势、犯罪特点、犯罪区域等进行分析,为检察决策提供支持。

三、救助安置

未成年被害人身心尚未成熟,犯罪行为对他们造成的伤害往往更加深远,且恢复难度较大。检察机关的救助安置工作,不仅应关注未成年被害人的物质需求,更应注重他们的心理康复和成长发展。通过提供心理辅导、教育支持等措施,帮助他们走出心理阴影,重新树立积极向上的生活态度,为未来的健康成长奠定坚实基础。

在这一过程中,人工智能技术的应用为检察机关提供了有力的支持。人工智能可以通过数据分析,对未成年被害人的情况进行全面评估,包括心理状态、家庭背景、社会支持等,为制定个性化的救助安置方案提供科学依据。这种精准化的救助安置能够更有效地满足未成年被害人的实际需求,提高救助效果。在实际应用中,浙江省金华市婺城区人民检察院就是一个很好的例子。金华市婺城区人民检察院针对事实无人抚养儿童精准发现难等突出问题,联合公安机关研发"事实无人抚养儿童智慧发现救助"数字化应用场景,协同民政、公安、司法等部门加强工作衔接和信息共享,对常住人口中未成年人和困境儿童、服刑人员、强制隔离戒毒人员、重残人员、失踪人员、死亡人员等数据信息进行综合分析,筛选出符合事实无人抚养儿童认定标准但尚未纳入救助的未成年人。通过大数据分析,加强部门协作,实现信息实时共享,打通数据壁垒,及时发现未纳入保障的事实无人抚养儿童,以检察建议、支持起诉等方式开展监护缺失监督,促推相关行政部门依法履行职责,切实保障困境儿童的基本生活和合法权益。

第三节 智能辅助犯罪预防

一、法治宣传

在未成年人犯罪预防工作中,法治宣传是不可或缺的一环。人工智能可以通过大数据分析,精准识别未成年人的兴趣点和行为习惯,定制个性化宣传内容,提高宣传的针对性和吸引力,并借助智能机器人、虚拟现实等技术手段,打造沉浸式宣传体验,使未成年人在互动中增强法律意识和自我保护能力。广东省肇庆市高要区政法机关利用科技发展成果提高基层治理能力,通过科技赋能,在未成年人交通管理、预防溺水和普法矫治等领域创新运用人工智能技术,有力守护未成年人平安成长。其中,智慧防溺水预警平台系统运用人工智能技术打破时间限制,建设"技防+人防+物防"三位一体的全天候防控机制,通过提前设置重点警戒区域,前端摄像头一旦识别出未成年人进入危险水域,喇叭即刻发出提示音,提醒未成年人切勿野泳;且该预警系统远程连接属地应急系统平台和学校,属地平安网格员也可以通过手机 App 接收指令、实时查看现场情况,实现及时远程语音驱离或及时带离现场。而人工智能场景式普法则是在检察院内建成集阅读、视听、模拟体验、现场教学于一体的展厅式未成年人法治教育基地,青少年可以通过电子触摸屏,以人工智能生成微信聊天的互动形式,模拟体验网络刷单的诈骗过程及危害;通过 VR 眼罩和手柄,模拟体验犯罪现场场景,沉浸式体验法庭审判现场和看守所的"铁窗"警示;通过人工智能摄像头的实时滤镜,可以看到自己沾染毒品后的模样,直观感受毒品的严重危害。

二、入职查询

在保护未成年人免受性侵、虐待等违法犯罪侵害的工作中,入职查询制度扮演着至关重要的角色。这一制度的核心在于,通过查询潜在教职员工或相关从业者的性侵违法犯罪记录,有效阻止有前科的人员进入与未成年人密切接触的工作岗位,从而筑起一道坚实的防线,保护未成年人的安全与健康。入职查询制度的意义在于,它不仅能够预防潜在的侵害行为,还能在社会上起到警示教育作用,提升公众保护未成年人的意识。

在实践中,一些地区已经建立了基于人工智能的入职查询系统,能够自动从多个数据源获取和整合信息,对潜在教职员工的性侵违法犯罪记录进行全面查询,显著提高了效率和准确性,根据查询结果自动生成报告为用人单位提供决策支持。以山东省威海市人民检察院为例,其所建立的"密切接触未成年人行业入职查询大数据监督模型",在信息技术部门的支持下研发小程序,通过从全国检察业务应用系统中批量下载案件基本信息创建信息库,再将调取的教育、卫健、民政等密切接触未成年人行业的从业人员的信息通过模板批量上传至模块,在短短几分钟内即可快速完成上千人的联审查询,真正实现查询时长从"天数"到"秒数"的变化,结果精准度也大幅提升,共同构筑了保护未成年人健康成长的"防护墙"。

三、强制报告

强制报告制度作为未成年人保护法律体系中的一项重要机制,是维护未成年人合法权益、促进未成年人全面发展的重要抓手。而通过开发智能报告系统,将强制报告功能嵌入医院诊疗系统、学校管理系统等,实现报告的自动化提交和实时监控,加强跨部门的信息共享和协作,促进各部门之间的联动响应,形成合力保护未成年人的良好局面。

在实际应用中,人工智能已经在强制报告制度中发挥了重要作用。浙江省衢州市龙游县人民检察院针对当事人不愿不敢公开、报告义务主体意识不强等痛点难点,研发强制报告"吹哨人"应用,通过对卫健局智慧医疗系统的接口调用,围绕未成年人被侵害后就医诊疗的相关要素,获取异常诊疗数据形成线索库,对线索库进行数据清洗和规则设置,形成三色预警线索台账,并依托系统 BPM 平台进行业务流转、联动处置,实现对侵害未成年人线索的精准预警和联动处置。该应用有别于人工小程序上报或者电话上报等方式,真正让数据跑起来,让人停下来,同时也排除了人为干扰,直接对接卫健局智慧医疗系统,通过共享接口实现数据互联互通。

再如,黑龙江省佳木斯市人民检察院依托数字检察战略,创新研发了"东极暖阳"强制报告轻应用,举报者只需通过手机或其他终端设备即可随时随地提交举报信息,无须亲自前往相关机构,为他们提供了一个安全、隐秘的举报环境,有效消除了举报者可能面临的担忧和顾虑。在技术上,该应用采用先进的数据加密和隐私保护技术,且具备实时追踪和反馈功能,一旦收到举报信息,系统会立即进行处理,并将处理结果及时反馈给举报者,确保每一条线索都能得到及时、有效的处理,形成强制报告应用场景全覆盖,报告在线流转反馈协同办理,数据信息安全规范同步共享,打通强制报告制度落实"最后一公里"的问题。

四、社会支持体系

在建设未成年人检察工作社会支持体系的过程中,人工智能技术的引入不仅提升了工作效率,还增强了保护未成年人权益的能力。一方面,可以利用大数据构建智能化的未成年人检察工作信息平台,集成案件管理、线索收集、法律咨询、心理辅导等多重功能,形成一个全面、高效的未成年人保护网络,通过自动分析案件数据、识别潜在的风险点、信息共享等功能,与政法机关、教育部门、社会福利机构等紧密合作,及时传递整合信息资源,为未成年人检察工作者提供即时的预警和决策支持。另一方面,人工智能在数据分析与预测方面发挥着不可替代的作用,通过深度挖掘未成年人检察工作相关的数据,如未成年人的家庭背景、教育经历、行为模式等,人工智能可以精准地预测未成年人的犯罪风险、受害风险等,帮助未成年人检察工作提前介入,采取针对性的预防措施,从而有效地降低未成年人犯罪和受害的概率。

五、转介机制建设

未成年人检察工作转介机制建设旨在通过第三方专业机构实现服务与需求的对接,为涉案未成年人提供专业化的服务和保护,确保有限的资源能够精准地投入最需要的地方,提高资源的使用效率。通过人工智能技术的深度融入,可以更具体、更高效地推进未成年人检察工作转介机制的建设,利用数据集成与智能分析功能建立一个能够全面集成未成年人案件信息的智能化转介系统,自动收集、整理并分析案件材料形成的多维度数据,通过机器学习算法对数据进行深度挖掘,识别出潜在的风险点和转介需求;同时,实现对未成年人案件信息、转介服务资源、康复进展等数据的实时共享,打破信息孤岛,促进各方协同合作。

第四节 智能辅助综合履职

人工智能凭借其强大的数据分析能力,为未成年人检察工作提供了坚实的决策基础,可以迅速处理海量的案件信息、社会调查报告以及相关法律法规,帮助检察人员准确识别未成年人的犯罪原因、风险点及帮教需求,从而制定更加个性化、有针对性的帮教方案。这种基于数据的决策模式,也能帮助检察机关加强与相关部门、社会组织的协同合作,共同构建未成年人保护的社会支持体系。广东省深圳市光明区人民检察院开发的数字未检综合履职系统,依托全国检察业务应用系统 2.0 构建而成,基于未检刑事案件数据、行政处罚数据、未成年人住宿数据、法院民事侵权立案数据、企业工商登记数据、涉罪未成年人精准帮教数据、被性侵未成年人精准保护数据、强制报告数据等数据源,通过法律监督模型关键词提取、碰撞、比对、分析,输出未检民事、行政、公益诉讼、行业合规等履职线索推送给检察官核实、受理、处置、结果反馈,运用科学手段实现"一案双查、类案积累、案件化办理、制度建设和个案验证"综合履职五大监督步骤,通过平台完成未成年人保护信息的全面汇总和线索推送,实现多部门跨层级未成年人综合司法保护。而河南省"1234"数智应用平台通过构建实时互动的"未检和公益诉讼舆情预警图",自动筛选收集互联网大数据,对社会关注度较高的未检及公益诉讼领域的事件进行分析研判和精准预警,助推能动履职、溯源治理。

实践与思考

英检智慧社工智能体,是广东省英德市人民检察院为解决未成年人检察工作中专业社工少、罪错未成年人在短时间内难以对检察人员敞开心扉、帮教效果不佳等问题,利用智谱清言搭建的社工帮教用智能体(见图12-1)。该智能体初心始于帮助陪伴,构建上既参考了真实帮教模式、又借助智能体的特性打造了24小时在线的虚拟陪伴,透过智能体这个载体,在帮教人员与被帮教未成年人的内心之间建立了一座桥。同时,英德市人民检察院充分运用智能体具有的强大数据支持的特性,将烦琐复杂的法治教育融入青少年身边发生的事情,通过将法治学习与指导生活关联起来,使得该智能体具备基本社会调查、法治教育学习、心理咨询等功能,能够基本涵盖未成年人帮教考察的全部环节,大大减轻了帮教人员的工作压力,增加了被帮教人员的"被关怀感"。

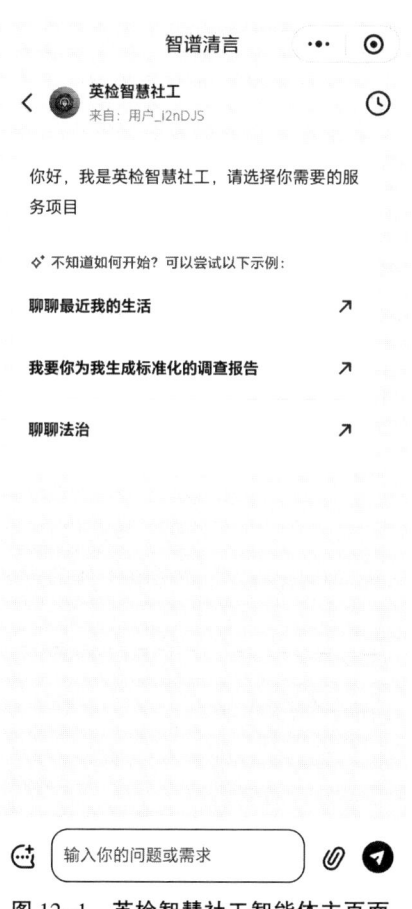

图 12-1　英检智慧社工智能体主页面

(一) 设计背景

在未成年人检察工作中,针对罪错未成年人的帮教考察是一项复杂而细致的任务,但在实践中,该项工作长期面临人员少、监管难、效果差等难题。

一是帮教力量薄弱,社工数量不足。在基层,特别是农村地区,尚未设置专业机构、司法社工等专业力量进行帮教,现阶段仅仅依靠司法机关在诉讼过程中进行帮教,力量明显不够。司法机关在心理疏导、干预方面并非专业人员,而绝大多数未成年人犯罪与其家庭环境、成长经历、社会交往等因素有关,前期的心理疏导、干预对后续帮教工作非常重要。如果不能针对个案差异,长期、持续、耐心帮教,可能会导致帮教工作流于形式。

二是未成年人由于其特殊的心理发展阶段,往往对外部世界持有戒备心理。一些未成年人可能来自问题家庭,缺乏关爱和信任,导致他们对外部世界持有敌意;而另一些未成年人则可能因为曾经的创伤经历而对人产生防备心理。特别是当他们涉及犯罪行为后,更可能因为恐惧、羞耻、自责等复杂情绪而封闭自己。这种心理防线使得帮教人员难以深入了解他们的真实想法和需求,从而制定出针对性强、效果显著的帮教方案。

三是部分未成年人学历水平较低,在完成法治学习心得时阻碍较大。这些未成年人在学习过程中,可能因基础知识薄弱、理解能力有限,难以充分吸收和内化法治教育的内容。他们在撰写学习心得时,往往感到无从下手,难以准确表达自己的思想和感受,长此以往可能导致他们对法治教育产生抵触情绪,进而影响整个帮教考察工作的进展。

(二) 设计理念

(1) 为社工工作做一个初筛。
(2) 帮助未成年人表达自己的内心。
(3) 制造一个永不倦怠的帮教社工。

基于以上工作困境,英德市人民检察院决定通过搭建智能体,辅助罪错未成年人的帮教考察工作,使其具备近期法治心得生成、简要社会调查报告生成、法治学习三项功能(见图12-2)。

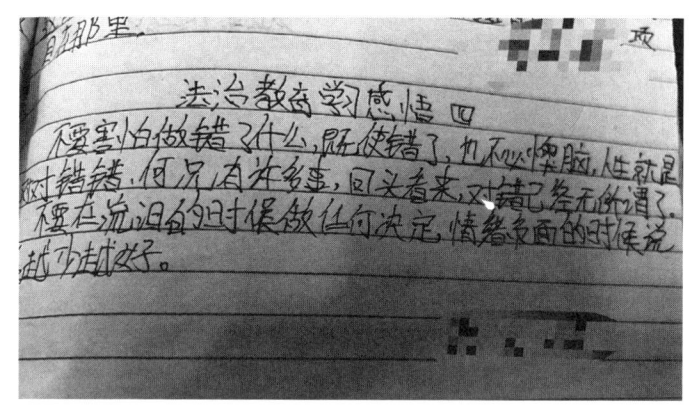

图12-2　未成年人自行撰写的法治学习心得

(三)设置提示词

如果你是英检智慧社工,或者是未成年行为引导与心理辅导的专业社工,需要具备的能力有:

(1)运用心理学知识进行情感沟通。

(2)运用教育学方法引导行为改变。

(3)运用法律知识进行法治教育。

通过基础逻辑构建覆盖未成年人检察工作对一个社工的三项要求:情感链接、教育引导以及法律知识,让它既能通过对话拉近距离,也能教育引导未成年人接触法律知识。

(四)知识库配置

为增加智能体的专业度和精准度,英德市人民检察院主要为智能体配置社工在实际工作中产生的标准社会调查报告、为完成社会调查报告开展询问形成的笔录,以及专为未成年人选定的法治学习资料。通过以上三类知识的配置,英检智慧社工能够基本理解社工需要调查的问题、能够尽可能模仿人类开展对话,并且可以主动提供话题对用户开展法治宣传。

(五)主要功能

当用户发出指令"我要你为我生成标准化的调查报告"时,模仿人类的真实对话模式,采用一问一答的形式,参考知识库内涉案当事人社会调查笔录中的问题进行询问及追问,并在提问结束时形成标准化的社会调查报告。

当用户发出指令"聊聊最近我的生活"时,模仿真实人类作出引导式发问,并尽可能向法治相关话题靠拢,同时向用户积极普及法律知识,当用户的回答过于简单时,采取选择式提问进行追问,让用户选择较为接近的内容,提问结束时自动参考知识库内的法治学习心得模板形成用户近期的法治学习心得体会,字数大约为1000字。

当用户发出指令"聊聊法治"时,从知识库中随机选择三个新闻话题供用户选择,就用户选择的话题提供简述资料,并询问用户的看法,在用户回复后开展交流,引导用户学习法律知识,思考法律理念。

(六)应用成效

为推动落实罪错未成年人帮教"后半篇文章",英德市人民检察院在开展帮教工作中应用英检智慧社工智能体47人次,辅助未成年人敞开心扉,有效提升了违法罪错未成年人的法律意识、自控力和社会适应能力。从效果反馈上看,被帮教未成年人的调查报告和学习心得撰写质量均有提高,且相较于与普通社工交流,未成年人在与智慧社工的"交谈"过程中,展示出更强的交流意愿和兴趣,有助于帮助罪错未成年人尽快重回生活正轨。

(七)下一步实践探索

1. 增强个性化教育

每个罪错未成年人背后都有其独特的成长经历、心理特征和行为模式,通过大数据分析可以深入了解未成年人,并据此量身定制教育方案,不断优化其教育策略,更加直接、明确地引导和规范未成年人健康成长。

2.增强人机互动性

增强智能体与罪错未成年人之间的互动性,是提升帮教效果的重要手段。互动性不仅可以让教育过程更加生动有趣,还可以有效激发未成年人的学习兴趣和参与热情。例如,通过引入游戏化的学习机制,将法律知识、道德规范等内容以游戏的形式呈现,让未成年人在轻松愉快的氛围中学习知识、提升素养。同时,如有条件可以利用虚拟现实或者增强现实等先进技术创造沉浸式的教育环境,让未成年人在模拟的真实场景中体验法律的重要性,进一步提升未成年人法治意识。

3.增加跟踪与评估功能

确立评估指标,如记录未成年人与智能体每次互动的时间和频率,通过自然语言处理技术分析对话内容,检测对话中积极情绪词汇、负面情绪词汇的使用频率,或设置定期的法治知识小测验、自我评价问卷,通过答题率来评估未成年人的学习、情感情况。检察官和帮教人员可以在智能体后台查看评估指标数据,从而分析未成年人的近期状态,辅助判断帮教效果,更好地调整下一步帮教计划。

第十三章
人工智能在控告申诉检察业务中的应用
Chapter
13

控告申诉检察作为检察机关法律监督体系的重要组成部分,既是检察机关面向群众、回应群众诉求的"窗口",也是人民群众检阅检察监督现代化的窗口,更是中国式现代化、法治化有机组成部分的"窗口"。[1] 现阶段,控告申诉检察工作的主要职责是:处理来信来访,统一受理报案、控告、申诉和犯罪嫌疑人投案自首,办理有关控告和刑事申诉、国家赔偿和司法救助案件,进行法律宣传和咨询活动,保护公民和法人及其他单位的合法权益,促进司法公正,维护社会稳定。[2]

控告申诉检察工作当前正面临着多重现实挑战。随着法治理念的深入普及和民众法律意识的持续提升,涉法涉诉信访案件数量显著增长。最高人民检察院于2024年3月发布的《刑事检察工作白皮书(2023)》显示,全国检察机关受理的首次刑事申诉案件达19596件,同比上升8%。刑事申诉案件数量增加的同时,其复杂程度也不断升级,案件类型已不再仅仅局限于传统的犯罪行为,诸如盗窃、抢劫、故意伤害等,而是广泛涵盖了诸多新型犯罪领域,如网络犯罪、金融科技犯罪、知识产权犯罪等。新型犯罪频发、案件类型丰富、群众诉求多样等多重因素的交织,致使在事实认定与法律适用上的复杂性日益提升,给控告申诉案件的审查办理带来了更大的挑战。然而,控告申诉检察队伍的整体素质参差不齐,专业型人才匮乏问题显著。在个别检察机关,人员配置不足与老龄化现象并存,致使办案力量薄弱,给现代化控告申诉检察工作的顺利开展带来了巨大压力。

随着人工智能与大数据等现代信息技术的迅猛发展,其展现出的强大潜能为解决传统控告申诉检察工作中固有的局限性提供了前所未有的机遇。人工智能凭借其高效的信息处理能力和标准化的工作流程支持,有效地弥补了人力操作上的缺陷,不仅提升了工作效率与质量,还进一步保障了司法公正性的实现。首先,人工智能可以实现对控告申诉案件信息的高速识别、精准分类以及初步审查,进而极大地提高案件处理效率。其次,人工智能能够深入挖掘并解析案件信息,提供相关案例与现行

---

[1] 参见最高人民检察院第十检察厅编:《控告申诉检察工作指导》,中国检察出版社2023年版,第26页。
[2] 参见陈国庆、万春、孙长永主编:《控告申诉检察业务》,中国检察出版社2022年版,第10页。

法律条文之间的比对支持,助力控告申诉检察人员作出更为精准的判断。最后,人工智能与检察人员的协同互补可成为辅助解决控告申诉检察队伍素质不均衡问题的重要手段。

第一节　智能法律服务

一、个性化智能法律咨询

当前,检察机关面临群众日益多元化的信访诉求难题,亟需借助人工智能技术,为群众提供个性化法律服务,以精准高效地解决各类信访问题,满足群众多样化的法律需求。

广东省清远市人民检察院紧跟时代步伐,积极探索并创新服务模式,于全市范围内广泛推行"检察+AI智能体"的工作模式,通过引入AI智能体,精心打造了一系列优质法律服务产品。在此基础上,初步构建了一个集多元化智能服务平台于一体的"智清检"12309检察服务AI智能体矩阵。该AI智能体以全天候、不间断的服务模式,为公众提供了高效便捷的智能检察服务,显著提升了检察工作的服务效能与水平。具体而言,该AI智能体能够精准捕捉并理解群众提交的咨询事项,严格遵循信访工作法治化的基本原则,充分利用生成式人工智能技术,结合法律条文、典型案例、数据资源等海量信息,在极短的时间内自动生成科学合理的解决方案。通过自然语言问答的方式,AI智能体能够引导群众按照要求完善控告申诉材料,并指引其按照法定程序向相关部门合理合法地表达诉求,从而有效避免了群众因线下奔波而耗费大量时间与精力,最大程度地实现了"一次办成事"的服务目标。

以广东省清远市清新区人民检察院为例,该院在线上线下同步推出了"小新智能助理"智能体。在李某(未成年人)申请国家司法救助案中,李某因一场交通事故受伤,未能从加害方获得有效赔偿,并且由于面部受损严重,从而患上严重抑郁症,让原本贫困的家庭雪上加霜。李某已出嫁的同胞姐姐通过使用该院线上"小新智能助理"智能体咨询李某的案件情况时,了解到司法救助政策,同步清晰掌握了司法救助的范围、申请条件以及所需提交的材料清单。得益于该平台的咨询辅助,李某的姐姐将申请材料一次性准备齐全,成功规避了因材料不完备而可能引发的多次奔波,从而大幅度地缩减了申请流程所需时间。随后,她代理李某前往清新区人民检察院顺利递交了司法救助申请。清新区人民检察院在接收到申请材料后,迅速指派工作人员前往李某的经常居住地进行了实地调查。经审查,检察官认为李某的情况符合司法救助条件,立即启动了司法救助程序,及时为李某发放了司法救助金,有效缓解了其生活困难,传递了司法关怀与温暖。

又如,广东省连南瑶族自治县人民检察院通过搭建检民互动新平台,推出了"南检智辅"智能体,旨在为来访群众提供便捷的法律咨询服务,减轻检察人员在接访过程中释法说理的压力,增加群众信任度。该院通过整合近年来信访群众普遍反映的诉求、重点关心的问题,形成清单录入知识库,同时把相关的法律法规、司法解释及典型案例一并录入知识库,促使"南检智辅"智能体发挥智能化答疑解惑的作用。群众只需通过关注该院官方微信公众号中的"南检智辅"小程序或扫描二维码,就能与该人工智能助手实现实时互动,获取精确的法律解答及相关的法条链接作为参考依据,有效避免了在传统网络搜索中因来源不一而可能导致的答案混淆与困扰。一位居住在偏远地区的群众因需电话咨询行政诉讼监督相关事项,在检察人员的指引下,他通过使用"南检智辅"智能体查询了解行政诉讼监督的受案范围、申请所需材料、申请的有效期限等。次日,该群众备齐了所有必要材料,前往连南瑶族自治县人民检察院,并成功提交了行政诉讼监督的申请。个性化法律咨询智能体的投入使用,不仅大幅提升了检察人员的工作效率,也有效降低了信访群众的时间、经济成本。

二、申请文书辅助撰写

在司法实践中,信访群众因文化水平不高、法律知识欠缺而在撰写正式申请书及准备材料时遭遇困境的情况屡见不鲜。广东省清远市检察机关积极探索人工智能赋能控告申诉检察工作新路径,构建辅助撰写申请文书的智能体,切实提升了群众的办事便捷度与满意度。该智能体依托前期精细的人工培育与训练,可以快速生成多种类型的文书,包括国家司法救助申请书、刑事申诉书、民事或行政诉讼监督申请书、刑事控告书、国家赔偿申请书等一系列标准申请文书范本。自动生成的文书范本以其条理清晰、要点明确的优势,能够有效引导信访群众准确把握申请书撰写的核心要素,避免了因理解偏差或信息遗漏而导致的撰写错误,为信访群众提供了既精确又高效的指引,显著提升了信访群众的文书撰写效率。基于此,该智能体还提供了全面、详尽、细致的材料清单,确保了信访群众在准备过程中能够有条不紊地进行,既不会遗漏任何关键要素,也不会错过必需文件,避免因材料不全或错误而导致申请受阻的问题,既保障了群众的合法权益,也是检察机关在信访工作中科技智慧与人文关怀深度融合的生动体现。

例如,民事诉讼监督申请人张某不服人民法院生效民事判决,前往广东省清远市人民检察院 12309 检察服务中心信访,以期探寻其他可行的司法救济途径。检察人员耐心细致地进行解释与指引,考虑到张某书写申请文书可能存在困难,便引导其使用接访大厅内设置的智能便民服务自助终端,从而辅助其完成民事诉讼监督申请书的撰写。张某根据智能便民服务自助终端提供的清晰步骤与操作提示,逐项输入个人基本信息、案号、案由、简要诉求等关键内容,该自助终端依托智能化功能,有效整合了申请人张某输入的各项信息,自动生成了一份要素齐备、结构条理清晰的民事诉讼监督申请书(范本),并附有申请材料提交清单,用于提示申请人按要求准备相应的材料。此外,张某还可以结合自身的具体诉求、申请事实与理由等,对生成的申请书范本进行必要的补充与完善。依托人工智能技术,辅助撰写服务实现了以通俗易懂的语言表述及标准化的文书格式输出,并且增设了语音播报功能,这一创新举措显著降低了群众在信访维权过程中所面临的时间、精力及认知成本,有效减轻了其整体维权负担。

三、智能语音咨询

信访工作是党的群众工作的重要平台,是送上门来的群众工作。当前,检察机关的信访渠道涵盖信、访、网、电等多种方式,其中,通过电话反映诉求、法律咨询等信访数量持续增长。群众更趋向于拨打 12309 检察服务热线查询案件办理进度、了解相关诉讼程序、获取轻微纠纷的处理建议以及法律咨询等服务。这一变化要求检察机关必须设立专门岗位,配置专职人员负责热线接听工作。对于电话接听量较大的检察机关而言,更是需要配备多名检察人员接听热线,以确保能够高效应对每一通电话,真正实现群众信访"事事有回应,件件有回复"。因此,在检察机关推行智能语音咨询服务显得尤为重要,它能够有效保障每一通电话都能获得即时、精准的响应与处理,从而为群众提供更加智能化、更具个性化的检察服务。

如重庆市检察机关于2021年11月全面开通"12309检察云呼叫"平台,推行"人工智能+检察服务"新模式[①],重点优化完善12309检察服务热线功能。首先,12309检察服务热线利用智能语音识别与自然语言处理技术,精准捕捉并分类处理群众控告、刑事申诉、国家赔偿及司法救助等核心诉求。其次,12309检察服务热线还承担着批捕或起诉、刑事案件程序性信息查询、辩护与代理预约等法律服务的重任。最后,针对民事案件申诉和行政案件申诉,12309检察服务热线同样发挥着不可替代的作用,基本实现群众信访申诉、法律咨询、案件查询"一键通"。[②]

"12309检察云呼叫"平台还具备智能问答功能,可在线根据群众问题自动检索并回答提问,为群众提供专业的检察业务咨询、法律解答等服务,满足零距离沟通、即时性互动、无障碍共享等新需求。公开数据显示,"12309检察云呼叫"平台运行仅半年时间,已接听群众来电6277次,借助智能语音助手回答群众咨询8375件,实现了群众诉求云上问、马上办,畅通了诉源治理的"最先一公里"。[③]

又如内蒙古自治区检察机关利用人工智能的自然语言处理技术,成功开发并运用蒙古文数字平台,完美实现了语言识别和转换功能,满足了双语办案人员和少数民族群众对蒙古文检察工作的需求,提高了蒙古文

[①] 参见满宁、李宝建、梁小燕:《重庆:"12309检察云呼叫"强化在线答疑功能》,载最高人民检察院网(网址:https://www.spp.gov.cn/dfjcdt/202205/t20220528_558286.shtml),访问日期:2024年10月10日。

[②] 参见满宁、李宝建、梁小燕:《重庆:"12309检察云呼叫"强化在线答疑功能》,载最高人民检察院网(网址:https://www.spp.gov.cn/dfjcdt/202205/t20220528_558286.shtml),访问日期:2024年10月10日。

[③] 参见满宁、李宝建、梁小燕:《重庆:"12309检察云呼叫"强化在线答疑功能》,载最高人民检察院网(网址:https://www.spp.gov.cn/dfjcdt/202205/t20220528_558286.shtml),访问日期:2024年10月10日。

案件执法的规范化和透明度。这一创新实践可以推广到所有少数民族自治区域的检察机关，极大地促进了信息的无障碍流通，深刻体现了人工智能技术服务于多元文化和地域特色的能力，对检察双语工作和民族团结工作起到重要作用。

第二节　信访受理判断与释明

一、受理范围智能判定

在实际工作中，检察机关控告申诉案件受理范围的判断面临多重问题。一方面，法律条文的繁复性、迭代性与案件类型的多样性相互交织，使得准确判断案件是否属于受理范围的难度增大；另一方面，群众表达诉求不清晰或提交材料不够充分，进一步加剧了受理时判断的难度，导致非本系统、非本单位管辖的案件被错误受理的现象时有发生。

广东省清远市检察机关运用人工智能技术优化信访受理流程，并依据法律法规与实践经验，制定标准化受理清单，旨在提高信访事项的处理效率与准确性。该清单详尽列出涉法涉诉信访所需的基础材料，如申请书（含申诉书、控告书）、身份证明（身份证、户口簿等）、相关法律文书（判决书、裁定书、调解书等），以及证据材料或证据线索。通过将这些清单信息精确录入自建智能体平台，利用大数据分析、光学字符识别技术及先进的人工智能算法，平台实现了对信访案件的智能识别、精细分类及法律性质的初步判定。此举不仅大幅减轻了人工接待的压力，还显著提升了司法服务的精准度与民众满意度。

如广东省阳山县人民检察院在办理邓某（系原案当事人的父亲）的刑事申诉案中，检察人员在自建的"蓝枫小助"智能体平台扫描上传申诉材料（经脱敏处理）后输入相关指令，该平台即时为检察人员提供对应的参考信息，辅助检察人员对信访事项进行快速处理。具体而言，检察人员根据平台的信息设置和材料分类，提炼邓某提交的刑事申诉材料中的关键信息，在平台输入对应指令，如"申诉书未签名、未捺指印、缺少申请时间、申诉人已死亡、一审刑事判决书复印件、二审法院驳回申诉通知书等"。该平台依照《人民检察院办理刑事申诉案件规定》《人民检察院信访工作规定》等相关法律法规,在界面上明确展示并提醒用户注意存在的以下问题:一是申诉书不规范,缺少申诉人签名或捺指印及申诉时间;二是申诉主体不适格,申诉人(原案当事人)已去世,不能成为刑事申诉的主体,可由其法定代理人或近亲属提出申诉。同时,平台还提醒法定代理人或近亲属若直接提出申诉,需补充关系证明以及死亡证明;三是由于申诉人提供了二审法院出具的"驳回申诉通知书",这通常意味着案件经历过二审程序,但申诉人并未提交二审生效刑事裁判文书这一关键文件,故要求补充提交;四是平台除了发现存在问题以外,还在末尾附上相应法律条文,包括刑事申诉案件关于受理、级别管辖的规定、申诉主体的范围、《民法典》和《刑事诉讼法》中关于"近亲属"范围的法律条文对比。该平台不仅能够有效诊断问题所在,还提供了翔实的法律依据作为指导,从而发挥了问题诊断与法律指导的双重效能,极大地助力了检察人员高效快速地处理相关问题。

检察人员在参考平台提供的信息后,得出了初步的处理结论,并据此向邓某深入了解本案的关键信息。鉴于申诉人已经离世,且案件经过二审并生效,检察人员告知邓某,阳山县人民检察院对该案没有管辖权,正确的申诉途径是向清远市人民检察院提出。同时向邓某建议,其作为原案当事人的法定代理人有权利直接提出申诉,并提醒其在准备申诉材料时需要注意的问题。

二、法律释疑辅助说明

控告申诉检察人员在传统的释法说理方式上面临着多维度的挑战与局限。在信息检索与获取的维度上,以往的做法主要依赖于检察人员的个人记忆以及通过手动翻阅纸质资料的方式来查找相关法律条文。这种传统的检索方式不仅效率低下,难以适应快速变化的法律环境,而且极易导致信息检索的遗漏与错误,影响释法说理的准确性和权威性。在司法案例的参考与援引维度上,由于渠道相对狭窄,缺乏多样化的案例资源,难以满足释法说理对于全面性和精准性的高要求,从而在一定程度上限制了释法说理工作的质量与效果。在释法说理的维度上，传统口头说理的模式针对来访者多元化需求的处理存在局限，接访过程多依赖于个人经验进行，缺乏系统化策略与灵活性机制，难以实现精准匹配与个性化解答，从而降低了释法说理工作的针对性和有效性，进一步影响了来访者的满意度。而人工智能技术凭借其强大的数据处理能力和智能化分析手段，能够为释法说理提供更加全面、精准和个性化的支持。通过智能化的分析和匹配，可以更有效地满足来访者的多元化需求，提升释法说理工作的质量和效率，从而进一步增强来访者的满意度和法律的公信力。

例如，广东省连州市人民检察院办理的潘某不服人民法院判决刑事申诉案，检察人员借助"法律 AI"人工智能法律服务平台，全面检索并分析了全国、省、市乃至本地范围内的同类案例，从事实认定的准确性、法律适用的恰当性等多个维度，对案件进行了深入细致的剖析。针对潘某认为原审被告人的行为属于情节恶劣情形，应当判处十年以上有期徒刑，法院却只判处六年六个月刑期，量刑畸轻，愤懑心情难以释怀的堵点，该院选取与本案具有相似性以及具有情节恶劣情形的案例，分组进行比对分析，直观地向申诉人潘某阐释人民法院判决的合法性与合理性。通过详细阐释，潘某得以清晰地看到其案件与类似案例之间判决的异同，这一做法提升了潘某对判决结果的认可程度。为了提升工作透明度并增强释法说理的效果，检察人员还当面演示了利用"法律 AI"人工智能法律服务平台查找案例和演示量刑的全过程，从起点刑、基准刑到拟宣告刑，该平台详细分析了量刑计算经过，并引导潘某操作该院创建的"连检 AI 助手"智能体平台，指导他根据本案的关键点和量刑情节输入指令，通过自主搜索得到类似案例的判决，该平台通过对大量已决案件的学习与分析，自动匹配出与潘某案件情况相似的案例，并提供案例的判决结果、法律适用等信息，证实法院对潘某申诉的案件处理适当，潘某对法院的判决表示理解和认同。最终，潘某在充分理解的基础上，自愿撤回了申诉，案件得以圆满解决，检察机关的处理过程帮助潘某解开了心中的疑惑与不满，有效地实现了法律效果与社会效果的和谐统一。

第三节　人工智能辅助高效办案

一、笔录自动化生成

近年来,科大讯飞、粤基座等企业在语音转文字技术方面的创新突破,将语音智能转化技术应用于控告申诉检察工作,可大力推动数字控告申诉发展进程。以广东省清远市人民检察院的实践为例,该院通过引入科大讯飞智能语音识别系统,成功实现了传统接访工作的现代化转型,深刻展示了科技与司法深度融合的巨大潜力和广阔前景。

在清远市人民检察院12309检察服务中心的接待工作中,科大讯飞智能语音识别系统已成为院领导接待来访群众时不可或缺的辅助记录工具。该系统具备实时捕捉并精准识别双方交谈细节的能力,能够即时将语音转换为清晰准确的文字信息呈现在高分辨率的显示屏上。据统计分析,自该技术引入并投入使用以来,清远市人民检察院的接访记录准确率相较于传统的人工记录方式,实现了近30%的显著提升,同时,记录效率也大幅提高,平均每位检察人员的记录时间缩短了约40%。这一变化不仅极大地减轻了检察人员的工作负担,使其能够更加专注于与来访群众的深入沟通与交流,进而提升接待服务的质量与效率;同时,也为后续案件的审查、办理工作提供了更为翔实、准确的文字记录材料。尤为重要的是,该语音识别系统具备强大的自我学习与优化功能,通过持续的迭代更新,文字识别的准确性和速度不断提升,以更好地适应现代化控告申诉检察工作的实际需求。此外,系统还内置了智能过滤功能,能够有效屏蔽背景噪声和其他无关声音的干扰,确保记录内容的纯净度和准确性。

又如"广州微检察"小程序所集成的远程听取意见系统,凭借前沿的人工智能技术,开创性地将当面交流、书面提交意见以及高清视频互动等多种模式无缝对接,为办理首次刑事申诉案件的听取意见工作带来了前所未有的便利。该系统不仅实现了辩护代理服务与微信小程序的深度融合,更通过即时精准的语音文字转换功能,以及便捷的远程电子签名功能,自动生成格式化、内容完整的听取意见笔录①,极大地简化了传统当面听取意见的流程。该平台的引入使得申诉律师与检察官之间能够进行直接且高效的沟通,确保了代理人申诉意见的充分表达。

二、辅助办理控告类案件

刑事立案监督是检察机关法律监督职能的组成部分,承担着规范刑事立案程序的重要职责。检察机关依法监督纠正刑事立案主体的消极立案、违法立案及拖延立案等违法行为,保障和促进刑事立案主体正确行使立案权,有效惩治犯罪,积极维护涉案当事人的合法权益。② 人工智能技术的应用能够辅助检察官实现证据的精准化审查,并深入进行法律条文的分析,从而显著提升立案监督的质量。

如广东省清远市清城区人民检察院办理的蔡某盗窃申请立案监督案,某物流公司委托蔡某将一车货物运送至 G 市口岸,并签订了《商品汽车司机运费支付单》,明确了运输费用、车辆交接流程及责任划分。作为运输条件的一部分,物流公司还向蔡某发放了一张价值 5000 元的加油卡,用于沿途加油。在运输途中,蔡某私自将加油卡以 4500 元卖给他人。又因被追债 2 万元,将车上一半货物卖给他人,获利 3 万余元,蔡某还编造各种理由让物流公司认为其正驾车前往目的地。物流公司发现后,将蔡某扭送至公安机关。经鉴定,蔡某所卖货物共计价值 32670 元。公安机关对蔡某以涉嫌盗窃罪立案侦查。后蔡某的近亲属向检察机关提出控告,认为公安机关违法立案。

该院控申检察官在审查过程中,借助智能服务平台辅助办案,将案件关键信息输入该平台,平台凭借自身构建的案例库与法律条文数据库,助力检察官快速找到与当前案件相似的案例以及相关的法律条文,辅助检察官作出更为精准、合理的判断。对于本案所涉及的法律问题,即究竟是盗窃罪还是侵占罪,在检察官输入相关指令后,平台立即反馈一系列详尽

---

① 参见《广州检察:举办"网上检察院"新版上线仪式暨"走近 12309,检察为民新体验"活动》,载广东省人民检察院阳光检务网(网址:http://www.gd.jcy.gov.cn/xwzx/jccz/201811/t20181114_2410672.shtml),访问日期:2024 年 10 月 10 日。

② 参见陈国庆、万春、孙长永主编:《控告申诉检察业务》,中国检察出版社 2022 年版,第 151 页。

且具有针对性的参考信息。从法律定义上来看,盗窃罪是指行为人以非法占有为目的,通过秘密窃取的方式,将他人占有的财物转移为自己占有的行为。而侵占罪则是指行为人以非法占有为目的,将代为保管的他人财物或遗忘物、埋藏物非法占为己有,数额较大且拒不交还的行为。[①] 在行为特征方面,盗窃罪通常表现为行为人采取秘密窃取的方式,即行为人采取不易被财物所有人或保管人发现的方法,将财物从所有人或保管人的控制范围内转移出来。而侵占罪则通常表现为行为人将代为保管的他人财物或遗忘物、埋藏物等非法占为己有,且拒不归还。在主观故意方面,盗窃罪的行为人具有明确的非法占有目的,且通常具有秘密窃取的主观故意。而侵占罪的行为人虽然同样具有非法占有的目的,但其主观上并不具有秘密窃取的意识,而是基于某种原因(如代为保管、发现遗忘物等)而产生了非法占有他人财物的想法。在客体方面,盗窃罪的客体通常是他人占有的财物,而侵占罪的客体则通常是行为人代为保管的他人财物或遗忘物、埋藏物等。结合本案来看,行为人是在代为保管他人财物的过程中,产生了非法占有财物的想法,并拒不归还,那么其行为就构成侵占罪。最终,检察人员经审查认为蔡某涉嫌侵占罪,而侵占罪属于告诉才处理的犯罪,认为需要公安机关说明立案理由,遂将案件移送至刑事检察部。刑事检察部门认为公安机关立案理由不充分,书面通知公安机关撤案,公安机关最后作出撤案决定。

三、辅助办理申诉类案件

内设机构改革后,《人民检察院刑事诉讼规则》第164条对刑事申诉案件的办理职责分工作出重大调整,刑事申诉案件不再单独由专门的刑事申诉检察部门办理,而是由控告申诉检察部门和刑事检察部门共同办理。根据该条规定,刑事申诉案件的办理,不仅要强调冤错案件的发现和纠正,也应重视对公正裁判的维护,同时更应重视通过释法说理、公开听证等机制,化解社会矛盾、促进案结事了人和。在实践中,部分控告申诉检察人员办理刑事申诉案件的质量不高,不符合"高质效办

---

① 参见李迎春:《浅议我国刑法中的财产犯罪》,载《青年与社会》(上)2019年第6期。

好每一个案件"的目标要求,存在释法说理不充分的问题:一是归纳的申诉理由不全面;二是没有回应或者选择性回应申诉人提出的申诉理由;三是对申诉理由的回应不力,无法说服申诉人,错过化解矛盾的机会,造成矛盾上行。

最高人民检察院第十检察厅在《2024年控告申诉检察工作要点》中提出,加强数字控申建设,实现刑事申诉案件、国家赔偿案件的自动化评估、精准化推送、智能化辅助决策以及反向审视功能,以此推动人工智能技术在控告申诉检察工作中的深度应用与效能提升。因此,在办理刑事申诉案件过程中,有必要引入人工智能技术作为辅助手段,促进办案质量与效率的双重提升。一是检察官在面对大量的刑事申诉案件时,可以利用人工智能技术自动归纳和分类申诉理由。二是在处理刑事申诉案件时,检察官往往需要参考类似的案例辅助决策。人工智能技术可以通过对海量案例数据库进行快速检索,找到与当前案件相似的案例,并提供相关的法律条文、司法解释和判例依据。这不仅可以提高检察官的工作效率,还可以确保案件处理的准确性和一致性。三是在刑事申诉案件中,检察官需要撰写各种法律文书,如审查报告、刑事申诉结果通知书等。人工智能技术可以根据案件事实和法律规定,自动生成初步的法律文书模板,并提供相关的法条引用和案例支持。检察官可以在此基础上进行修改和完善,从而减轻工作负担,提高文书质量。四是在回应申诉理由方面,人工智能技术通过识别申诉书,按照事实认定、证据采信、法律适用等逻辑顺序来归纳申诉意见,并针对申诉理由逐一给出作出回应的参考。

如广东省清远市佛冈县人民检察院办理的陈某刑事申诉案,陈某写了长达3页的申诉理由:"因国家建设某高速公路,申诉人所在村庄需搬迁至政府指定安置地点。然而,该地点上空存在多家通信和广电公司的光缆线,影响村民自建房施工。村民多次向政府和村委会报告并申请迁移电缆线,但未得到及时响应。由于政府部门多次'疏忽',导致村民建房延误,也给施工单位带来不便。申诉人作为小组长,因不懂法律法规,为尽快让村民安居乐业,采取了剪断电缆线的行为,导致自己违法。事实上,电缆线确实阻碍了村民建房和国家施工。之后,相关公司自行剪断并迁移了电缆线。申诉人认识到错误后,积极赔偿并得到了受害方的谅解,等等。"办案人员通过将申诉人的申诉材料上传至清远市人民检察院部署的私有化智能体平台,该平台通过自然语言处理技术,快速识别申诉书中的关键信息,如按照事实认定、证据采信、法律适用等逻辑顺序归纳申诉意见,将该案的申诉理由概括为"原案事出有因,且已积极赔偿损失,原判量刑过重",帮助检察官快速了解申诉人的核心诉求,为后续审查和处理提供便利。

四、辅助办理国家司法救助案件

对因遭受犯罪侵害、民事侵权造成生活困难的受害人开展国家司法救助,是中国特色社会主义司法制度的内在要求,是改善民生、健全社会保障体系的重要工作。

如何精确且高效地救助涉案困难群众,特别是那些因案件导致贫困或重返贫困的群体,是当前亟待解决的问题。在开展司法救助的过程中,我们面临多重挑战。在主观层面,存在救助标准的合理平衡以及各部门间协同不畅等问题;在客观层面,则存在救助线索的发掘难度、经费资源的紧张状况以及专业人员的力量匮乏等问题。针对司法救助工作中存在的诸多挑战,浙江省金华市磐安县人民检察院创新性地搭建了司法救助"一件事"平台,该平台充分利用大数据、人工智能等技术手段,深入总结并提炼救助规则,实现了救助线索从传统的人工摸排向智能筛查模式的跨越性转变。同时,案件受理流程也得以优化,由原先的个案申请转变为更为高效的类案推送机制,并基于大数据研判能力,积极推动司法救助与社会救助的深度融合和双向衔接,确保了各类救助政策能够相互补充、形成合力,从而产生叠加效应,为涉案困难群众提供了更为精准、全面的救助服务。

该平台通过整合全国检察业务应用系统、中国裁判文书网等多源数据,构建多维分析模型,精准识别因案致贫、返贫的重点救助对象。如磐安县人民检察院办理的一起刑事案件中的被害人赵某,该平台利用智能筛查功能,迅速锁定了案件中被害人赵某的救助线索。对于被害人是否残疾、被害人是否无固定工作等救助依据,均显示"是"的结果。检察官经调查核实,认为赵某符合司法救助条件,决定对其予以司法救助。该系统综合赵某需得到救助的情况,结合救助点,推荐了救助金额为 2 万元,救助类型为司法救助+社会救助的方案。[①]

第四节　智慧接访助力化解纠纷

早在 2014 年,最高人民检察院远程视频接访系统已经建设完成,能够实现与全国 31 个省级检察院的联通,开展两级检察院间的点对点接访和四级以内的多级接访。通过该系统,有上访需求的普通人不必再千里迢迢奔波,各级检察院控告申诉检察部门也能更快、更高效地进行接访。然而,值得注意的是,尽管该系统已初具规模,但与当前复杂多变的信访矛盾相比,其解决问题的能力仍有待进一步提升和完善。为此,广东省清远市检察机关积极顺应新时代发展要求,勇于担当作为,主动探索大数据、人工智能等现代信息技术手段与控告申诉检察工作的深度融合路径,力求通过科技赋能,提升控告申诉案件的处理效率与质量,切实维护人民群众的合法权益,彰显新时代检察工作的智慧化转型与效能提升。

智能身份信息识别是人工智能发展的一大方向,从指纹识别到虹膜识别再到人脸识别,随着技术的更新,未来也会有更加精确的识别方式。首先,检察机关在办理控告申诉案件中,引入人脸识别监控联网系统、智能接访辅助平台、智慧接访系统等,能够聚焦于防范与应对信访人采用非法手段进行上访的难题。如广东省清远市检察机关部署的智慧接访系统集成了人脸扫描与证件信息的智能识别功能,能够自动生成并持续完善信访者的个性化"数字身份档案"。此档案详尽记载了信访者历次信访的具体诉求内容、争议焦点,以及处理过程的反馈结果,并系统性地整合了相关的法律条文解释与裁决依据,构建了一个既全面又动态的信息化管理平台。依托跨部门网络的紧密联动,系统能够即时捕捉重点信访人员的动态,迅速响应并制定跨部门协同接访的个性化方案。在此基础

[①]　陈东升、刘传玺、吴瑾:《浙江磐安:推动司法救助与社会救助双向衔接》,载最高人民检察院网(网址:https://www.spp.gov.cn/spp/zdgz/202305/t20230519_614431.shtml),访问日期:2024 年 10 月 15 日。

上，系统深度剖析信访问题的本质根源与形成机理，提供具有实践指导意义的解决方案，为控告申诉案件的精准治理提供了更为精细化的管理工具与更为坚实的决策支撑，充分展现了检察工作在新时代背景下向智能化转型的积极成果与效能跃升。其次，系统能够精准评估信访人的核心诉求，对信访事项进行分类研判，依托社会矛盾纠纷调处化解中心，深化"检察矛调+"社会矛盾纠纷调处化解前置机制。同时，系统通过利用光学字符识别技术扫描识别信访材料，借助文本搜索工具在敏感词汇库中进行快速搜索，对信访风险进行等级分类和预警提醒。这一过程有助于检察机关及时发现并化解可能引发网络舆情、涉众信访的重大敏感案件，维护社会稳定。再次，针对传统说理方式难以满足群众日益增长的法治需求的问题，系统引入了"法律 AI"类案检索、实证分析平台以及量刑辅助平台，检察人员可以通过这些平台提炼案件的关键词，检索和清洗同类型案例，推送类案处理结果并提供给申诉人。最后，系统还配置了全程接访双向同步录音录像设备、确保信访在法治化轨道上运行。这一设备不仅规范了接访人员的行为举止和语言表达方式，还约束了信访人的上访行为以确保其文明上访、合法表达诉求。对于缠访、闹访等行为，可以进行录音录像并作为证据使用，为后续的依法处理提供了有力支持。

如广东省英德市人民检察院处理杜某因对公安机关撤案处理决定不服而提出的监督申请时，运用智慧接访系统全面且细致地记录了接访全过程。该系统通过人证识别技术，精准地录入了杜某的人脸及身份证信息，并自动整合了信访人的身份背景、信访诉求、上访历史记录及过往接访详情等关键信息，以直观的时间轴形式逐一清晰展现给当次接访人员。同时，系统依据这些信息对风险等级进行科学划分，以确保接访人员能够迅速、全面且深入地掌握来访情况，精准识别潜在的风险隐患。此外，智慧接访系统还引入了区块链存证技术，为杜某案件的历次接访记录、书面答复及音视频文件等关键资料提供了防篡改保护。通过数字签名及时间戳的固化手段，系统确保了这些数据的完整性和真实性，为案件的后续处理提供了坚实可靠的证据支持。

检察人员经过审查，认为李某军的行为涉嫌侵占罪，该案属于自诉案件，建议杜某向人民法院直接起诉。随后，杜某先后向英德市人民法院、清远市中级人民法院提起诉讼，均以缺乏罪证被作出驳回裁定。因不服法院的判决裁定,杜某向清远市人民检察院进行申诉。杜某到清远市人民检察院,在智慧接访系统刷身份证时,该系统通过对杜某进行智能识别,生成含有杜某的信访诉求、争议焦点、下级院处理结果、释法依据等案件"说明书",使检察人员准确了解杜某历次信访情况并迅速接访,做到信访处置"口径统一"。该院经审查,认为犯罪嫌疑人李某军的行为构成侵占罪。于是,清远市人民检察院通过智慧接访系统内置的 5G 通信技术,打破时间和空间上的约束,实现清远市人民检察院及申诉人通过接访系统与英德市人民检察院、法院、公安机关进行视频沟通洽谈,明确申诉人杜某可向英德市公安局调取案件相关证据材料,补充完毕后重新向英德市人民法院提起刑事自诉。申诉人杜某也同意处理意见,表示愿意息诉罢访,高效便捷地化解了矛盾。该案是检察机关使用智慧接访系统成功化解矛盾的信访案例,实现了无接触、零距离、无障碍释法说理的良好效果,是人工智能赋能检察信访工作的缩影。

第五节　数字检察官辅助检察听证

检察听证制度是检察机关践行以人民为中心的发展思想的重要举措。通过检察听证,检察机关能够充分听取各方意见,提高司法透明度和公信力,促进矛盾化解和社会和谐稳定。2020 年 9 月,《人民检察院审查案件听证工作规定》正式发布,对听证案件的范围、公开听证与不公开听证、听证会参加人、听证会程序、听证员的意见效力、听证费用等问题作出统一规范。在实践中,检察机关对办理的案件决定启动听证程序后,需历经一系列复杂的流程,包括审批、确定各方参会人员、发送邀请函、听证会上主持人核实参会人员信息并告知相关权利义务和注意事项,承办检察官介绍基本案情和听证事项以及解答听证员的提问,听取各方发表的意见,听证员闭门评议,听证代表发表评议意见,主持人总结等多个环节。

为切实减轻检察人员在听证流程中的工作负担,清远市检察机关积极运用人工智能技术辅助开展检察听证工作。先将本地听证员信息库导入智能系统,结合案件类型、涉案领域、案件当事人需求,借助系统的自动筛选机制,精准确定拟邀请的听证员名单。同时,通过与通信公司对接,由系统自动发送邀请短信给参会听证员。在听证会开始前,利用人工智能技术塑造的数字检察官形象,将待听证案件的详情上传至系统。听证时,由数字检察官代为核实参会人员身份,并自动播放听证流程、权利义务及注意事项等告知内容,从而替代检察官宣读案情介绍,使检察官能够集中精力阐述听证理由及重点事项。此外,利用语音识别技术,全程精准记录听证会各方发言,并依据预设的听证笔录模板,自动生成整理笔录。笔录形成后,各方参会人员可通过智能设备电子屏同步核对,便捷地完成电子签证。